Czoch, Küchenmeister & Schneider · Fußballheimat Berlin

Peter Czoch, Daniel Küchenmeister & Thomas Schneider

Fußballheimat Berlin

100 Orte der Erinnerung

Arete Verlag Hildesheim

Die Autoren

Peter Czoch (Jahrgang 1987) spielte Fußball beim TSV Marzahner Füchse und war anschließend bis 2006 als Schiedsrichter aktiv. Er studierte Sozialwissenschaften an der Humboldt-Universität zu Berlin und befasste sich insbesondere mit der Sozialgeschichte des Fußballs und seiner Fankulturen. Als aktiver Fan reist er mit Hansa Rostock durch die deutschen Fußballstadien. Von 2015 bis 2017 leitete er das sozialpädagogische Fanprojekt Neustrelitz. 2016 veröffentlichte er den Band „Ultras in Deutschland", 2021 folgte das Buch „Alles für den FCH! Die legendärsten Hansa-Spiele".

Daniel Küchenmeister (Jahrgang 1956) arbeitet als freier Publizist und Kurator zu kultur- und zeithistorischen Themen sowie zur Sport- und Fußballgeschichte. Unter anderem realisierte er – gemeinsam mit Thomas Schneider – die Ausstellungen „Die ersten Elf" (2008), „Tor für Europa!" (2012) und die „FUSSBALL ROUTE BERLIN" (2015) sowie die Publikationen „Emanzipation und Fußball" (2011), „Fußball-Einheit in Berlin 1990–2015" (2015) und „125 Jahre Berliner Fußball. Geschichte und Geschichten in Porträts" (2022).

Thomas Schneider (Jahrgang 1970) ist Literatur- und Kulturwissenschaftler und arbeitet freiberuflich auf dem Gebiet der Sport- und Fußballgeschichte. Unter anderem realisierte er – gemeinsam mit Daniel Küchenmeister – die Ausstellungen „Die ersten Elf" (2008), „Tor für Europa!" (2012) und die „FUSSBALL ROUTE BERLIN" (2015) sowie die Publikationen „Emanzipation und Fußball" (2011), „Fußball-Einheit in Berlin 1990–2015" (2015) und „125 Jahre Berliner Fußball. Geschichte und Geschichten in Porträts" (2022).

Einige der 100 Orte in diesem Buch sind Standorte der FUSSBALL ROUTE BERLIN (www.fussballrouteberlin.de), die der Verein Sport:Kultur e.V. auf Initiative des Berliner Fußball-Verbandes realisiert hat. Sie sind jeweils mit einem Logo gekennzeichnet; siehe auch die Karte im hinteren Umschlag.

Bibliografische Information der Deutschen Nationalbibliothek
Die Deutsche Bibliothek verzeichnet diese Publikation in der Deutschen Nationalbibliografie; detaillierte bibliografische Daten sind im Internet über http://dnb.ddb.de abrufbar.

Layout, Satz und Umschlaggestaltung: Composizione Katrin Rampp, Kempten
Titelfoto: Thomas Schneider
Grafiken: Matthias Hunger
Druck und Verarbeitung: Gutenberg Beuys, Langenhagen
ISBN: 978-3-96423-115-4

Inhaltsverzeichnis

Vorwort

Berlin kann mit einigem Recht als deutsche Fußballhauptstadt bezeichnet werden. Zahlreiche bedeutende Ereignisse – darunter Spiele von drei Weltmeisterschaften, diverse Finalspiele um die deutsche Meisterschaft und seit 1985 die alljährlichen Endspiele um den DFB-Pokal – fanden bzw. finden hier statt. Darüber hinaus umfasst die Berliner Vereinslandschaft zahlreiche Traditionsclubs, allein drei deutsche sowie zwei DDR-Meister, einige weitere Bundes- und Zweitliga-Teams sowie viele besondere Vereine und Mannschaften wie beispielsweise auch den ältesten, noch existenten deutschen Fußball-Club.

Doch das ist längst noch nicht alles: Welt- und Europameister als Trainer und Spieler waren und sind hier zuhause, prominente Kicker und vielversprechende Talente starten hier ihre Fußball-Karriere. Und dann gibt es noch die zahlreichen Stadien und Sportplätze – von der Fünf-Sterne-Arena bis zum einfachen Kickerkäfig –, um die es in diesem Buch eigentlich geht! Das alles in der „Fußballheimat Berlin" unterzubringen, war eine ziemliche Herausforderung, die nur durch Auswahl der Themen und Orte bewältigt werden konnte.

Wir Autoren, die wir drei Generationen angehören, drei Professionen aufweisen und damit drei verschiedene Zugänge einbringen, haben uns bemüht, diese Vielfalt produktiv werden zu lassen und die Fußballheimat Berlin in größtmöglicher historischer Tiefe und geographischer Breite abzubilden – immerhin galt es nicht nur eine ungeheure Fülle an Themen darzustellen, die fast 150 Jahre Fußballgeschichte in fünf unterschiedlichen politischen Systemen umfasst. Die „100 Orte der Erinnerung" unterscheiden sich nicht nur im Schreibstil und der Herangehensweise, sondern auch hinsichtlich der Prominenz und ihrer Geschichtsträchtigkeit etc. Berlin weist eben nicht nur eine Vielzahl an fußballhistorischen Orten bzw. Ereignissen auf, sondern gleichzeitig eine nahezu flächendeckende Verbreitung von Fußballplätzen – wie es sich für die deutsche Fußballhauptstadt und echte Fußballheimat gehört!

(Ehem.) Walter-Ulbricht-Stadion / Stadion d. Weltjugend

Geister-Spiele und Geheimdienst

Wo sich die DDR-Oberen von ihrem Volk hofieren ließen, tausende die Friedensfahrer auf ihren Rädern anfeuerten, Jugendliche aus aller Welt zu ihren Festspielen einmarschierten, Fans bei Derbys randalierten und sogar Geisterspiele um die Olympia-Teilnahme ausgetragen wurden, residiert heute mitten in Berlin gut geschützt der Bundesnachrichtendienst. Nach dem Zweiten Weltkrieg lag die zerstörte Sportanlage des Berliner Polizei-Sportvereins an der Chausseestraße unmittelbar an der Sektorengrenze.

Die SED-Führung ließ in Vorbereitung der Weltfestspiele der Jugend 1951 in weniger als fünf Monaten an dieser Stelle ein Stadion errichten, das den Namen des Generalsekretärs der Partei, Walter Ulbricht, erhielt. Mehrfach modernisiert, war das weite Rund ab – 1973 unter dem Namen „Stadion der Weltjugend“ – eine bedeutende Spielstätte des Ost-Berliner und DDR-Fußballs. Die DDR bestritt an der Chausseestraße bereits zwei Tage nach der Staatsgründung 1949 ein sogenanntes Auswahlspiel unter Trainer Helmut Schön, der 1974 das DFB-Team zur Weltmeisterschaft führte. Es folgten insgesamt 13 offizielle Länderspiele im Stadion und zwischen 1975 und 1989 fand hier das Finale des FDGB-Pokals statt.

Ab 1976 wurden die Oberliga-Derbys zwischen dem BFC Dynamo und dem 1. FC Union im Stadion der Weltjugend angepfiffen. Die Fans waren stets mit einem gewaltigen Aufgebot an Polizisten konfrontiert, denn in dem Aufeinandertreffen des als Stasi-Klub verschrienen BFC und des als proletarisch geltenden Underdog Union lag Brisanz. Nach dem Fall der Mauer verfiel das Stadion und verlor seine Bedeutung. Mit der Bewerbung Berlins für die Olympischen Spiele 2000 bekam das Areal aber eine Perspektive, da eine 15.000 Zuschauer fassende Sport-Arena geplant war. Die Vergabe das Spiele nach Sydney begrub die Ambitionen und das Gelände lag brach. Bis 2006 eroberten es Golfer, Beachvolleyballer und Mountainbiker. Sie fanden für wenige Jahre mitten in Berlin ideale Bedingungen und eine Heimat, bis der BND nach Berlin zog und seine riesige Zentrale hier erbaute.

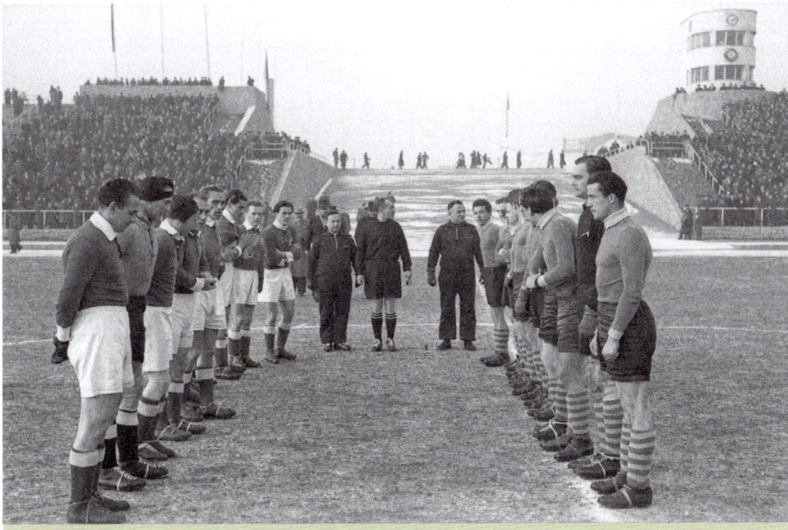

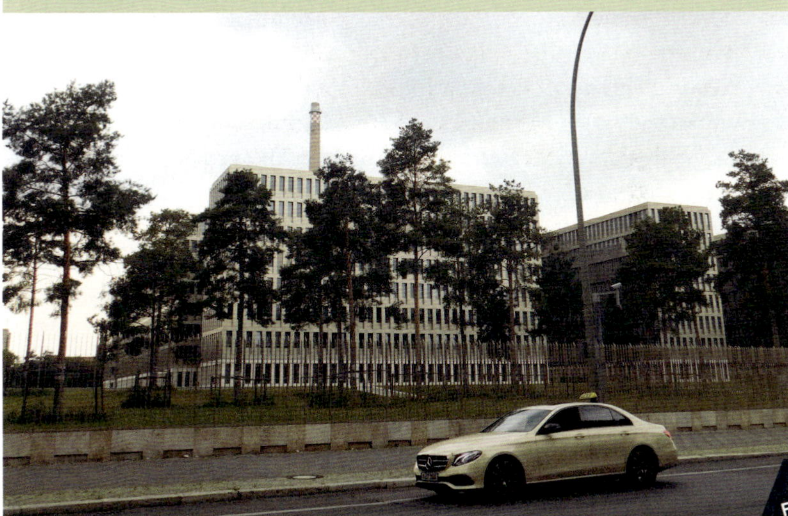

FUSSBALL ROUTE BERLIN

HARTE 4 FAKTEN

Adresse: Chausseestraße 99, 10115 Berlin

Finalteilnehmer im SdWJ: Dynamo Dresden & BFC Dynamo (je 6x)

Meiste Pokalsiege im SdWJ: Lok Leipzig (4x)

Zuschauerrekord: 70.000 am 5.8.1951
bei DDR – Dynamo Moskau

Verlagshaus Mauerstraße

Wo die erste Fußball-Fachzeitschrift zuhause war

Wie informieren sich Fußball-Fans, wenn sie die neuesten Fußball-Ergebnisse erfahren wollen? Wahrscheinlich im Internet mit dem Smartphone auf der Homepage eines der einschlägigen Fußball-Fachmagazine oder sogar in einer eigenen App. Doch bevor es das Internet mit all seinen Online-Diensten, Live-Tickern und anderen Features gab, mussten Fußball-Anhänger auf den Sportteil ihrer bevorzugten Tageszeitung oder auf eine Fußball-Fachzeitschrift ihrer Wahl zurückgreifen. Seit es den Fußball gibt, hat er publizistische Formate hervorgebracht, um über Ereignisse zu berichten, Ergebnisse zu veröffentlichen und den Akteuren ein Forum für die Kommunikation untereinander zu bieten. In Berlin existierten zunächst zahlreiche, kurzlebige Blätter, die oft im Selbstverlag produziert wurden, bis sich auch die allgemeine Presse des Themas Sport annahm.

Mit der Entwicklung zum Massenphänomen in der Zeit der Weimarer Republik nahm der Fußball auch in der Berichterstattung immer breiteren Raum ein. Es gründeten sich Fachmagazine, die zum Teil bis heute existieren wie der „kicker", den der Fußballpionier Walter Bensemann 1920 aus der Taufe hob. Als Berliner Gegenstück entstand 1923 die „Fußball-Woche". Der Gründungsmythos besagt, dass der damals 30-jährige Journalist Kurt Stoof das Blatt 1921 auf dem Donaudampfer zwischen Budapest und Preßburg konzipierte.

Bis heute berichtet die FuWo über das Berliner Fußball-Geschehen im Profi- und Amateurbereich bis hinunter in den Kreisligen, in naher Zukunft sollen alle historischen Ausgaben seit 1923 digitalisiert und in der FuWothek recherchierbar bereitgestellt sowie die Umstellung auf ein Online-Magazin bewältigt werden. Auch die allererste Fachzeitschrift für Ballspiele in Deutschland, die bereits seit 1891 herausgegeben wurde, war in der Stadt zuhause – nämlich die „Deutsche Ballspiel-Zeitung", deren Redaktionssitz sich später in der Mauerstraße 86 befand, einem unscheinbaren Büro- und Geschäftshaus unweit des Berliner Zeitungsviertels.

Deutsche Ballspiel-Zeitung

Organ für die Interessen aller Spielvereine, insbesondere der Cricket-, Croquet, Bocki-, Fussball- und Tennisvereine.

Erscheint am 5. und 20. jeden Monats.

Abonnement:	**Inserate:**
Jährlich (24 Nummern) 2 Mk, halbjährlich (12 Nummern) 1 Mk, vierteljährlich (6 Nummern) 50 Pfg., innerhalb des Deutsch-Oesterr.-Postverbandes, bei freier Zustellung unter Kreuzband.	Die 8gespaltene Petit-Zeile oder deren Raum 20 Pfg. mit entsprechendem Rabatt bei Wiederholungen und grösseren Aufträgen! Beilagen nach Vereinbarung.

Alle Redaktion und Expedition betreffende Sendungen sind zu adressiren:
An die Deutsche Ballspiel-Zeitung, Berlin S.W., Alexandrinenstrasse 118a.

No. 1. Berlin, den 5. April 1891. I. Jahrgang.

An die Leser!

Das Ballspiel hat sich in den letzten Jahren in Deutschland viele Anhänger verschafft und sind zahlreiche Vereine entstanden, die ihren Mitgliedern Gelegenheit geben, den Ballsport gemeinsam zu betreiben, und welche es sich eifrigst zur Pflicht machen, das Ballspiel zu pflegen und zu fördern.

Zu letzterem Zwecke haben auch wir uns veranlasst gefühlt, den Vereinen eine Fachschrift unter dem Namen

Deutsche Ballspiel-Zeitung

vorzulegen, welche es sich zur Aufgabe machen wird, zweimal im Monat allen Interessenten wissenswerte Mitteilungen, Berichte über Spiele Publikationen etc. zu überbringen. Wir sind fest überzeugt, dass die Herausgabe dieser Fachschrift für den weiteren Aufschwung des Ballsports von grossem Werte sein wird.

Ist dieselbe in ihrem Umfange auch vorläufig nur sehr klein zu nennen, so wird sie jedoch mit dem Steigen der Abonnentenzahl ohne Erhöhung des Abonnementspreises nach und nach grösser, eleganter und vielseitiger werden.

Voraussichtlich wird sich die

Deutsche Ballspiel-Zeitung

bald einer grossen Zahl von Abonnenten **erfreuen**, da bei Aufstellung der Probenummer **schon ein** so reichhaltiges Material von den Vereinen **selbst** eingelaufen war, dass vieles nicht zur **Verwendung** kommen konnte.

Den **Abonnementspreis** haben wir auf nur 50 Pfg. pro **Vierteljahr** festgesetzt, damit jeder Ballspieler, ohne eine nennenswerte Ausgabe zu machen, auf unsere Fachschrift abonniren kann. Wir nehmen bei Einsendung der Abonnementsbeträge auch **deutsche Briefmarken** gern in Zahlung.

Diejenigen Vereine, welche die

Deutsche Ballspiel-Zeitung

zum Vereinsorgan ernennen, bitten wir, uns hiervon behufs Aufstellung einer Liste Mitteilung zu machen.

Redaction
der
Deutschen Ballspiel-Zeitung.

81

FUSSBALL ROUTE BERLIN

HARTE 4 FAKTEN

Adresse: Mauerstraße 86–88, 10117 Berlin

Erscheinen Deutsche Ballspiel-Zeitung: vierzehntägig

Abopreis Deutsche Ballspiel-Zeitung (1890): 2 Reichsmark pro Jahr

Abopreis Fußball-Woche (2024): 140 Euro pro Jahr

Bahnhof Berlin-Friedrichstraße

Ort der Triumphe und Tränen

In der Berliner Innenstadt spielte während der Weimarer Republik der Bahnhof Friedrichstraße eine bedeutende Rolle, da auch Fernverkehrszüge Station machten. Hier empfingen die begeisterten Berliner nach ihren Meisterschaftssiegen 1930 und 1931 die Elf von Hertha BSC. Als die Massen den Star des Teams, Johannes „Hanne" Sobek, auf den Schultern trugen, ruhte der Straßenverkehr an diesem sonst ununterbrochen pulsierenden Ort.

Gegenüber vom Bahnhof stand bis in die letzten Tage des Zweiten Weltkriegs das Hotel „Russischer Hof", in dem über Jahrzehnte hinweg Funktionäre des DFB aus allen Regionen Deutschlands zusammenkamen. Dort beschlossen sie nach der Errichtung der NS-Diktatur 1933 auf einem außerordentlichen Bundestag am 9. Juli in gerade mal 28 Minuten de facto die Selbstauflösung ihres Verbandes. Gleiches vollzogen im „Russischen Hof" wenig später die Vertreter der Berliner Vereine und liquidierten einstimmig den VBB.

Das Hotel diente wiederholt auch der Nationalmannschaft als Ausgangspunkt für ihre Reisen zu internationalen Begegnungen. Ende August 1939 wurde dort dem damaligen Reichstrainer Sepp Herberger die überraschende Absage einer bevorstehenden Schweden-Reise eröffnet. Wenige Tage später überfiel das nationalsozialistische Deutschland Polen. Der Zweite Weltkrieg, in dem auch zahllose Fußballer ihr Leben ließen, begann.

In gewissem Sinne Teil des Bahnhof Friedrichstraße war der „Tränenpalast", in dem in Zeiten des Kalten Krieges und der Teilung Berlins zwischen 1962 und 1989 Grenzkontrollen durch die DDR abgewickelt wurden. Nicht wenige Fußball-Fans, die die Repressionen des SED-Staates nicht mehr hinnehmen wollten oder die Enge der Gesellschaft nicht ertragen konnten, verließen nach bewilligten Ausreiseanträgen über den „Tränenpalast" für immer die DDR. Im Westen erlebten sie endlich live Mannschaften wie den HSV oder Bayern München und die großen Stars. Aus manchem Ost-Berliner Union-Anhänger wurde, in einer neuen Welt angekommen, ein West-Berliner Hertha-Mitglied.

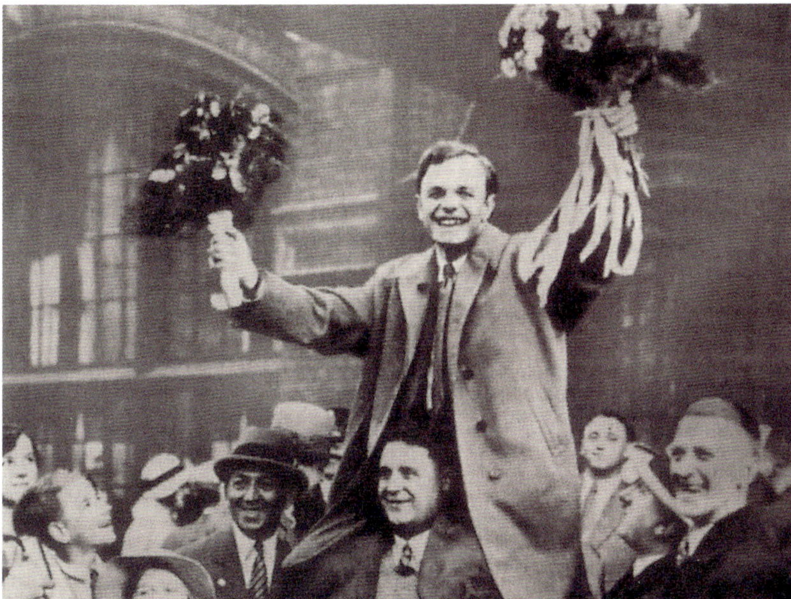

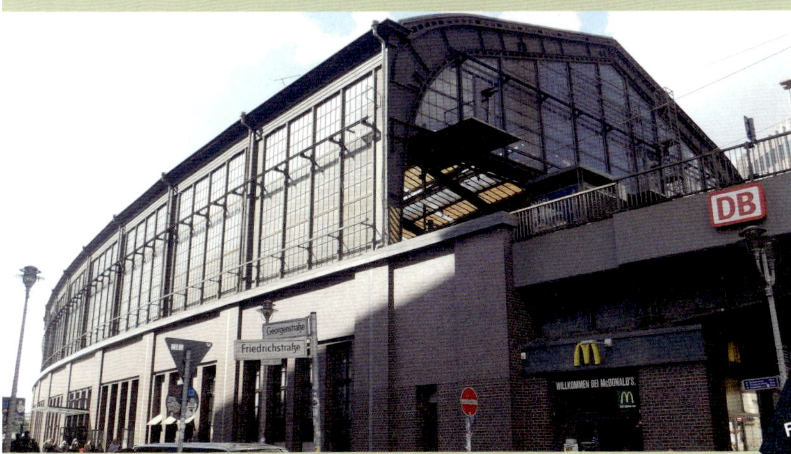

FUSSBALL ROUTE BERLIN

HARTE 4 FAKTEN

Adresse: Friedrichstraße 142, 10117 Berlin

Fahrtzeit zum Olympiastadion: 35 Min. (S3/S9 inkl. Fußweg)

Fahrtzeit zum Stadion An der Alten Försterei: 45 Min. (S3 inkl. Fußweg)

Früher nur 3 Stationen entfernt: Stadion der Weltjugend

Brandenburger Tor

Public Viewing

Das Brandenburger Tor und die Straße des 17. Juni sind seit 1990 nicht nur Orte Berlins, sondern werden regelmäßig von Menschen aus dem ganzen Land in Besitz genommen. Hier tanzten in den 1990er-Jahren Massen auf der Love Parade oder feierten die Berliner mit ihren Gästen alljährlich die große Silvester-Party. An diesem Platz versammeln sich auch immer wieder tausende Bürger, um ihren politischen Willen zu demonstrieren und ihren Forderungen Nachdruck zu verleihen. Aber auch die Fußballbegeisterten haben sich den Platz vor dem weltbekannten Berliner Wahrzeichen und die breite Straße inmitten des Großen Tiergartens angeeignet. Sie fiebern gemeinsam vor einer überdimensionalen Leinwand während der Spiele der DFB-Auswahl mit, feiern oft ausgelassen das Team nach seinen Siegen und haben dabei riesigen Spaß. Als geschätzt eine Million Menschen die Nationalmannschaft nach ihrem WM-Triumph 2014 am Brandenburger Tor hochleben ließen, machten sie deutlich, wie sehr Sport verbindet, Vorbilder hervorbringt und Identität stiftet. Die Massen demonstrierten auf fröhliche Weise die gesellschaftliche Kraft des Fußballs im öffentlichen Raum außerhalb der Stadien.

Public Viewing beim Fußball begann sich im Laufe der WM 2002 durchzusetzen. Damals brach sich eine neue Art des Sport-Konsums Bahn, die erst durch die Entwicklungen der Digital- und Bildtechnik ermöglicht wurde. Bei der Weltmeisterschaft 2006 im eigenen Lande erreichte sie jedoch eine neue Dimension. 2005 erlaubten die FIFA kostenlose öffentliche Übertragungen. Damit war es möglich, die Spiele kostenfrei vor großem Publikum zu übertragen, wenn keine kommerziellen Interessen außer dem Verkauf von Speisen und Getränken dahinterstanden. Die Hauptstadt des Austragungslandes reagierte, sperrte für die Zeit der WM die Straße des 17. Juni und ließ Großbildleinwände von insgesamt 234 Quadratmetern aufstellen. Das Halbfinale, in der das deutsche Team unterlag, verfolgten 900.000 Menschen aus dem In- und Ausland vor dem Brandenburger Tor. Seitdem werden bei großen internationalen Turnieren Fan-Meilen in der Mitte Berlins errichtet. Sie bleiben der Inbegriff des Sommermärchens.

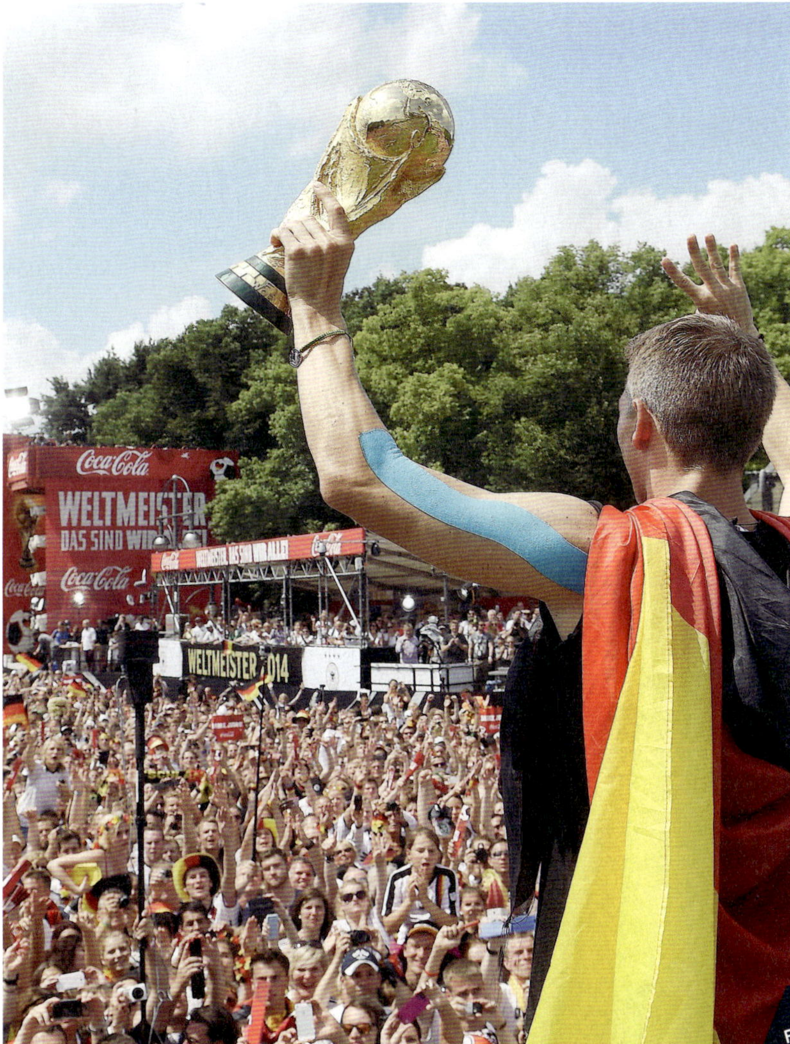

FUSSBALL ROUTE BERLIN

HARTE 4 FAKTEN

Adresse: Pariser Platz, 10117 Berlin

Bauzeit: 1789 bis 1793

Architekt: Carl Gotthard Langhans

Besonderheit: Raum der Stille im nördlichen Torhaus

Sportplatz Kleine Hamburger Straße

Kicken im Schatten des großen Trubels

Schaut man sich die sportlichen Begebenheiten an der Kleinen Hamburger Straße an, spricht nicht viel für die Besonderheiten des Fußballplatzes. Doch weitet man den Blick, fallen berühmte Nachbarn, eine bewegte Geschichte und sogar ein Alleinstellungsmerkmal auf. Denn seitdem das Stadion der Weltjugend vor mehr als dreißig Jahren verschwand, ist dies der letzte Großplatz im historischen Bezirk Mitte. Er ist die Heimat von Blau-Weiß Berolina, die inklusive Vorgängervereinen seit 1949 aktiv ist und heute zahlreichen Amateursportlern ein Zuhause bietet, sowie Spielstätte der deutschen Autoren-Nationalmannschaft, die 2010 immerhin Europameister wurde. Obendrein hat der Verein dem Platz den Spitznamen Bero eingebracht. Und auf dem Bero wird seit 2023 sogar überregional gekickt, denn der Frauenmannschaft gelang als Dritte hinter dem 1. FC Union II und Fortuna Pankow, die nicht nach oben durften bzw. wollten, der Aufstieg in die Regionalliga Nordost.

Ansonsten ist rings um den Bero allerhand los, grüßt von gegenüber das Tanzetablissement Clärchens Ballhaus und bildet sich nebenan in der Volkshochschule die gemeine Bevölkerung im Tanzen, Stricken und an Computer-Arbeitsplätzen fort. Wechselt man in die Vogelperspektive, befinden sich wenige Meter weiter die große Synagoge an der Oranienburger Straße mit ihrer markanten goldglänzenden Kuppel sowie das einstige Kunsthaus Tacheles.

Doch warum findet sich mitten in einem so dicht besiedelten Viertel eine derart große Freifläche für den Fußball? Der Grund liegt in der Geschichte der Stadt, nämlich den Bombennächten im Zweiten Weltkrieg, die mehrere Mietskasernen einebneten. Als der Schutt geräumt war und sich allmählich der Aufbaualltag der Nachkriegszeit einstellte, gab der Berliner Magistrat die Fläche zum Ballspielen frei. Etwa seit 1951 ist der Bero offiziell auf Karten ausgewiesen und zerschneidet seither die Kleine Hamburger Straße, über die er von Norden her zugänglich ist. Blickt der Besucher vom Eingang über den Kunstrasen, lächelt aus der Ferne der Fernsehturm. Großstadtromantiker, was willst du mehr?

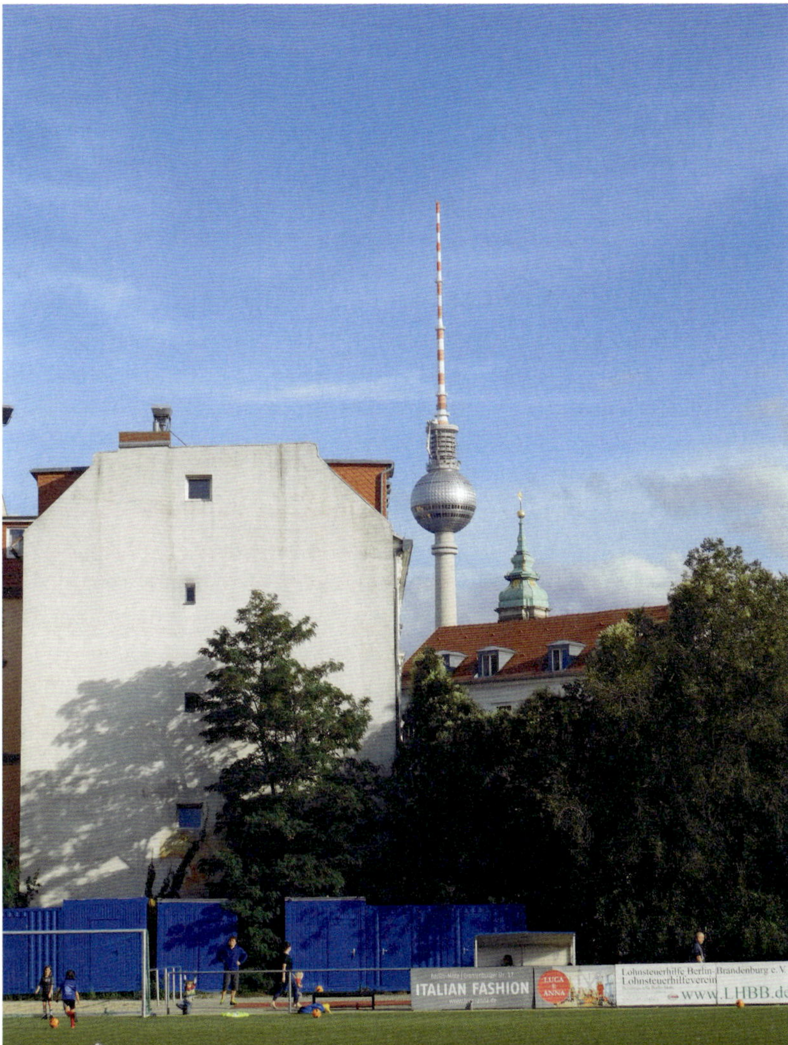

HARTE 4 FAKTEN

Adresse: Kleine Hamburger Straße 16, 10117 Berlin
Alternative Bezeichnung: Sportplatz Auguststraße
Erfolgreich verhindert: Luxusbebauung in den frühen 90ern
Historie: einst Heimat der BSG Medizin Mitte der Charité

FC Magnet Bar

Szenekneipe mit eigenem Cup

Ab 1990 entwickelte sich Berlin verstärkt zu einem nationalen und internationalen Magneten des Kulturlebens und der Kreativszene. Die Großstadt bot vor allem im Osten der nun wiedervereinten Stadt Freiräume für Ideen, Projekte und Begegnungen. Die Akteure dieser Entwicklung fanden im Fußball viel Gemeinsamkeit und begannen in einer Zeit, als der Rasensport mehr als zuvor allgemeine gesellschaftliche Anerkennung erfuhr, eigene Fußball-Kultur zu leben bzw. den Fußball in ihre öffentliche Selbstinszenierung einzubeziehen. Im Zentrum Berlins trafen sich Ende der 1990er-Jahre sonntags nach dem Partymarathon in der Clubszene regelmäßig begeisterte (und noch zu sportlicher Leistung fähige) Fußball-Enthusiasten zum Kicken. 1998 gründeten einige von ihnen den „FC Magnet Mitte“ und das Clubheim, die „FC Magnet Bar“.

Seitdem hat sich die Bar, in der bei Ausschank gemeinsam Fußball geschaut werden kann, zu einer festen Adresse im Sport- und Kulturleben der Stadt entwickelt. Sie zieht Publikum aus der ganzen Stadt und weit darüber hinaus an. Bei Spitzenspielen und internationalen Turnieren herrscht gelegentlich so großer Zulauf, dass die Gäste auf die Straße ausweichen und dann Verkehrsstörungen auslösen. Seit Jahren wird die „Magnet Bar“ in Stadtführern als eine feste Adresse der Party- und Unterhaltungskultur aufgeführt und selbst die Verwaltung der Stadt wirbt auf ihrer Internet-Präsenz. Nicht alle begrüßen dies, da es dem ursprünglichen Gedanken einer eigenen Fußball-Szene-Welt widerspricht.

2001 wurde der MagnetCup ins Leben gerufen. Die taz beschrieb das Ereignis: „Überhaupt war fast gar nichts, wie man es von ‚normalen‘ Fußballturnieren kennt. Die Organisatoren, Angehörige des Berliner Nachtlebens und Betreiber der Magnet Bar in der Veteranenstraße, hatten mit Bars und DJ-Beschallung ein so cooles und angenehmes ‚Ambiente‘ auf dem Kunstrasenplatz an der Auguststraße in Mitte geschaffen, dass der schnöde Ballsport fast hätte stören können. Tat er aber nicht, zwischen einigen hundert auffallend jung und gut aussehenden Zuschauern wurde sogar recht ansprechend gekickt.“

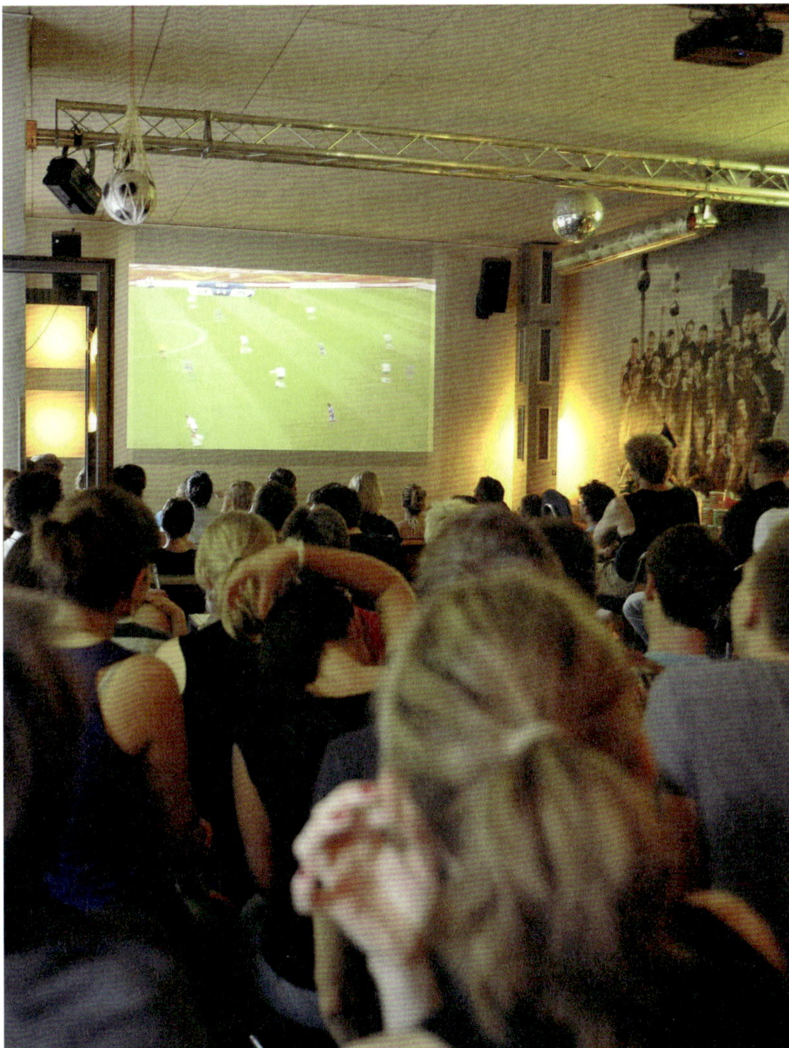

HARTE 4 FAKTEN

Adresse: Veteranenstraße 26, 10119 Berlin

Leinwandgröße: geschätzt 4 x 2 m

Eigener Anspruch: „schnörkellose Bar“

Eigener Verein: FC Magnet Mitte e.V.

Alexanderplatz

Fans an der „Weltzeituhr"

„Berlin, Berlin, wir fahren nach Berlin!" – mit diesem Schlachtruf besingen seit 1985 die Fans ihre Mannschaften im DFB-Pokal. Ein Sieg nach dem anderen soll das Team bis ins Finale des Wettbewerbs im Olympiastadion bringen. Doch vor dem „deutschen Wembley" führt der Weg nicht nur durch die Stadien des Landes, sondern auch über zwei zentrale Plätze Berlins – den Breitscheidplatz in der City West und den Alexanderplatz im Zentrum des Ostens. So jedenfalls stellen es sich die Organisatoren vor und weisen den jeweiligen Anhängern die Plätze für Fan-Feste zu. Und tatsächlich treffen sich viele Begeisterte im Dress ihrer Clubs am „Alex" mit der bekannten „Weltzeituhr" oder auf dem Areal an der „Gedächtniskirche" mit dem „Weltkugelbrunnen". In der Regel geht es friedlich zu, selbst wenn dem einen oder anderen Berlin-Besucher die Orientierung fehlt und er im Lager des „Gegners" ankommt. Im Olympiastadion trennen sich die Wege zufällig Bekannter wieder, weil die Osttribüne an das Team mit Heimrecht vergeben wird. Die letzten, auf die dies in vollem Wortsinn zutraf, waren die „Hertha-Bubis", die 1993 ins Endspiel vorstießen.

Weniger friedlich blieb es am 7. Oktober 1977, als in der DDR das 28. Gründungsjubiläum gefeiert wurde. Jugendliche, darunter zahlreiche Anhänger des 1. FC Union, lieferten sich eine blutige Schlacht mit der Volkspolizei. Die Ereignisse eskalierten, als es zu einem tragischen Unfall während eines Rock-Konzerts vor dem Fernsehturm kam und die Rettungswagen nicht zu den Verletzten vordringen konnten, weil die Massen den Weg versperrten. Die Ordnungskräfte reagierten mit Gewalt und lösten damit eine Panik aus. Die jungen Leute ließen in der Konfrontation mit den VoPos ihrem Frust über die DDR freien Lauf. Auch wenn es zum Glück keine Toten gab, wie in der aufgeheizten Situation behauptet wurde, und das System nicht ins Wanken geriet, waren SED und Staatssicherheit alarmiert. Für den Fußball ergaben sich unmittelbare Konsequenzen. Zur Beobachtung und „Zersetzung" des „rowdyhaften" Fangeschehens bei Union wurde eine Arbeitsgruppe der Staatssicherheit gebildet. Von diesem Zeitpunkt an überwachte die Staatsmacht mit besonderer Aufmerksamkeit jedes Volksfest.

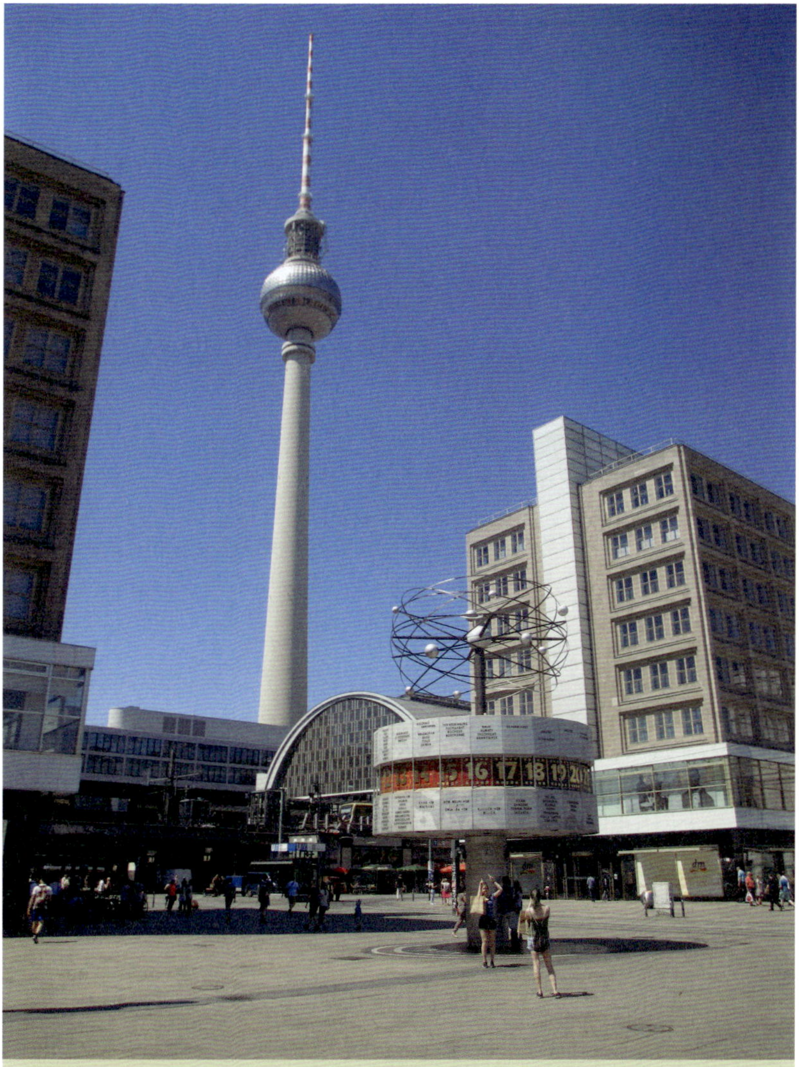

HARTE 4 FAKTEN

Adresse: 10178 Berlin

Frühere Fläche: umgerechnet mehr als 11 Fußballfelder

Fandemos: 2002 (1.000 Teilnehmer), 2010 (über 10.000 Teilnehmer)

Größte Demo der DDR: zwischen 500.000 und 1.000.000 Menschen am 4. 11. 1989

11Freunde-Redaktion

Mehr als Statistik und Fisimatenten

Längst zu einer Institution in der journalistischen Fußballwelt geworden und schon seit der Gründung im Jahr 2000 in Berlin zu Hause, darf das Magazin 11Freunde in diesem Kompendium nicht fehlen. Mit dem Anspruch, mehr als Spielberichte und Statistik zu bieten, bedient die Redaktion eine eher „gebildete" Fußballklientel, die sich den Fußball seit den 1990er-Jahren schrittweise aneignete. So bezeichnete der Tagesspiegel das Heft völlig zurecht als den etwas anderen Kicker, denn mit Betrachtungen der Kultur des Fußballs, die sich an Weisheiten, Nebenschauplätzen und feuilletonistischen Reportagen erfreut, hielt eine andere Sichtweise auf das Balltreten Einzug.

Die Berliner Rasensportszene bereichern die 11Freunde mit dem jährlichen Saisonrückblick, einer Art Abschlussfeier am Vorabend des DFB-Pokalendspiels, ihrem Fußball-Kneipenquiz und dem Public Viewing samt Diskussionsrunden, die sie zu EM- und WM-Turnieren organisieren. Magazin-Gründer Philipp Köster selbst belässt es nicht dabei, aus den Redaktionsräumen heraus zu urteilen und zu philosophieren. Regelmäßig mischt er sich unter das Fußballvolk der größeren und kleineren Sportplätze und hielt der Legende nach als fliegender Händler noch ganz persönlich die ersten Ausgaben in die Höhe, um sie vor den Stadiontoren unter die Fußballfreunde zu bringen.

Mit dem 11Freunde-Podcast „Zeigler & Köster" ist längst ein erfolgreiches Audioformat zum breiten Portfolio dazugekommen. Inzwischen legendär ist der humoristische Live-Ticker der Redaktion, der 2013 mit dem Grimme Online Award ausgezeichnet wurde. Mit Nebenprojekten wie den Heften „Bolzen" zum Freizeitfußball, „11Freundinnen" zum Frauen-Fußball oder „NoSports" für all die Betätigungen abseits des Fußballs scheut man sich nicht, neue Wege zu gehen, auch wenn der Erfolg keineswegs garantiert ist. Und auch wenn es immer wieder Kritik für allzu intellektuelle Fisimatenten gibt, die 11Freunde haben sich etabliert und sind eine Bereicherung für den bundesweiten Fußballkosmos geworden.

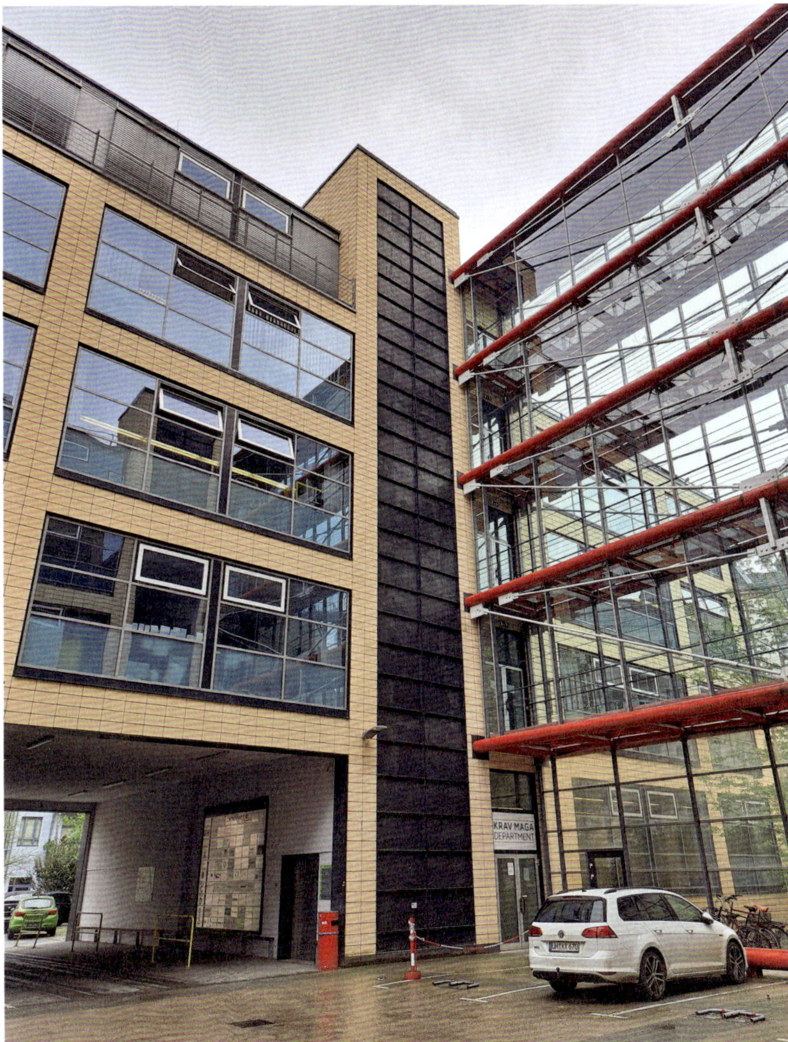

HARTE 4 FAKTEN

Adresse: Gubener Straße 47, 10243 Berlin

Reichweite: Rund 1 Mio. Leser

Frühe Liebe: Titel von Ausgabe 5 „Fußball in Berlin"

Auszeichnung: beste Sportfachzeitschrift 2017,
beste Sportberichterstattung 2021

Laskersportplatz

Die Mutter aller Pokalsensationen

„Wat is‘ denn hier los? Ist ja alles krumm und schief!“ Genau das mag so mancher Besucher denken, der zu einem Heimspiel von Berolina Stralau kommt. Der Grund ist eine Sportplatz-Sanierung im Jahr 2007, bei der der Hauptplatz für eine neue Tartan-Laufbahn um einige Grad gedreht wurde. Seither steht man auf dem Nordende der Tribüne etwa zehn Meter weiter entfernt vom Spielfeld als auf dem Südende. Ob es gut für das Karma war? 2017 gelang Berolina immerhin für eine Saison der Aufstieg in die Berlin-Liga. Die glorreichen Zeiten allerdings liegen deutlich weiter zurück.

Vorgänger SV Stralau 1910, damals noch 100 Luftlinienmeter weiter auf dem Sportplatz Kynaststraße beheimatet, wurde 1925 Vize-Meister im Arbeitersport. Das größte Ausrufezeichen setzten aber zehn Jahre später die Männer vom Berolina Lichtenberger SC, dem anderen Vorgängerklub. Bei der ersten Durchführung des Tschammer-Pokals, dem Vorgänger des DFB-Pokals, gelang ihnen als Zweitligist 1935 der Einzug ins Achtelfinale. Erst siegten sie gegen Nord-Gauligist Victoria Hamburg (2:1), dann schlugen sie vor 6.000 Zuschauern auf heimischem Platz den Schlesien-Meister von Vorwärts Rasensport Gleiwitz mit 3:2. Die Mutter aller Pokalsensationen endete schließlich gegen den FC Hanau 1893 auf dessen Platz (1:5) und sicherte den Berolinen den wohlverdienten Platz in den Geschichtsbüchern des deutschen Fußballs. Im Laufe des Zweiten Weltkrieges schlossen sich der SV Stralau und Berolina LSC schließlich zur Kriegssportgemeinschaft zusammen, womit der bis heute gültige Name Berolina Stralau in die Welt kam.

Der Friedrichshainer Sportverein als Hauptnutzer des Laskerplatzes, der größten Sportanlage im Bezirk, ist eine Institution im Kiez und zahlenmäßig der größte Klub von Friedrichshain-Kreuzberg. Um die dreißig Mannschaften im Spielbetrieb sprechen eine deutliche Sprache, und trotzdem ist hier auch noch Platz für die Brüder und Schwestern von Victoria Friedrichshain und allerlei Individualsportler. Obendrein lädt die in den letzten Jahren errichtete Laskerhütte zu Plausch und Molle. Letztere gibt es vom Hahn. Was will man mehr?

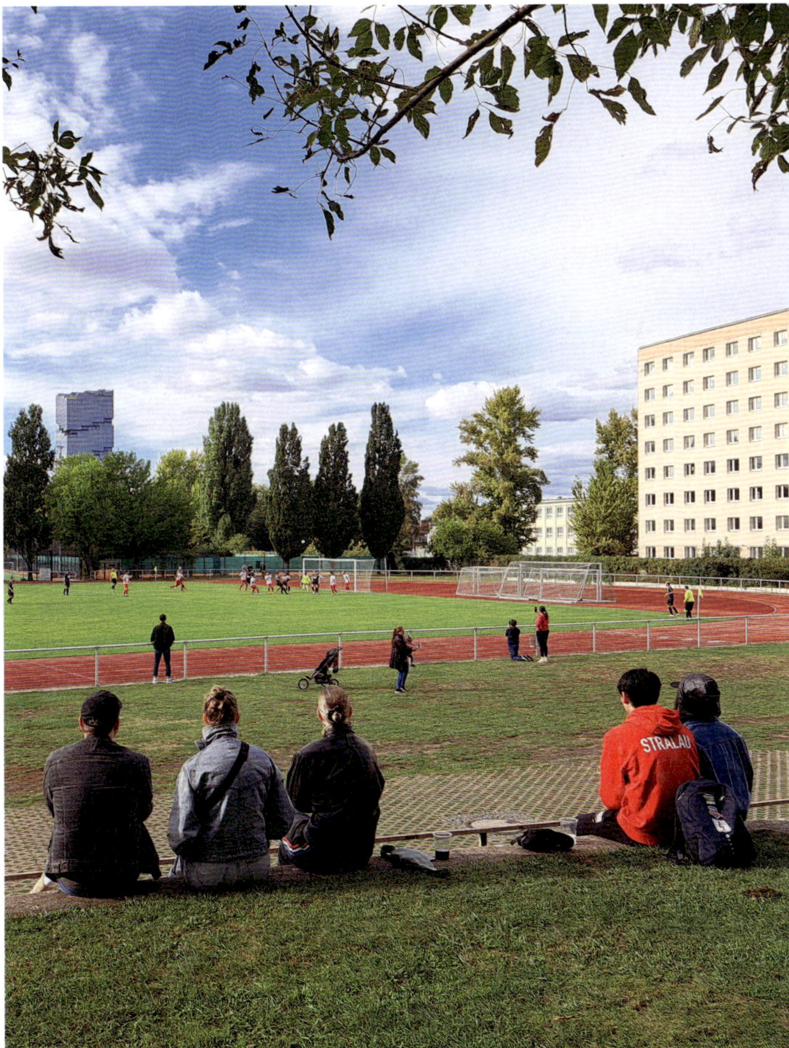

HARTE 4 FAKTEN

Adresse: Persiusstraße 7b, 10245 Berlin

Namensgeber: Schachweltmeister Emanuel Lasker (1868–1941)

Tribünenkapazität: 4.000 Zuschauer auf sechs Stufen

Bratwurst mit Bier: 5,50 Euro

Kneipe „Panenka“

Kalte Schaumsüppchen von Hopfen und Gerste (vegan)

Was passt besser nach Friedrichshain, wenn du eine Fußballkneipe eröffnest, als sie nach dem Spieler zu benennen, der einst im EM-Finale 1976 zum frechen Elfmeter-Heber gegen die Bundesrepublik ansetzte? Nicht viel. Und damit Willkommen im „Panenka“.

Seit 2015 schon ist das Trink-Lokal, wie es sich selbst nennt, im Travekiez ansässig, und passend zum Namenspatron steht ganz oben auf der Karte ein tschechisches Bier. Wenn die Sonne lacht, bieten sich gleich neben der Straßenbahnhaltestelle zahlreiche Sitzgelegenheiten. Wem es draußen zu zugig, zu laut oder einfach nicht gemütlich genug ist, der findet drinnen unter allerlei Fan-Utensilien ausreichend Platz, um mit Freunden eine gute Zeit zu verbringen. Auch wenn am Spieltag eher die Neu-Unioner Klientel dominiert, das Panenka ist für so ziemlich jeden ein Ort, um sich zu Hause zu fühlen und zu fachsimpeln. Doch die Kneipe im Herzen Friedrichshains hat noch eine ganze Menge mehr auf Lager: An Kiezfesten oder der berlinweiten Fête de la Musique beteiligt sich die Crew mit Punk-Konzerten und gehört damit heute zum festen Inventar des vormals links-alternativen Viertels. Und auch Kritik darf im Panenka nicht fehlen: Zur Weltmeisterschaft der Herren beteiligte sich die Kneipe an der „Boycott Qatar 2022“-Initiative und organisierte ein Alternativprogramm, um auf Menschenrechtsverletzungen des WM-Gastgeberlandes und die ausufernde Kommerzialisierung des Fußballs aufmerksam zu machen. Keine Live-Spiele, sondern Haltung wurde gezeigt. „Kein Katar in meiner Kneipe“ hieß das Motto, das die für manche Nichtregierungsorganisation überraschende Brücke von Fußballfans zur Zivilgesellschaft schlug.

Wer die moderne Mischung aus Alt-Berliner Kneipe und Subkultur sucht, ist im Panenka goldrichtig. Sportlich selbst betätigen kann sich der geneigte Besucher an Kicker und Dartscheibe. Für die richtige Grundlage gibt es neben obligatorischen Bouletten auch Exoten, wie Utopenec, eine eingelegte Wurst aus der traditionellen böhmischen Küche. Also dann: na zdraví!

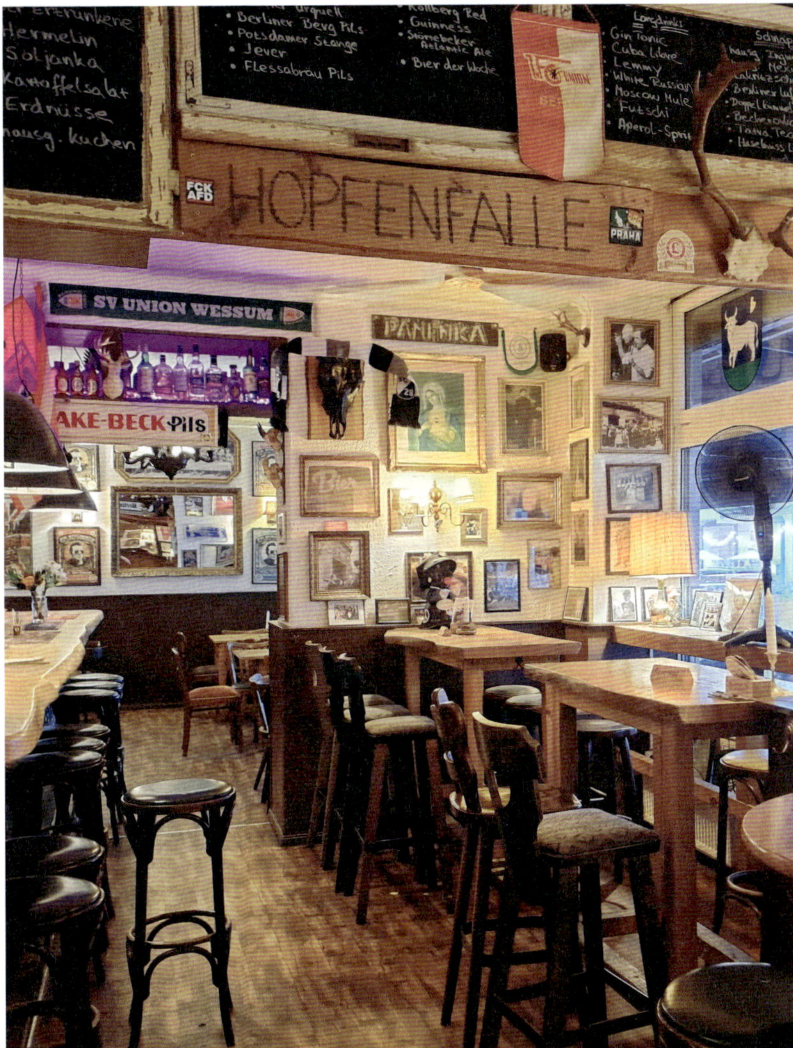

HARTE 4 FAKTEN

Adresse: Weichselstraße 27, 10247 Berlin

Hocker am Tresen: 8

Biere vom Fass: 10

Antonin Panenka: 59 Länderspiele für die CSSR

Sportplatz Fischerstraße

Neue Heimat für die alten Arbeiter

Obwohl hier vieles sehr unscheinbar wirkt, hat der SV Sparta einen gewissen Kultstatus erlangt und seine Fans sprechen bisweilen von Berlins sympathischstem Stadtteilverein. An seinem Zuhause, dem Sportplatz Fischerstraße, begrüßt den Besucher das Piktogramm eines Fußballspielers im Pflaster und zunächst verstetigt sich der Eindruck, dass es auf diesem Platz um nicht mehr als 90 Minuten Balltreten geht. Doch der Schein trügt, denn Sparta ist familiärer Anlaufpunkt für all jene geworden, denen der große Fußballrummel zu weit entfernt ist. Wer sich einmal an einem Sonntag mit seinem Bierchen auf den Hang nordöstlich des Platzes gesetzt hat und beim Plausch mit Freunden dem munteren Treiben folgte, der kommt wieder. Sparta strahlt eine Gemütlichkeit aus, bei der sich der Hipster wie der Oldie, die Mutter des E-Jugendspielers wie auch der etwas zu aufgeregte Jungspund wohlfühlen können.

Dabei war bei Sparta nicht immer eitel Sonnenschein. Als Vorzeigeverein des kommunistischen Rotsports und dessen Vizemeister 1931 wurde Sparta von den Nazis verboten. Mit der Neugründung als SC Empor trotzten die Rotsportler den Nazis und spielten ab 1938 sogar ein Jahr zweitklassig. Nach dem Krieg entwickelte man sich als Betriebssportgemeinschaft zum klassischen Breitensportverein, der sein Andenken stets hochhielt, auch wenn die Plätze munter wechselten. Die meiste Zeit kickten die Rot-Weißen an der Kynaststraße nahe dem Ostkreuz. Als der Platz jedoch dem Bahnhofsneubau weichen sollte, stand 2007 der Umzug in das neue Domizil an. In guter Nachbarschaft der historischen Max-Taut-Schule leisten die Spartaner seither an der Fischerstraße fußballerische Arbeit der soliden Art und mauserten sich zum Top-Klub der Berlin-Liga. Im 112. Jahr ihres Bestehens gelang schließlich der ganz große Coup: Mit dem Gewinn der Berliner Meisterschaft betraten die Kiezkicker aus Rummelsburg 90 Jahre nach dem Verbot durch die Nationalsozialisten wieder die überregionale Fußballbühne. Am Ende der Saison stand man zudem im Berliner Pokalfinale, wo man TuS Makkabi erst nach Verlängerung mit 1:3 unterlag. Und als wäre dem nicht genug, wartete in der Oberliga auch noch der Bezirksnachbar von Lichtenberg 47 zum Derby. Und so ist die Sparta-Geschichte gewiss noch längst nicht an ihrem Ende angekommen.

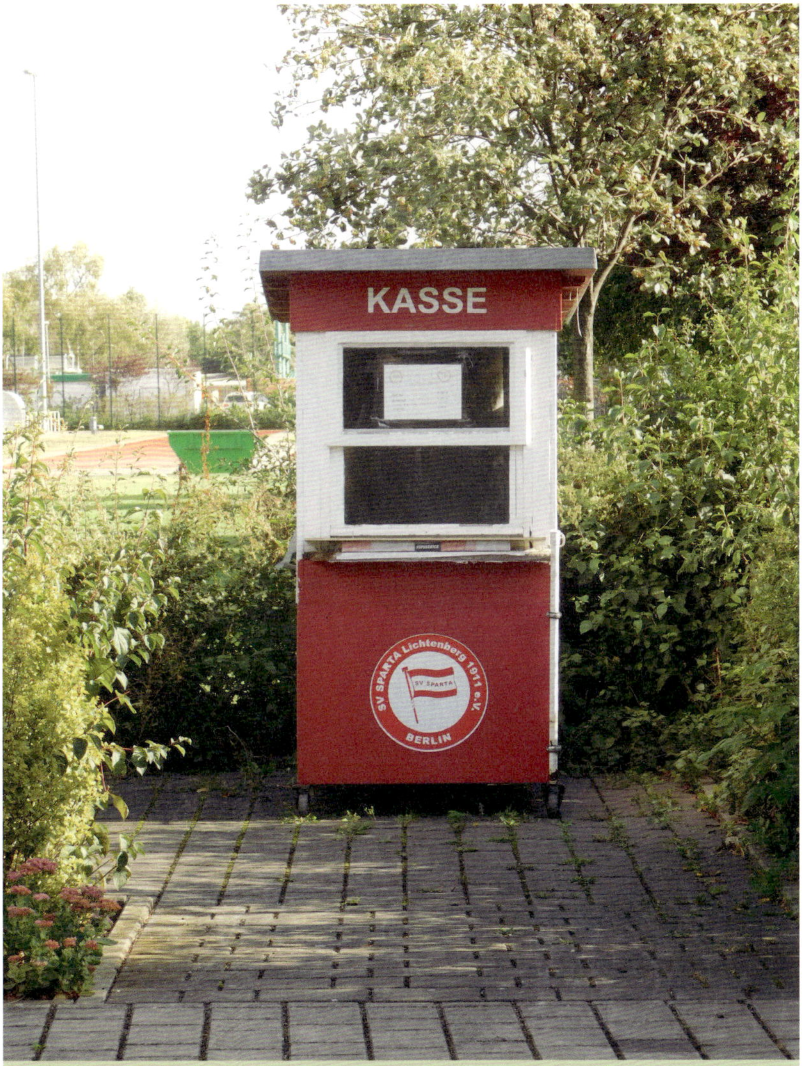

HARTE 4 FAKTEN

Adresse: Fischerstraße 15, 10317 Berlin

Endspiel Rotsport-Meisterschaft 1931: Dresdner SV – Sparta Lichtenberg 3:1

Prominentes Mitglied einst: Werner Seelenbinder

Prominente Mitglieder heute: Techno-DJs Paul Kalkbrenner + K-Paul

BVB-Stadion

Trams und Trauer

Es wäre besser, das BVB-Stadion wäre mit einem ungeahnten Aufstieg oder einer anderen positiven Nachricht wieder in den Blick der Fußball-Öffentlichkeit gekommen, aber leider sind die Geschichten des Lebens nicht immer fair. Es war ein Schock, als zu Pfingsten 2023 bekannt wurde, dass der 15-jährige Paul, Fußballer des hier in Lichtenberg spielenden JFC Berlin, im Rahmen eines Jugendfußballturniers in Frankfurt am Main attackiert wurde und wenig später verstarb. Es zeigt die hässliche Seite des Fußballs allzu dramatisch, wenn sich Emotionen in Respektlosigkeit und blanke Brutalität verkehren. Hier, auf dem rund hundert Jahre alten Platz kamen Freunde und Bekannte zusammen – oder einfach Menschen, die Anteil nehmen wollten. Sie stellten Kerzen auf, trauerten und gedachten des jungen Paul.

Sein Verein, der Jugendfußballclub Berlin, engagiert sich seit 2010 für Kinder und Jugendliche aus Lichtenberg, bietet außerdem Projekte für Geflüchtete und Yoga-Interessierte an. Hervorgegangen ist er aus dem viel mehr für Frauen-Handball bekannten SV Berliner Verkehrsbetriebe 49, der eine echte Institution des Betriebssports im Osten der Hauptstadt war und heute unabhängig ist. Und auch dafür steht das altehrwürdige BVB-Stadion, das zunächst als Straßenbahner-Sportplatz bekannt und 1928 nach Gründung der BVG zunächst bis zur DDR-Zeit in „BVG-Stadion" umgetauft wurde. Bis heute befindet sich etwa einen Kilometer weiter südlich ein großer Betriebshof der Verkehrsbetriebe, die ihren Angestellten mit dem Stadion die Möglichkeit gaben, körperlich aktiv zu sein und das betriebliche Miteinander zu pflegen.

Inzwischen ist die Sportanlage längst in kommunaler Hand und wurde in den letzten Jahren umfangreich neugestaltet. Die einst bei Groundhoppern beliebte Tribüne, 1930 nach Plänen von Jean Krämer erbaut und spätestens ab 1990 kontinuierlich verfallen, wurde 2015 trotz Denkmalschutzes abgerissen. Entstanden ist ein moderner Sportpark mit Kunstrasenplätzen, einem Streetsoccer-Feld und Beach-Volleyball-Feldern, Trimm-dich-Pfad und Laufbahn. Ohne viel Brimborium lässt sich attestieren: An der Siegfriedstraße ist der Breitensport zu Hause!

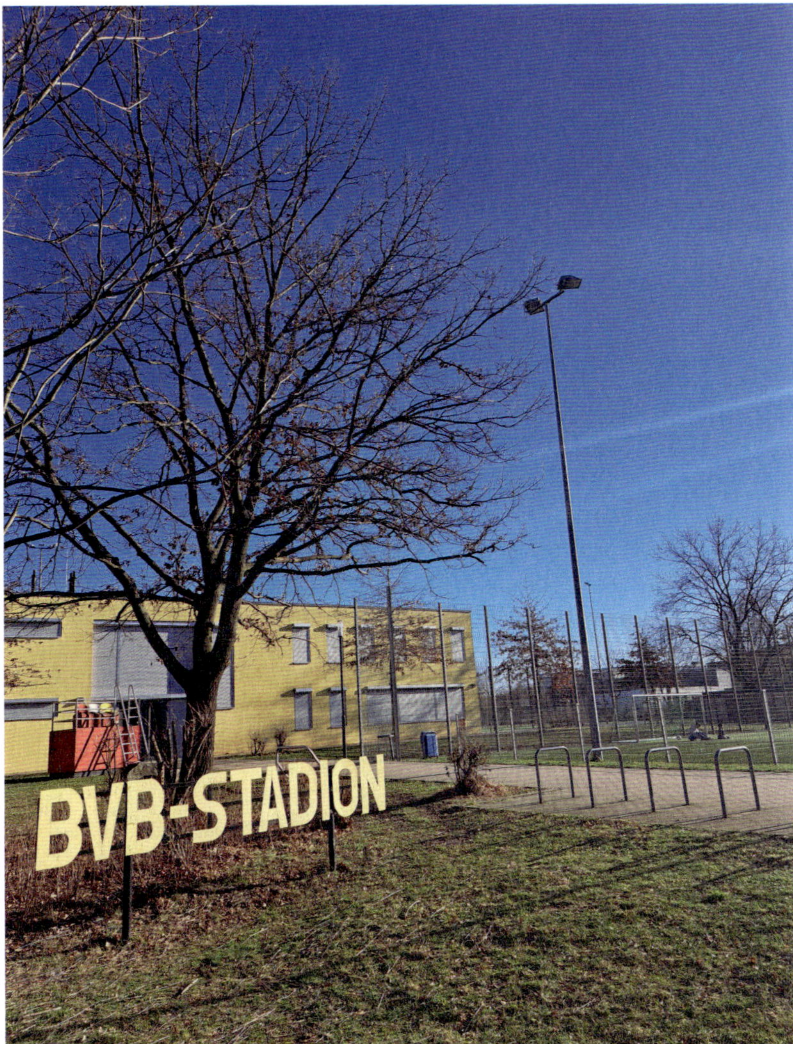

HARTE 4 FAKTEN

Adresse: Siegfriedstraße 72, 10365 Berlin

Eröffnet: 1922

Olympisch: 1936 trainierten im dazugehörigen Freibad die Olympioniken

Explosiv: 5 t scharfe Munition bis Ende der 90er-Jahre im Erdreich

Stadion Lichtenberg

Vergessene Geschichte in Herzberge

Der mythische Charakter des alten Lichtenberger Stadions ist unter Sporthistorikern sicherlich unbestritten. Junge Fußballfreunde jedoch wissen mit dem Namen wenig anzufangen, denn inzwischen ist es weitestgehend aus dem Gedächtnis der Berliner verschwunden. Dabei fing alles so glorreich an. Noch vor dem Ersten Weltkrieg von der Stadt Lichtenberg beschlossen, wurde es im Juli 1920 eröffnet und war seinerzeit das erste kommunale Stadion Deutschlands und der größte Sportpark Berlins. Bald wurde es zum Zentrum des Arbeitersports und damit zum Gegenstück des vom bürgerlichen Sport geprägten Deutschen Stadions in Charlottenburg. Schon die Eröffnung fand mit einem Vergleich der Freien Turnerschaften Lichtenbergs und Neuköllns statt. Und auch wenn in den nächsten Jahren an die 20.000 Zuschauer zu den Spielen kommen sollten, war es – nach heutigen Kriterien – anfangs „nur" ein Platz mit Sporthaus, das über ein offenes Obergeschoss verfügte.

Aber es war auch ein Zankapfel: Nicht nur, dass hier große Sportwettkämpfe des Arbeiterfußballs wie die sogenannten Russen-Spiele gegen Mannschaften aus Moskau und Charkow stattfanden und die Kommunisten große Kundgebungen mit über 50.000 Teilnehmern und Rednern wie Ernst Thälmann organisierten. Auch der deutsche Profifußball hätte hier beinahe das Licht der Welt erblickt. Mit 300.000 Mark wollte eine neugegründete Fußball-GmbH im Sommer 1920 den Aufbau einer Profiliga vorantreiben und hob hierfür den 1. Deutschen Berufs-Fußball-Club aus der Taufe. Zur Werbung sollte ein Spiel in Lichtenberg gegen den damals hochgeachteten MTK Budapest (unter dem Namen 1. Ungarischer Berufs-FC) stattfinden, doch über politische und konfessionelle Grenzen hinweg gab es Widerstände. Schließlich scheiterte das Projekt Profiliga nach einigem Hin und Her nur wenige Monate später. Sein eigenes Ende erlebte das Stadion 1973, als es anlässlich der Weltfestspiele der Jugend zum Zeltlager umfunktioniert wurde. Heute lassen nur noch verwilderte Ränge vermuten, dass hier vor vielen Jahren um Tore gekämpft wurde.

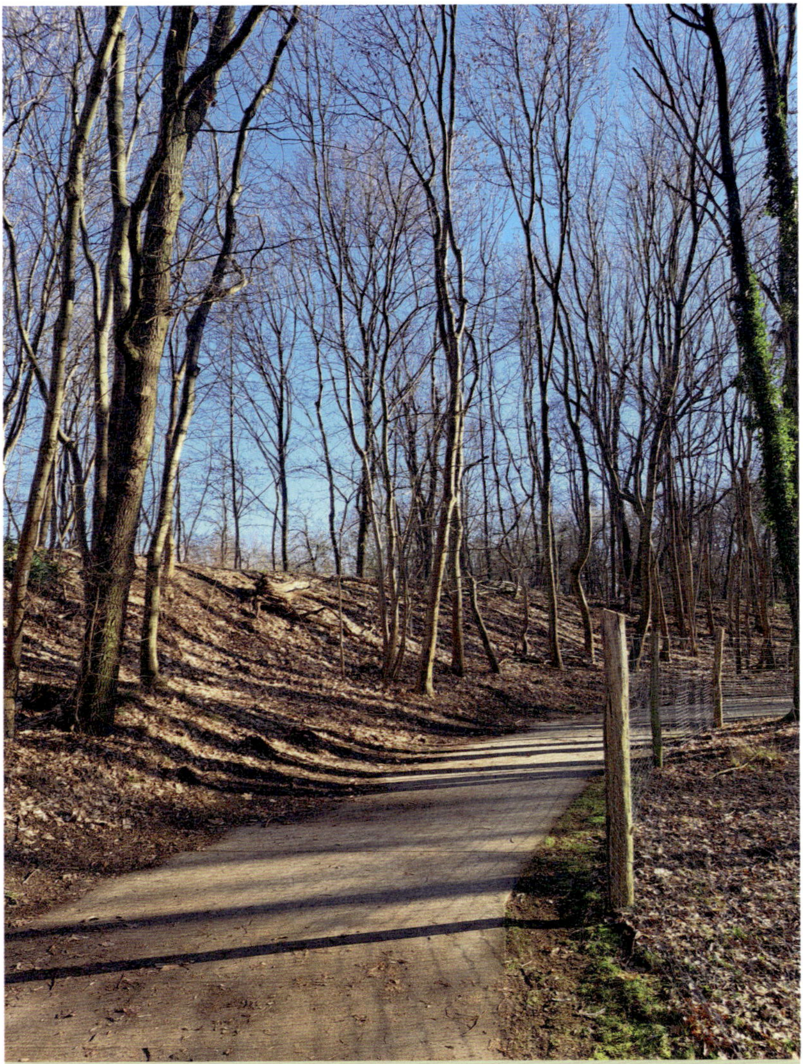

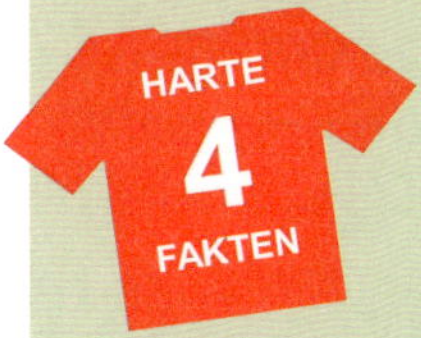

Adresse: Herzbergstraße 81, 10365 Berlin

Gesamtkosten: 885.000 Mark (entspricht ca. 3,3 Mio. Euro)

Ehemalige Heimvereine: SG Lichtenberg-Nord (heute SV Lichtenberg 47), BSG Chemie Lichtenberg (heute TSV Lichtenberg)

Gegenwart: nordwestlicher Teil des Landschaftsparks Herzberge

HOWOGE-Arena „Hans-Zoschke"

Finalstadion, Einheitsstadion und Kieztreff

Unscheinbar liegt es mitten im Lichtenberger Kiez und gehört doch zu den herausragenden Stadien Berlins. Wo sich einst der Sportplatz an der Normannenstraße befand, wurde nach dem Krieg das Hans-Zoschke-Stadion errichtet. Als zweitgrößtes reines Fußballstadion der Hauptstadt hat es eine bewegte Geschichte hinter sich, erlebte Spiele der DDR-Oberliga und sollte dann für den Ausbau des nahen Stasi-Komplexes weichen, wurde jedoch von alten Antifaschisten gerettet. Namensgeber Johannes Zoschke, früherer Sportler bei Sparta Lichtenberg und 1944 im Zuchthaus Brandenburg-Görden von den Nationalsozialisten ermordet, die letzte Ehre zu nehmen, das durfte sich auch die berüchtigte Geheimpolizei nicht erlauben. So blieb das Hans-Zoschke-Stadion erhalten, während Hausherr Lichtenberg 47 sportlich zwischen Bezirks- und DDR-Liga versauerte. Nach der Wende ging es sogar runter bis in die 6. Liga.

Zur Ironie der Geschichte gehört, dass der Bezirk Lichtenberg viele Jahre später Gelder aus dem SED-Vermögen einsetzte, um das Stadion zu sanieren und fit für die Anforderungen der Regionalliga zu machen. Dort spielten die 47er nämlich ab 2019 für vier Jahre und empfingen wieder Größen des Ostfußballs wie Lok und Chemie Leipzig, Carl Zeiss Jena und den BFC Dynamo.

Das Stadion selbst wurde stetig weiterentwickelt, erhielt Flutlicht, neue Umzäunungen und unlängst Anlagen für den Freizeitsport. Früher vom Sperrbezirk der Staatssicherheit umzingelt, ist es heute integraler Teil des Kiezes und seiner Bewohner. Die nunmehr nach dem kommunalen Wohnungsunternehmen benannte HOWOGE-Arena „Hans Zoschke" schrieb und schreibt Geschichte. Das für den Berliner Fußball womöglich bedeutsamste Spiel fand im Oktober 1990 statt: Damals trafen die Auswahlmannschaften Ost- und West-Berlins aufeinander. Vor 200 Zuschauern gewannen die Westler mit 4:2, einen Monat später wurde die Fußball-Hauptstadt nach 40 Jahren Teilung wieder vereint.

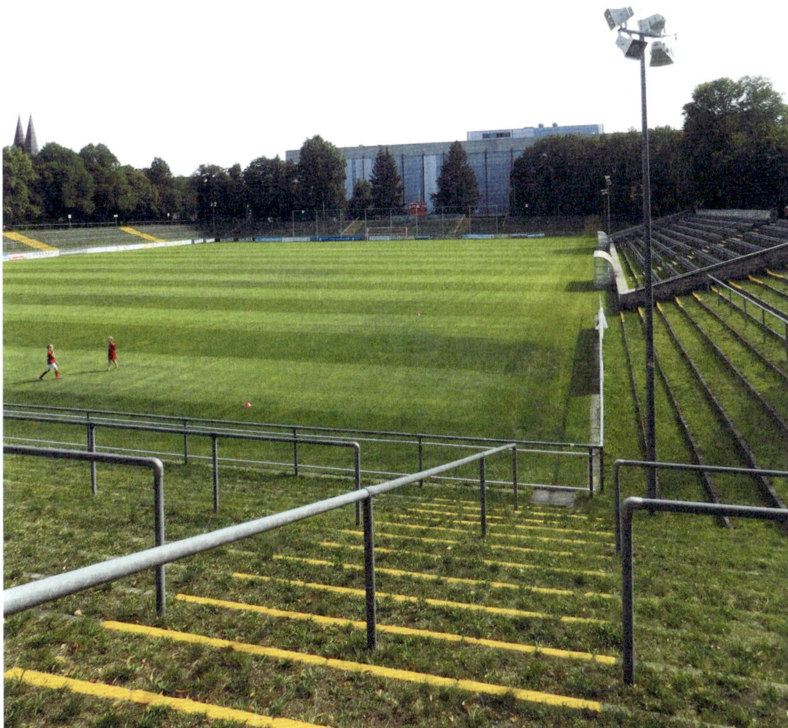

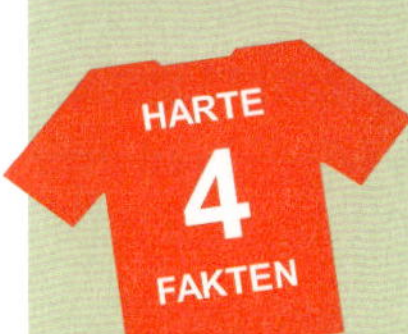

Adresse: Normannenstraße 26–28, 10365 Berlin

FDGB-Pokalfinale: 18.000 Z. am 14. 9. 1952 SV Deutsche Volkspolizei Dresden – Einheit Pankow (3:0)

Heutige Kapazität: 9.900 Z., inklusive 900 Sitzen

DDR-Oberliga: SV Lichtenberg 47 auf Platz 41 von 44 in der ewigen Tabelle

Kneipe „Zum Pilsator"

Und freitags in die Grüne Hölle

Inmitten des Bötzow-Viertels, das nach Mauerfall und Wiedervereinigung beispielhaft für den atemberaubenden Wandel des Prenzlauer Bergs stand, befindet sich in der Esmarchstraße ein Ort, der über Jahrzehnte von besonderer Anziehungskraft war und mehrfach als Filmkulisse diente. Ältere Zeitgenossen erinnern sich noch an die Gaststätte Ecke Liselotte-Hermann-Straße, die bis Anfang der 1990er-Jahre „Zum Pilsator" hieß, aber weithin als die „Grüne Hölle" bekannt war, weil an den Fenstern grüne Gardienen hingen und abends entsprechendes Licht nach außen drang. In diesen Räumen verkehrten gelegentlich der DDR-Star Manfred Krug und andere bekannte Künstler aus Ost-Berlin. Die Kneipe war aber kein Ort für Laufkundschaft, sondern ein Wohnzimmer für Stammgäste, die zur Begrüßung die Runde machten und dabei auf die Tische klopften.

Fans des 1. FC Union erkoren Mitte der 1980er-Jahre die „Grüne Hölle" zu ihrem ständigen Treffpunkt. Im „Berliner Sport-Verein" – von den Mitgliedern auch „Bier-Sport-Verein" genannt – organisiert und in der unabhängig vom offiziellen DDR-Sportsystem entstandenen Union-Liga aktiv, fanden sich hier Hobby-Fußballer zusammen, um eigene Spiele vorzubereiten oder Auswärtsfahrten zu Begegnungen ihres 1. FC Union zu besprechen. Die Dokumentarfilmer Ernst Cantzler und Burghardt Drachsel widmeten den Mitgliedern des BSV einen eigenen Film, der 1989 fertiggestellt, vom staatlichen Filmverleih der DDR jedoch abgelehnt wurde. „Und freitags in die Grüne Hölle" zeigt die Fans und ihre Szene realistisch und ungeschönt. In den Interviews berichten die Jugendlichen über ihre Leidenschaft Fußball, ihr Verhältnis zur Gewalt in den Stadien, ihre Einstellung zur DDR und ihre Zukunftspläne. Offen wird in dem Streifen ausgesprochen, was in den letzten Jahren der DDR alle wussten: Die Masse der jungen Leute will in den Westen. Der Film ist deshalb nicht nur ein bleibendes Dokument der Fan-Szene, sondern auch ein Gesellschaftsbild der DDR kurz vor deren Untergang.

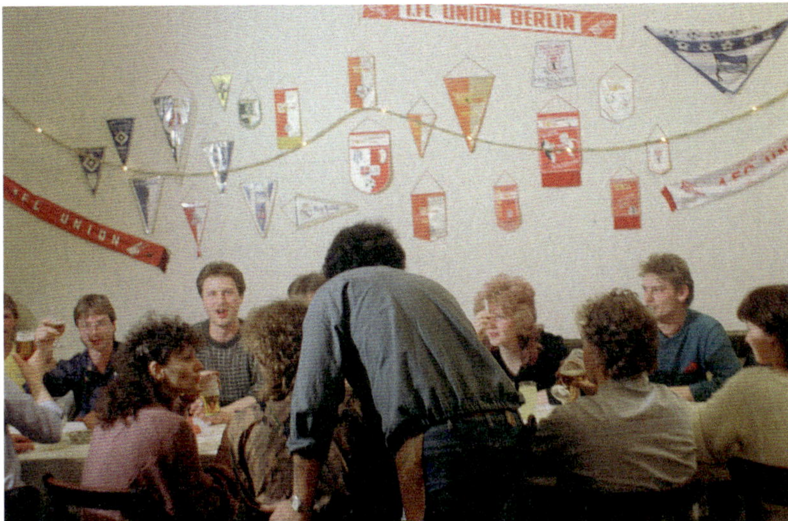

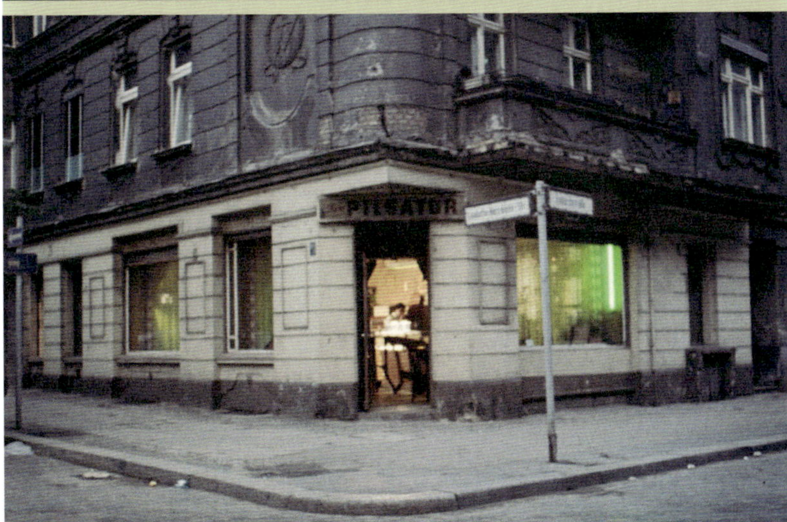

HARTE 4 FAKTEN

Adresse: Esmarchstraße 9, 10407 Berlin

DDR I: ab Mitte der 1980er-Jahre wollte die SED mithilfe von Fan-Clubs die Gewalt in den Stadien eindämmen

DDR II: staatlicher Bierpreis in Kneipen max. 1,10 M für 0,5 l

Filmkulisse: für „Sommer vorm Balkon" von Andreas Dresen

(Ehem.) Vereinslokal von Hertha BSC

Nach dem Sport: Anstoßen mit Klavierbegleitung

Die Fußballer des BFC Hertha 1892, wie der Club ursprünglich hieß, begriffen ihren Verein nicht nur als eine Gemeinschaft, in der sie Leibesübungen und Wettbewerben nachgehen wollten, sondern als Zusammenschluss Gleichgesinnter. Deshalb war für sie ein Vereinslokal von größter Bedeutung. Die Herthaner fanden bereits kurze Zeit nach der Gründung ihres Clubs in der Oderberger Str. 27 eine geeignete Gaststätte, in der sie ihre Bälle und Ausrüstung sowie erste Trophäen aufbewahrten und Geselligkeit pflegten. Ihr Lokal befand sich in einem Wachstumsgebiet Berlins mit neugebauten Häusern, einem riesigen Brauereikomplex, einem bedeutsamen Güterbahnhof und zahllosen Geschäften. Von hier aus waren es nur wenige Meter zu einer der wichtigsten Spielstätten des damaligen Fußballs in Deutschland, dem Exerzierplatz an der Schönhauser Allee.

In der Frühzeit des Sports spielten die geselligen Zusammenkünfte der Aktiven und Funktionäre eine große Rolle. An manchen Abenden sangen die Aktiven selbst oder führten sogar eigene Theaterstücke auf, in denen die Welt des Fußballs auf heitere Art dargestellt wurde. Die Herthaner zahlten Honorar für professionelle Unterhaltung durch Klavierspieler und legen Wert auf kultiviertes Zusammensein. Ihr Verein sollte in die Gesellschaft der Stadt ausstrahlen.

Bei ihren Treffen orientierten sich die Fußballpioniere stark an den Gepflogenheiten und Ritualen der studentischen Verbindungen. Im Verein übten sie den Umgang und die Form für das spätere erfolgreiche Bestehen in der Gesellschaft ein und knüpften lebenslange Netzwerke. Vereinslokale, wie es die Herthaner in ihren Gründungsjahren nutzten, ersetzten die erfolgreichsten Clubs der Frühzeit des deutschen Fußballs wie der BFC Germania 1888 und der BFC Preussen schon bald durch eigene, repräsentative Vereinsheime. Doch bis in die Gegenwart existieren noch „inoffizielle" Vereinslokale und bieten so eine wichtige Fußballer-Heimat vor allem für die kleinen Kiez-Vereine.

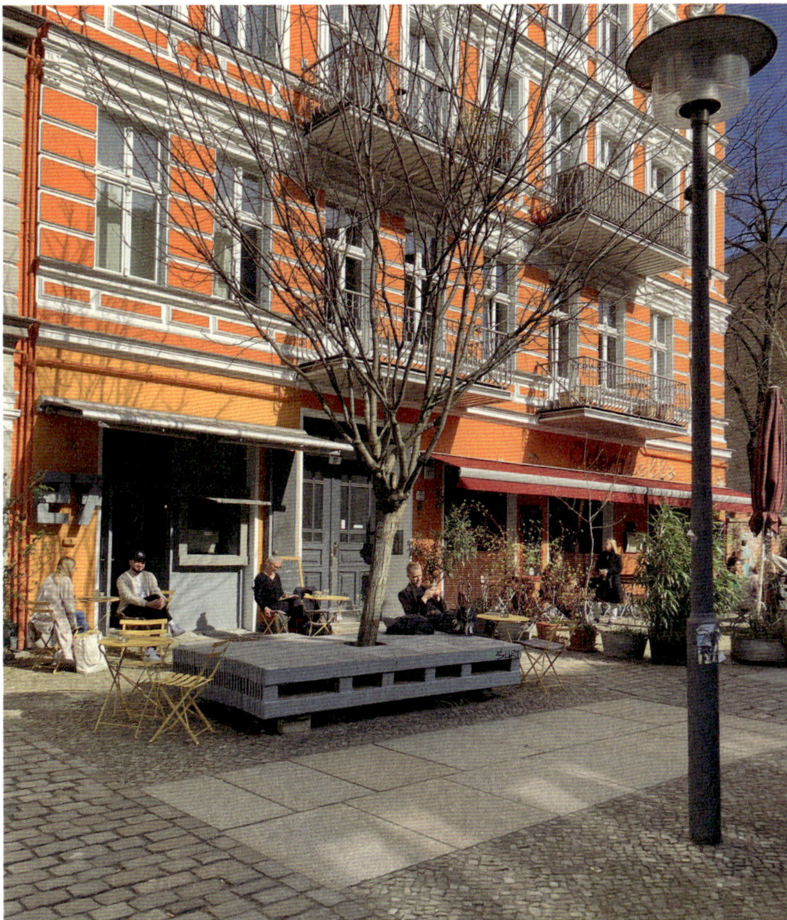

FUSSBALL ROUTE BERLIN

HARTE 4 FAKTEN

Adresse: Oderbergerstraße 27, 10435 Berlin
Zu DDR-Zeiten: Leerstand über Jahrzehnte
Heutiger Pächter: Restaurant Oderquelle mit deutscher Küche
In Wurf-Nähe: Max-Schmeling-Halle

Friedrich-Ludwig-Jahn-Sportpark I

130 Jahre Fußball ohne Unterbrechung

Auf dem „Exerzierplatz zur Einsamen Pappel“ an der Schönhauser Allee entwickelte sich ab 1890 der Berliner Fußball. Die damaligen Rasensportler eroberten den Norden der Stadt und schufen dort neben dem Tempelhofer Feld ein zweites Zentrum des Fußballs im immer rasanter wachsenden Berlin. Als erster Verein erhielt der BFC Alemannia 1890 eine amtliche Lizenz zur sportlichen Nutzung des Geländes. Seither wird an diesem Ort kontinuierlich organisiert Vereinsfußball gespielt, was den heutigen „Friedrich-Ludwig-Jahn-Sportpark“ deutschlandweit einmalig macht.

Am 18. April 1892 trafen auf dem „Exer“ eine Berliner Stadtauswahl und der Dresden Football Club vor mehreren hundert Zuschauern aufeinander. Das zuvor öffentlich beworbene Spiel gewannen die Berliner unter den Augen des englischen Botschafters in Berlin und Vertretern des preußischen Kultusministeriums, was die frühe gesellschaftliche Aufmerksamkeit für den Fußball belegt. Neben dem BFC Alemannia 1890 fanden mit Hertha BSC ab 1893 und Tennis Borussia ab 1903 zwei herausragende Vereine der Berliner Fußballgeschichte ihre Heimat im heutigen Prenzlauer Berg.

1911 erwarb die Stadt Berlin das weitläufige Gelände und ließ eine öffentliche Freizeit- und Sportanlage einschließlich Fußballfeldern anlegen. Im Laufe der Jahre siedelten sich zahlreiche Fußballvereine an und es entstand ein reges Sportleben. Sie stifteten ab 1930 einen „Exer-Pokal“, zu dessen Spielen bis zu 7.000 Zuschauer überliefert sind. Im Laufe des Zweiten Weltkrieges kam der Fußball auch auf dem „Exer“ immer mehr zum Erliegen, zumal das Gelände militärisch genutzt wurde. Im Sommer 1945 war es schwer, den Sportbetrieb an der Schönhauser Allee wieder in Gang zu bringen. Große Teile der Fläche – auch die Fußballfelder – mussten mit zwei Millionen Kubikmetern Schutt der umliegenden Trümmer aufgeschüttet werden. In den ersten Nachkriegsjahren siedelten sich auf dem „Exer“ die kommunalen Sportgemeinschaften an. Wenig später ersetzten sie die DDR-Betriebssportgemeinschaften (BSG) aus dem Ostteil Berlins.

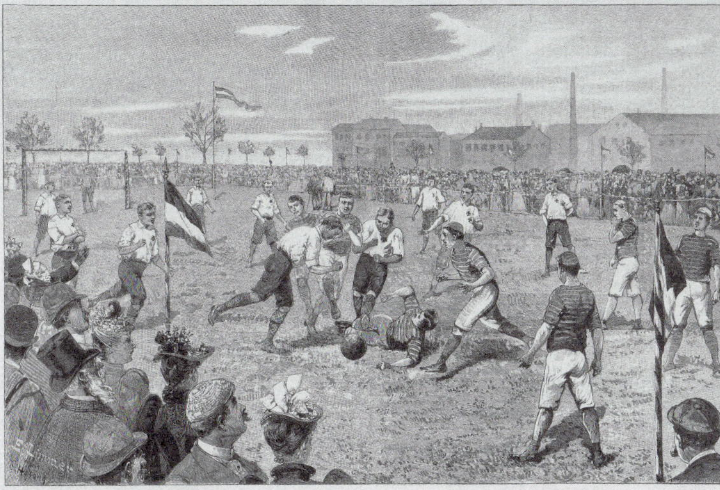

Fußball-Wettspiele zwischen dem Berliner und dem Dresdener Fußballclub auf dem Exercierplatz „Einsame Pappel" bei Berlin. Nach einer Skizze von E. Hosang. (S. 499.)

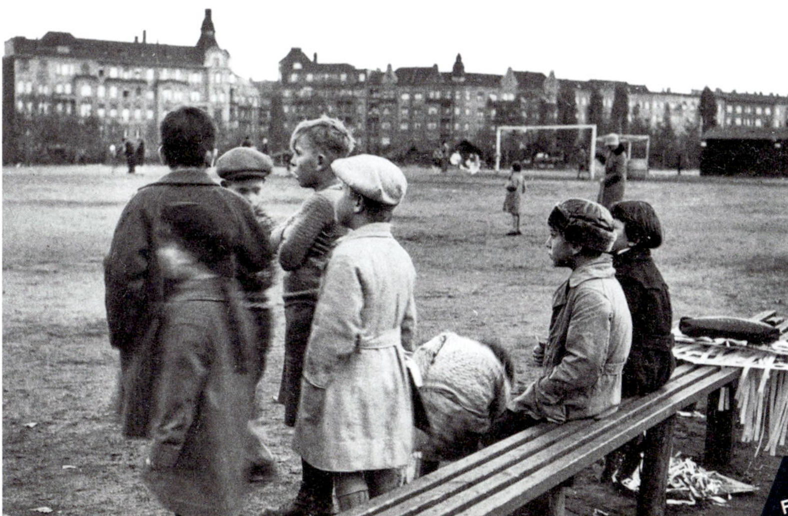

FUSSBALL ROUTE BERLIN

HARTE 4 FAKTEN

Adresse: Cantianstraße 24, 10437 Berlin

Namensgeber: umstrittener „Turnvater" Jahn (1778–1852)

Mäzen des Sportplatzbaus: der jüdische Verleger Rudolf Mosse (1843–1920)

Kunst: expressionistisch gestaltete Statue „Fußballspieler" von Mario Moschi im Eingangsbereich

Friedrich-Ludwig-Jahn-Sportpark II

Meister in Serie

1951 ließ der Magistrat von Ost-Berlin anlässlich der III. Weltfestspiele der Jugend auf der Sportanlage an der Schönhauser Allee einen Sportpark mit verschiedenen Plätzen sowie einem „Großen Stadion" für 30.000 Zuschauer errichten. Das Ensemble erhielt 1952 den Namen „Friedrich-Ludwig-Jahn-Sportpark" und entwickelte sich zu einer der bedeutendsten Sportstätten der DDR. Nach dem Mauerbau im August 1961 lag es für über 28 Jahre direkt an den Grenzanlagen des Regimes. Im Jahn-Sportpark – der von den Berlinern weiterhin „Exer" genannt wurde – spielten von 1953 bis 1971 der sechsmalige Fußball-Meister der DDR FC Vorwärts Berlin und danach bis 1992 der zehnmalige Titelträger BFC Dynamo. Beide Mannschaften empfingen zahlreiche Teams zu internationalen Begegnungen, in denen große Erfolge jedoch ausblieben. Einige Spiele fesselten die fußballbegeisterten Ost-Berliner dennoch. Aufgrund der strikten Reisebeschränkungen des Staates hatten sie eine unstillbare Sehnsucht nach Mannschaften aus dem Westen. Zu einem Höhepunkt wurde so das Aufeinandertreffen des BFC Dynamo und des Hamburger SV im September 1982 im Rahmen des Europapokals der Landesmeister.

Zu keiner Zeit war der Jahn-Sportpark ausschließlich Ort des Spitzenfußballs. Seit Jahrzehnten hat dort unter anderem der SV Empor Berlin seine Heimat. Als BSG entstanden und nach der Wiedervereinigung in einen Sportverein überführt, praktiziert der Kiez-Verein beachtliche Jugendarbeit und ist seit 2008 in der Berlin-Liga erfolgreich. Auch Freizeitfußball wird auf dem Gelände gespielt, unter anderem trägt die „Medien-Liga" im Prenzlauer Berg ihre Spiele aus. Das „Große Stadion" wurde mehrfach modernisiert, letztmalig 1998, als es seine markanten bunten Sitzreihen erhielt. Seit 2006 spielen Berliner Vertreter in der NOFV-Oberliga, der Regionalliga Nordost und der 3. Liga im Jahn-Sportpark. Es liefen der 1. FC Union, Hertha BSC (Amateure), Ankaraspor Kulübü 07 (heute BAK), der BFC Dynamo, Türkiyemspor, FC Viktoria 1889 und die VSG Altglienicke auf. Perspektivisch wird der Sportpark zu einem Zentrum des Behindertensports entwickelt, ohne jedoch den ansässigen Breitensport zu verdrängen.

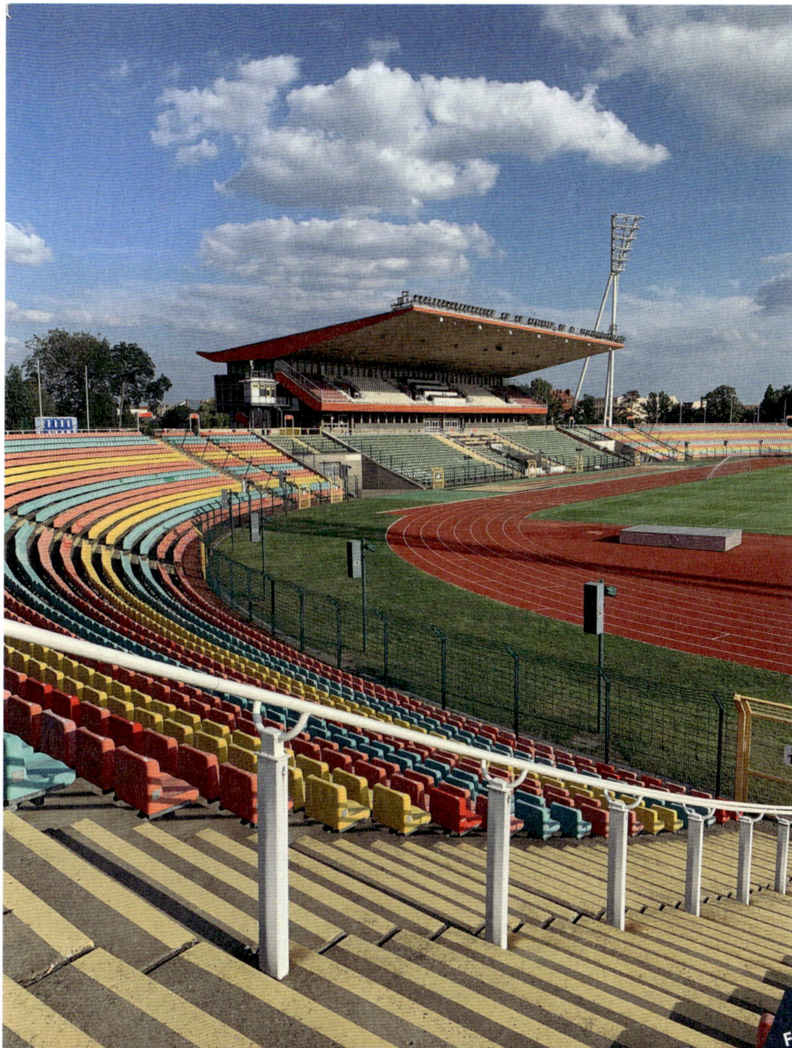

HARTE 4 FAKTEN

Adresse: Cantianstraße 24, 10437 Berlin

Gutes Karma: die DDR-Auswahl blieb hier bei 10 Länderspielen ungeschlagen

Letzter FDGB-Pokalsieger: Hansa Rostock, 8 Monate nach der Wiedervereinigung

Gegenwart: Heimat für 12 Vereine mit 9 verschiedenen Sportarten

Haus der Fußballkulturen

Heimat bei der Pappel

Sie haben gewiss keine leichte Aufgabe und lassen doch nicht locker: Die Mitarbeiter des sozialpädagogischen Fanprojektes Berlin engagieren sich seit 1990 für junge Fußballfans. Das Team hat stets ein offenes Ohr, kümmert sich bei sozialen Problemen und versucht mit den Jugendlichen und jungen Erwachsenen an Lösungen zu arbeiten. All das findet auf Basis des Nationalen Konzepts für Sport und Sicherheit statt und soll präventiv gegen Gewalt und gruppenbezogene Menschenfeindlichkeit wirken. Zur Verfügung steht den Mitarbeitern neben der Streetwork-ähnlichen Arbeit am Spieltag hierfür das 2012 eröffnete Haus der Fußballkulturen. Der Holzpavillon neben dem Friedrich-Ludwig-Jahn-Sportpark bietet einen Ort für Lesungen, Live-Übertragungen, Diskussionsrunden und allerlei Treffen von Fans und Engagierten, von denen es im Umfeld des Fanprojektes eine ganze Menge gibt. Mit dem Verein Gesellschaftsspiele und beispielsweise dem Fußballfilmfestival „11mm“ öffnen sie die Räume für vielfältige gesellschaftliche Projekte und Blickwinkel. Mehrere hundert Bücher und Magazine machen das Haus der Fußballkulturen zu einem Lern- und Begegnungszentrum.

Darüber hinaus ist das Fanprojekt Berlin organisatorischer Dreh- und Angelpunkt für das jährliche, bundesweite Fanfinale in der Jungfernheide – und das bereits seit 1992! Damals allerdings nutzten die Sozialpädagogen noch Räumlichkeiten beim Sportforum, die früh von Fußballfans zur Vorbereitung von Aktionen genutzt wurden. Auch der unlängst verstorbene Hertha-Präsident Kay Bernstein war damals regelmäßig Gast in der Fanbaracke, die 2007 abbrannte.

Mit seinem Standort am östlichen Ende des Jahn-Sportparks steht der Pavillon in unmittelbarer Nähe zur historischen Einsamen Pappel, an der 1825 durch Preußens Militär ein Exerzierplatz angelegt wurde. Dieser war 1848 Schauplatz der ersten Großdemonstration in Berlin. Zahlreiche Fußballvereine des Berliner Nordens nahmen Ende des 19. Jahrhunderts hier ihren Anfang, darunter der BFC Alemannia 90, der BFC Rapide und der BFC Hertha 92, Vorgänger von Hertha BSC.

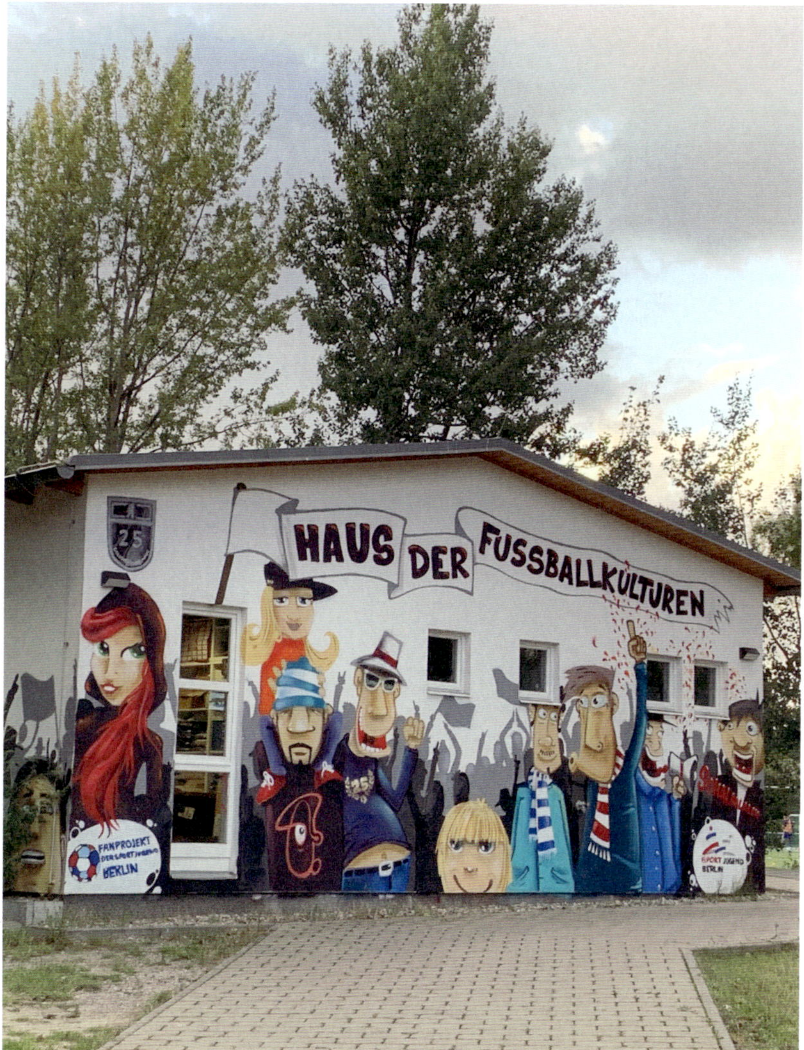

HARTE 4 FAKTEN

Adresse: Cantianstraße 25, 10437 Berlin
Pavillonfläche: 300 Quadratmeter
Bezugsvereine: Hertha BSC und BFC Dynamo
Mitarbeiter: 6

Tesch-Sportplatz

Pokal-Fieber im Norden der Stadt

Der Tesch-Sportplatz ist in das Häusermeer des Prenzlauer Berg eingequetscht. Lange Zeit befand sich die westliche Hälfte der Zelterstraße auf dem heutigen Areal, doch die Stadtplaner der DDR verzichteten auf sie, zumal ein Schulneubau am Humanplatz ohnehin die Durchfahrt verhinderte. So entstand der Sportplatz in den 1950er-Jahren mehr aus Verlegenheit und dem gleichzeitigen Willen, eine Sportanlage zu errichten. Ganz im Sinne der damaligen Politik erhielt 1965 der Platz seinen Namen nach Frida und Franz Tesch, die sich als ehemalige Arbeitersportler in der Weimarer Republik um den kommunalen Neuanfang des Sports verdient gemacht hatten. Nach der Wiedervereinigung, als Namensgebungen aus Vor-Wende-Zeiten nach kommunistischen oder SED-Vertretern in der Öffentlichkeit kontrovers diskutiert wurden, konnten die Teschs bestehen.

In der Sommerpause wird die „Tesch-Arena", wie der Ort schmeichelnd genannt wird, zum Wembley des Bezirks Pankow! An der Dunckerstraße spielen Mannschaften aus dem Bezirk mit seinen immerhin 420.000 Einwohnern als Teil der Saisonvorbereitung den „Exerpokal" aus. In diesem Wettbewerb, den die SG Nordring und die SG Rotation Prenzlauer Berg ausrichten, treffen Mannschaften aus unterschiedlichen Ligen aufeinander. Seinen Ursprung hat das Turnier im Jahr 1930, als auf der Sportanlage des ehemaligen Exerzierplatzes an der Schönhauser Allee die dort beheimateten Vereine bis zum Beginn des Zweiten Weltkriegs die Bezirksbesten vom Prenzlauer Berg ermittelten. Nach dem Bau des „Großen Stadions" im Jahn-Sportpark 1951 nahmen die Fußballer diese Tradition wieder auf, jedoch waren damals nur Teams aus dem Prenzlauer Berg spielberechtigt. Mit kurzer Unterbrechung Ende der 1970er- und Anfang der 1980er-Jahre lebt die Tradition des ältesten Berliner Bezirkspokal seither fort. 1999 wechselte der Austragungsort an die Dunckerstraße. Mit der Bildung des Großbezirks Pankow 2001 erweiterte sich der Kreis auf Vereine aus den Stadtteilen Weißensee und Pankow. Die Zahl der begeisterten Besucher des Wettbewerbs lag in den Jahren bei jeweils ca. 2.000. Die Stimmung ist stets prächtig, begegnet man doch immer einem langjährigen Bekannten oder ehemaligen Mitspieler.

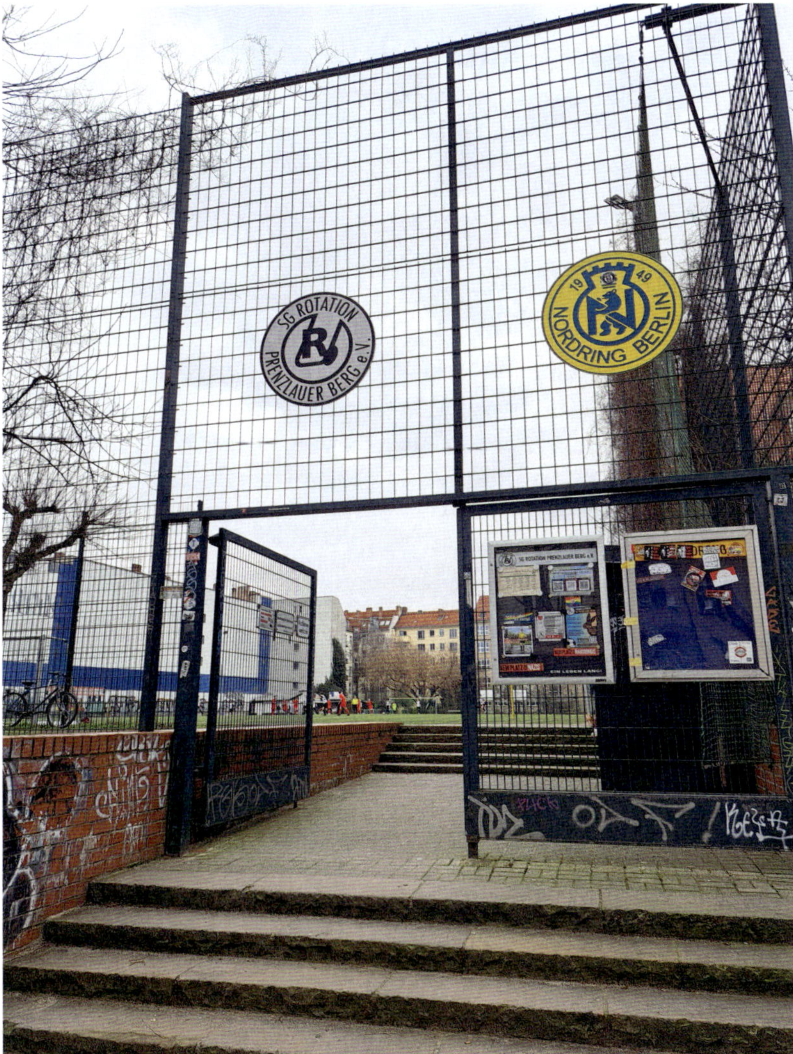

HARTE 4 FAKTEN

Adresse: Dunckerstraße 59/60, 10439 Berlin

Untergrund: Kunstrasen

Exerpokal-Sieger 2023: SV Blau Gelb

Claim der SG Rotation: „Einfach. Anders. Fußball aufm Tesch"

Poststadion

Eine erste Multifunktionsarena

Kaum eine Sportstätte in Berlin kann auf eine derart reichhaltige Geschichte blicken wie das Poststadion an der Lehrter Straße. Zwischen 1926 und 1929 im Auftrag der Reichspostverwaltung auf dem Gelände eines ehemaligen Exerzierplatzes entstanden, war es Teil einer weitläufigen Betriebssportanlage, die nach Plänen des Fußballpioniers und Sportstätten-Architekten Georg Demmler erbaut wurde. Es löste in seiner Bedeutung für die Stadt das Deutsche Stadion im Grunewald ab, war als eine der ersten Multifunktionsarenen Vorbild vieler Sportstätten in Deutschland und Schauplatz zahlreicher nationaler und internationaler Begegnungen, darunter zwei Finale um die Deutsche Meisterschaft sowie mehrere Spiele der deutschen Nationalmannschaft. Auch Schwergewichts-Weltmeister Max Schmeling boxte hier am 7. Juli 1935 bei seinem Punktsieg gegen Paulino Uzcudun. Beim Fußballturnier der Olympischen Spiele 1936 war sogar Adolf Hitler zu Gast, verließ aber bei der 0:2-Niederlage der deutschen Auswahl gegen Norwegen noch vor Abpfiff des Spiels wütend das Stadion.

Im Zweiten Weltkrieg wurde der Bau schwer beschädigt, jedoch bereits im Sommer 1945 wiedereröffnet und in der geteilten Stadt auch für politische Kundgebungen genutzt. In den 1950er-Jahren wurden zahlreiche Städtespiele, Endrundenspiele um die deutsche Meisterschaft sowie Fußballspiele der unterschiedlichsten Ligen hier ausgetragen. Als die Mannschaft von Union Oberschöneweide am Ende der Saison 1949/50 nach West-Berlin floh, fand das neu gegründete Union 06 im Poststadion eine Bleibe. Darüber hinaus nutzte Hertha BSC das Stadion in Zeiten der Zweit- und Drittklassigkeit.

Nachdem die Stadt Berlin lange Jahre das Gelände dem zunehmenden Verfall überließ, wurde das denkmalgeschützte Stadion von 2003 bis 2010 schrittweise saniert. Heute trägt neben Union 06 auch der Berliner AK 07 seine Heimspiele im Poststadion aus. Ein vorläufig letzter Höhepunkt in der ehrwürdigen Arena war die erste Runde des DFB-Pokals am 18. August 2012, als BAK den Bundesligisten TSG Hoffenheim 1899 mit 4:0 aus dem Wettbewerb warf.

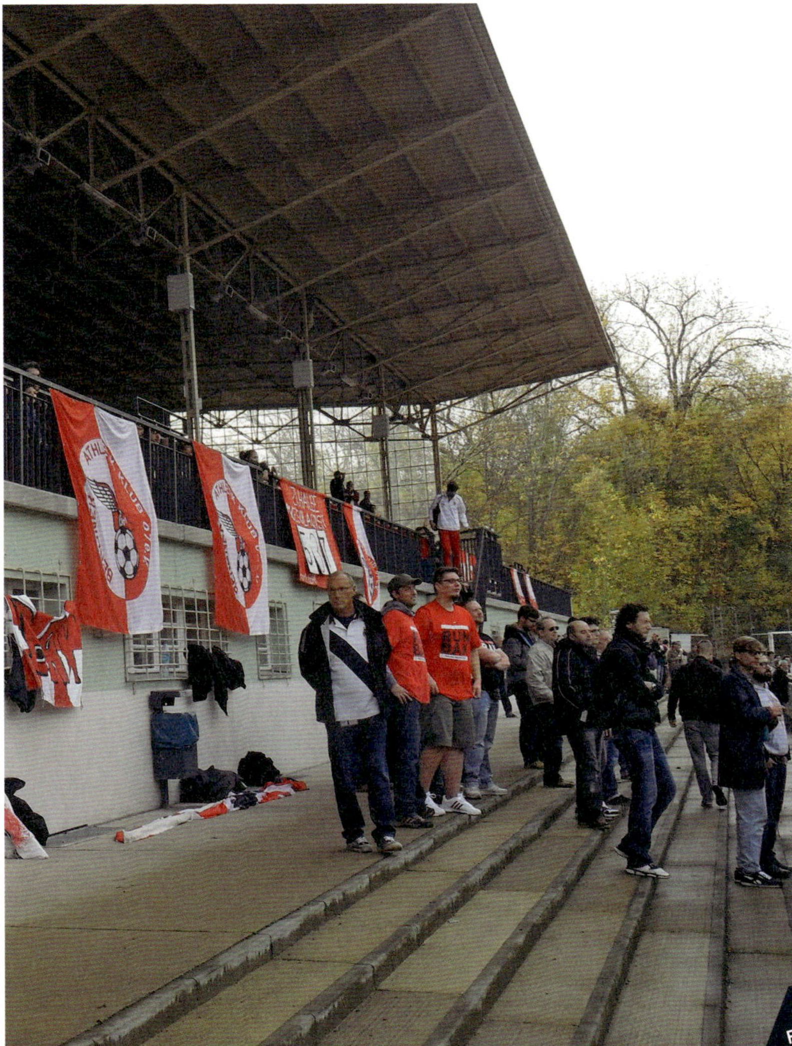

FUSSBALL ROUTE BERLIN

HARTE 4 FAKTEN

Adresse: Lehrter Str. 59, 10557 Berlin

Besucherrekord: 55.000 Z., 7. 8. 1936 Deutschland – Norwegen (Olympiaturnier)

Heutiges Fassungsvermögen: ca. 10.000 Zuschauer

Entfernung zum Hauptbahnhof: ca. 800 Meter

Wiese vor dem Reichstag

Fußballspielen verboten

Die Wiese vor dem Reichstag dürfte in einer „Fußballheimat Berlin“ eigentlich gar nicht auftauchen, denn als Ort des Fußballs ist sie den Berlinern entzogen worden. Seit dem Umzug von Regierung und Parlament nach Berlin ist das Fußballspielen auf dem großzügigen Areal nicht mehr gestattet, und mittlerweile tummeln sich auf dem Rasen nur noch Touristen. Dabei war die Wiese zu Zeiten des West-Berliner Inseldaseins ein beliebter Ort für Erholung und Sport und bot insbesondere für den Freizeitfußball ideale Bedingungen. Nachdem der Deutsche Bundestag im Jahre 1999 seinen Sitz in dem modernisierten Gebäude bezog, gilt der davor gelegene „Platz der Republik“ als repräsentative Grünfläche mit besonderer Bedeutung für die Darstellung des Landes – zum Ärger der Kicker: Fußballspielen ist jetzt verboten.

Aber es gibt auch gewisse Ausnahmen: Als während der Fußball-Weltmeisterschaft 2006 in Deutschland „die Welt zu Gast bei Freunden“ war, errichtete ein bekannter Sportartikelhersteller vor dem Reichstag einen Nachbau des Berliner Olympiastadions, in dem die Fans alle 64 WM-Spiele auf Großleinwänden verfolgen konnten. Und im Mai 2010 war die Wiese vor dem Reichstag sogar Austragungsort eines besonderen Länderspiels. Die Blindenfußball-Nationalmannschaft traf hier am „Tag des Blindenfußballs“ auf die Türkei. Dass die Partie unmittelbar vor dem Gebäude des Deutschen Bundestages stattfand, hatte natürlich hohen Symbolcharakter und sollte demonstrieren, dass die gleichberechtigte gesellschaftliche Teilhabe aller eine bleibende Aufgabe von Politik und Zivilgesellschaft ist.

Auch im Deutschen Bundestag selbst ist Sport ein wichtiges Thema. Seit 1969 gibt es einen Sportausschuss, der wichtige sportpolitische Fragen berät. Die Abgeordneten haben auch eine eigene fraktionsübergreifende Fußballmannschaft – den überparteilichen „FC Bundestag“, der bereits seit 1961 existiert und gegen andere Parlamentsauswahlen sowie Hobby-Teams aus Sport, Kultur, Wirtschaft und Medien antritt.

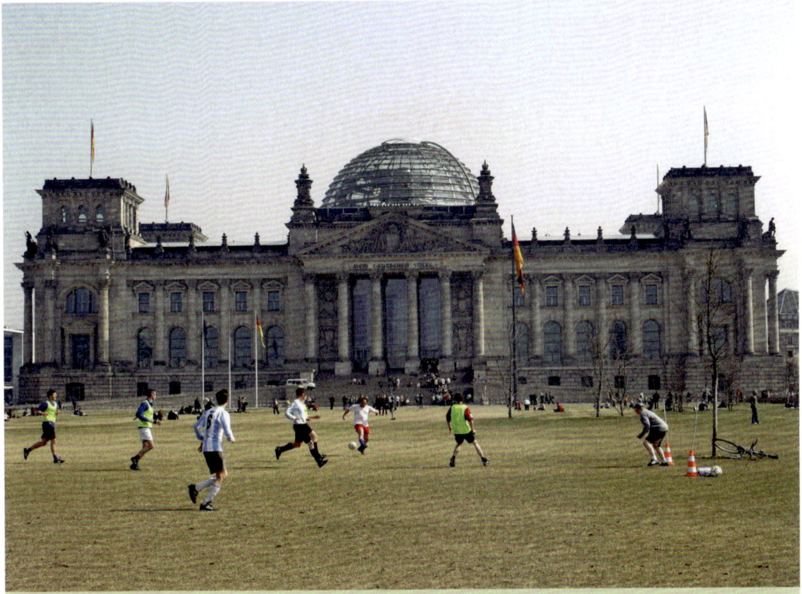

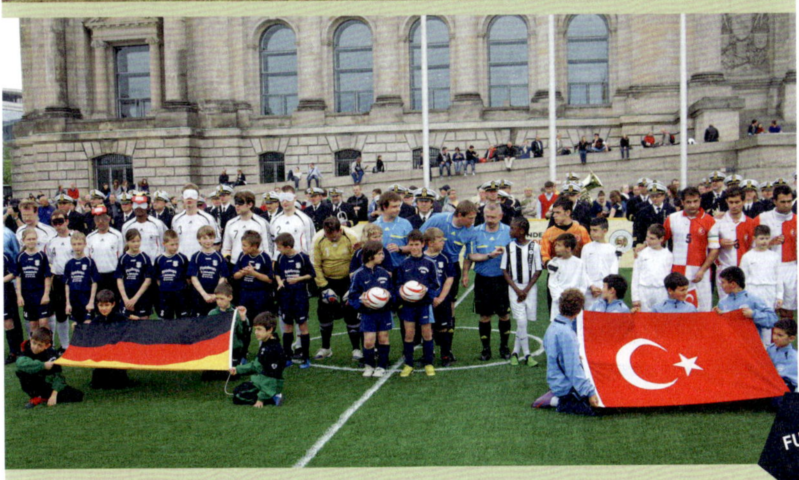

FUSSBALL ROUTE BERLIN

HARTE 4 FAKTEN

Adresse: Platz der Republik 1, 10557 Berlin

Fläche der Wiese: 36.900 m² (entspricht ca. 5 Fußballfeldern)

Aktueller Kapitän des FC Bundestag: Mahmut Özdemir (SPD)

Berühmteste Rede: „Ihr Völker der Welt, schaut auf diese Stadt!" (Ernst Reuter am 9.9.1948 vor ca. 300.000 Menschen)

(Ehem.) Athletik-Sportplatz

Zwei lehrreiche Niederlagen

Die Ergebnisse waren verheerend: 2:13 und 2:10 gingen die beiden Partien gegen eine englische Auswahlmannschaft verloren, die am 23. und 24. November 1899 auf dem Athletik-Sportplatz am Kurfürstendamm stattfanden. Sie gelten als die ersten, noch inoffiziellen Länderspiele, und weil es den DFB zu der Zeit noch nicht gab, werden sie in dessen Statistik nicht geführt und vielleicht auch wegen der hohen Niederlagen ein bisschen verschämt „Ur-Länderspiele" genannt.

Finanziell waren die Spiele ebenfalls ein Desaster, denn womöglich auch wegen des trüben November-Wetters fanden sie bei weitem nicht den erhofften Zuschauer-Zuspruch. Initiator war der spätere Kicker-Herausgeber und zum damaligen Zeitpunkt 26-jährige Walter Bensemann, der wesentlich an der Verbreitung des Fußballs in Deutschland mitwirkte und die Spiele beinahe im Alleingang organisiert hatte. Tatsächlich waren die Begegnungen nur gegen erhebliche Widerstände zustande gekommen und beinahe an der Finanzierung gescheitert, bis der Bensemann-Freund und spätere FIFA-Generalsekretär Ivo Schricker einsprang.

Nichtsdestotrotz bilden die Ur-Länderspiele einen Meilenstein in der Geschichte des deutschen Fußballs, denn die Spielweise der englischen Mannschaft faszinierte die Zuschauer und hinterließ einen bleibenden Eindruck, wie die Schilderung eines Zeitgenossen zeigt: „Sie offenbarte uns eine ganz neue Kunst, das genaue flache Zuspiel, das Zuspiel an den Hintermann, das exakte Stoppen des Balles usw., Eigenschaften, die man damals bei dem guten hohen altdeutschen Spiel absolut nicht kannte."

Den Athletik-Sportplatz am Kurfürstendamm gibt es schon lange nicht mehr. Er war 1899 von Andrew Pitcairn-Knowles, einem in Berlin lebenden Schotten, errichtet und nach seiner Eröffnung zunächst dem BFC Preussen zur Nutzung überlassen worden. Während Pitcairn-Knowles als Sportjournalist und Herausgeber von „Sport im Bild" sowie „Sport im Wort" tätig war und sich in späteren Jahren als Pionier der Sportfotografie einen Namen machte, musste die Anlage schon bald der rasanten Stadtentwicklung weichen.

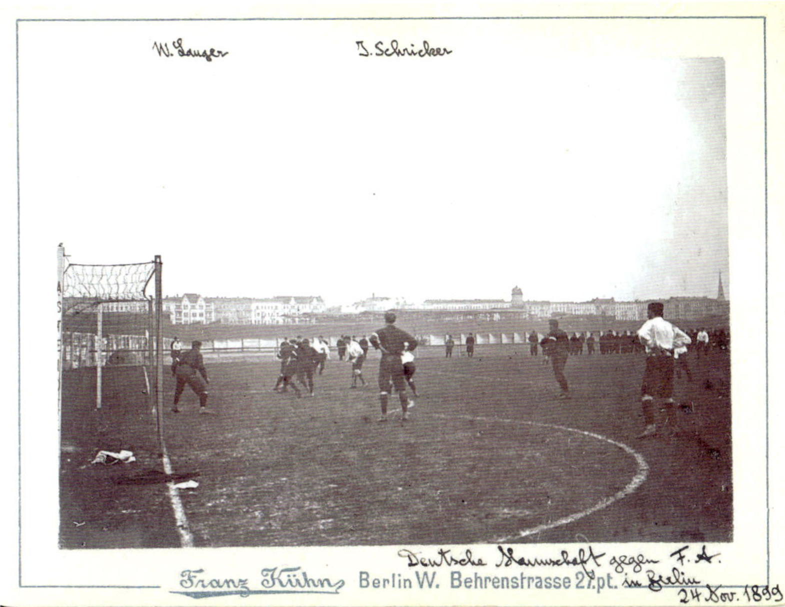

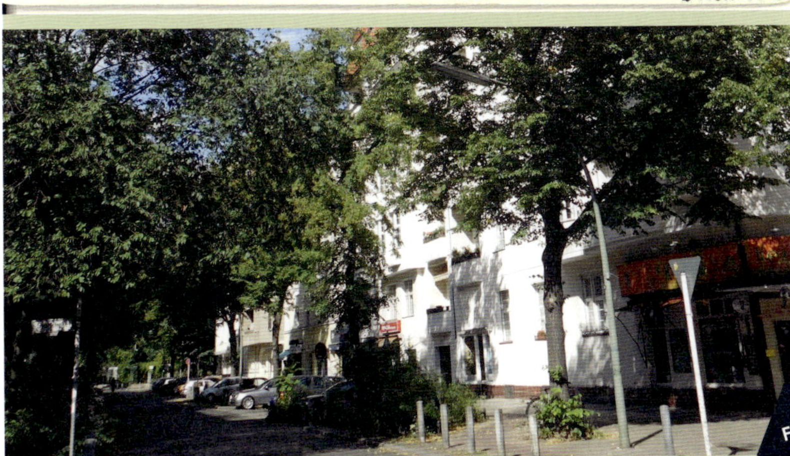

HARTE 4 FAKTEN

Adresse: Droysenstraße/Sybelstraße, 10629 Berlin

Zuschauerzahlen der Ur-Länderspiele: 1.500 (23. 11. 1899) und 512 (24. 11. 1899)

Schließung und Abriss: 1903

Heutiger Zustand: dichte Wohnbebauung

FUSSBALL ROUTE BERLIN

Volkspark-Baude

Ein Treffpunkt für die Nachbarschaft

Die Volkspark-Baude oder „Wilma“, wie das Lokal inzwischen heißt, liegt idyllisch inmitten des Volksparks Wilmersdorf gelegen und am Rande der dortigen Kunstrasenplätze. Im Grunde handelt es sich um eine gewöhnliche Vereinsgaststätte, wäre da nicht der frühere, langjährige Betreiber, der im Berliner Fußball vielfältige Spuren hinterlassen hat: László Gergely, 1941 in Ungarn geboren, war in den 1960er-Jahren mit Dinamo Bukarest drei Mal rumänischer Meister, 36-facher Nationalspieler und Teilnehmer der Fußball-Weltmeisterschaft 1970, bevor er sich nach Deutschland absetzte und sich Hertha BSC anschloss. Zusammen mit dem ungarischen Stürmerstar Zoltán Varga sollten die beiden das spielerische Niveau des Bundesligisten heben und die Meisterschaft anpeilen, was zu dieser Zeit durchaus im Bereich des Möglichen lag. Doch am Ende der Saison 1970/71 waren beide in den Bundesliga-Skandal verwickelt, László Gergely wurde auf Lebenszeit gesperrt und wanderte zunächst nach Südafrika aus. Mittlerweile begnadigt, kehrte er 1973 nach Berlin zurück und übernahm zwischenzeitlich ein Engagement als Trainer beim BFC Germania 1888, dem ältesten deutschen Fußball-Klub.

László Gergely wurde in Berlin endgültig heimisch und übernahm als Betreiber eben jenes Casino des 1. FC Wilmersdorf, für den er auch gelegentlich in der Jugendarbeit tätig war. Die „Volkspark-Baude“ war Anlaufpunkt für alle Fußball-Begeisterten der Umgebung und mit Erinnerungsstücken aus seiner aktiven Zeit geschmückt. In den 1990er-Jahren hatte László Gergely übrigens maßgeblichen Anteil, dass Pál Dárdai den Weg nach Berlin und zu Hertha BSC fand. Folgerichtig spielten Dárdais Söhne Palkó und Márton einige Jahre in der Jugend des 1. FC Wilmersdorf, bevor sie zum Verein ihres Vaters wechselten. Heute lebt Gergely wieder in seiner alten Heimat und soll sehr krank sein. Inzwischen hat der Kiez-Verein das Lokal in eigener Regie übernommen und modern eingerichtet. Unter dem Namen „Wilma“ soll die Gaststätte nicht nur eine Art Wohnzimmer für Vereinsmitglieder, sondern auch Treffpunkt für die gesamte Nachbarschaft sein.

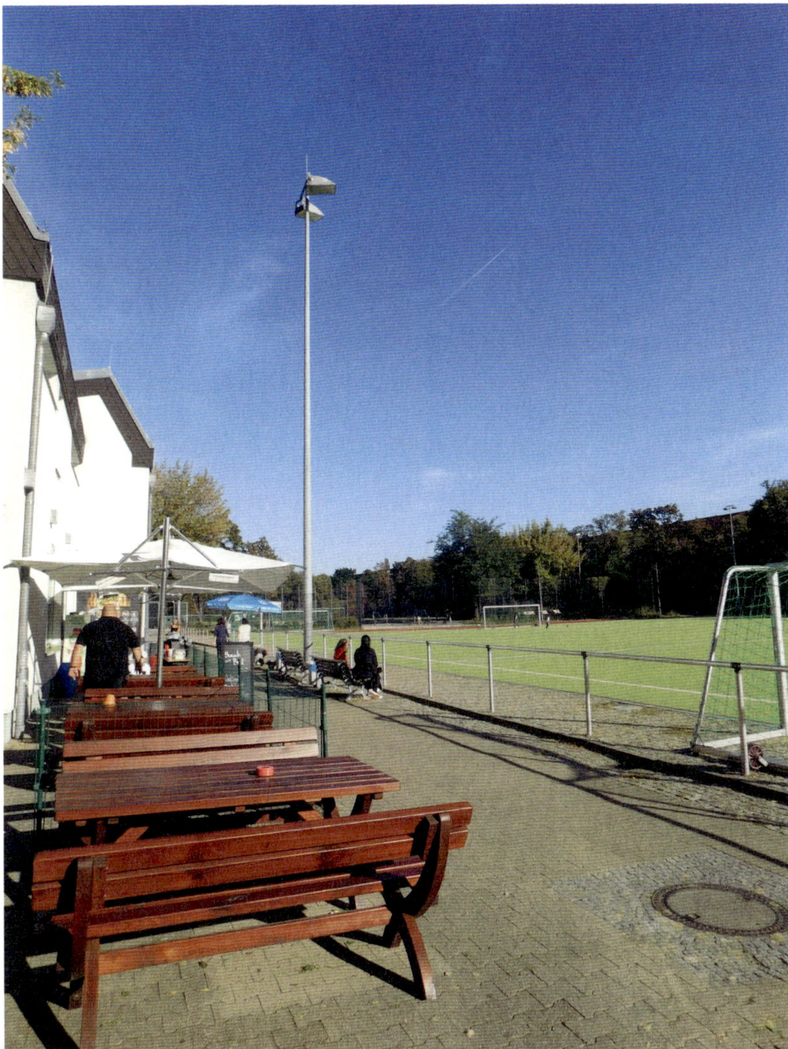

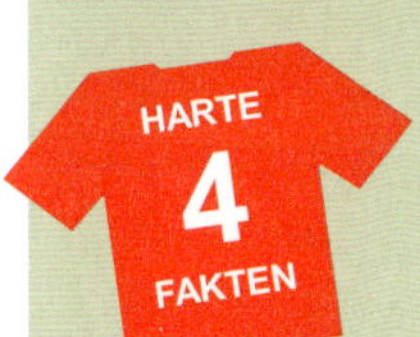

Adresse: Straße am Schoelerpark 39, 10715 Berlin

Gastronomisches Konzept: Salate, Bioschnitzel, hausgemachte Burger und Pasta

Renommierter Koch: Thiago Valente (geboren und ausgebildet in Brasilien)

Kultigste Mannschaft: Kompromisslos Kwakkenbos (Uni-Liga-Team seit 2002)

(Ehem.) Wohnhaus von Sepp Herberger

Ein „Mitläufer" des NS-Regimes

Sein Name wird eher selten mit der Stadt in Verbindung gebracht, obwohl er fast 20 Jahre seines Lebens und entscheidende Stationen seiner fußballerischen Karriere in Berlin verbracht hat. Die Rede ist von Sepp Herberger, dem Vater des „Wunders von Bern". In der Bülowstraße 89 wohnte Herberger zusammen mit seiner Frau Eva von 1937 bis 1944. Während dieser Zeit war er bereits Reichstrainer, zu dem er nach dem desaströsen Abschneiden beim olympischen Fußballturnier 1936 befördert worden war. Nachdem Herberger bereits 1925 im Alter von gerade mal 28 Jahren einen Lehrauftrag an der Deutschen Hochschule für Leibesübungen ausgeübt hatte, siedelte er 1926 erstmals nach Berlin über.

Als Spieler bei Tennis Borussia aktiv, übernahm er gleichzeitig als „ehrenamtlicher Trainer" die Mannschaft. Der in seiner Zeit innovative und moderne Verein hoffte, unter anderem durch die Verstärkung durch ihn, den dominierenden Konkurrenten Hertha BSC im Kampf um die Berliner Meisterschaft verdrängen zu können. Herberger entwickelte TeBe sportlich weiter, erreichte das weitgesteckte Ziel jedoch vorerst nicht. Bereits 1933 trat Herberger in die NSDAP ein, was er später mit seiner politischen Unerfahrenheit begründete. Er ordnete sein Verhalten einzig der Karriere im Fußball unter und praktizierte einen pragmatischen Umgang mit den Verantwortlichen des NS-Regimes. Als Herberger im September 1936 zum Reichstrainer berufen wurde, zog er mit seiner Frau zum zweiten Mal nach Berlin. Bei der WM 1938 in Frankreich musste die Mannschaft ein erneutes Debakel hinnehmen. Herberger leitete dennoch bis November 1942 in 70 Begegnungen die Geschicke der Auswahl und führte eine große Zahl Lehrgänge und Sichtungen auf nationaler Ebene durch. Immer wieder beriet er in dieser Zeit auch den Berliner Fußball-Verband und trainierte die Stadtauswahl. Im Januar 1944 wurde das Haus in der Bülowstraße 89 bombardiert und beschädigt, woraufhin die Herbergers ihren Wohnsitz nach Weinheim verlegten.

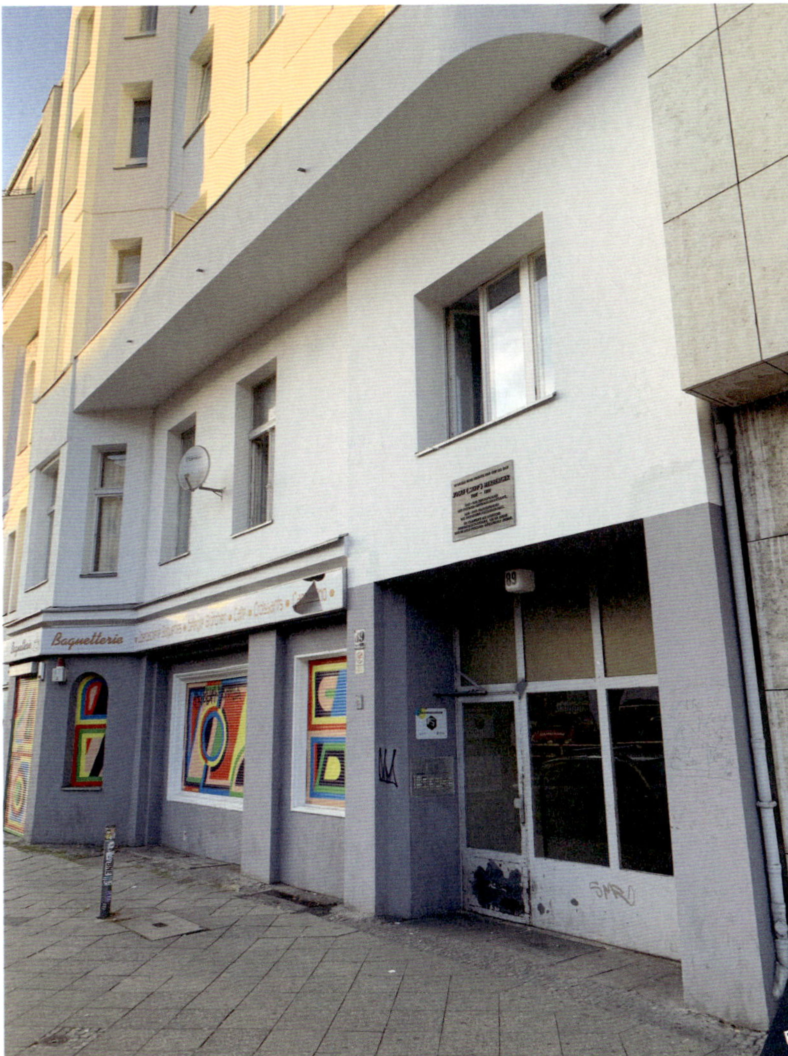

FUSSBALL ROUTE BERLIN

HARTE 4 FAKTEN

Adresse: Bülowstraße 89, 10783 Berlin

Vorgänger: Otto Nerz (wie Herberger aus Mannheim, Spieler und Trainer bei TeBe)

Fachberatung Herbergers: für Propaganda-Film „Das große Spiel" (1942), Schutz von Nationalspielern vor Fronteinsätzen durch Einsatz als Komparsen

Enger Freund Herbergers: Kabarettist und TeBe-Anhänger Wolfgang Gruner

FuWo-Redaktion

Mit einer App in die Zukunft

Die Fußball-Woche (FuWo) ist aus dem Berliner Sportleben nicht mehr wegzudenken. Sie kann auf eine lange und wechselvolle Geschichte zurückblicken. Nach dem Zweiten Weltkrieg kam der Fußballsport schnell wieder in Gang. In den ersten Nachkriegsjahren informierten die Berliner Tageszeitungen ausführlich über das Geschehen. Da die Spaltung Deutschlands bis 1949 politisch noch nicht vollzogen war, berichteten die Blätter gleichermaßen sachlich über die Gesamt-Berliner Fußball-Ereignisse und den Sport in den vier Besatzungszonen. Erst in Folge der doppelten Staatsgründung von 1949 entwickelten sich der Sportjournalismus in Ost und West in unterschiedliche, zum Teil gegensätzliche Richtungen.

In West-Berlin gründete der langjährige Chefredakteur der zwischen 1921 und 1944 erschienenen „Fußball-Woche“, Kurt Stoof, das Blatt neu. Die FuWo wurde von der ersten Ausgabe im September 1950 an amtliches Organ des 1949 wiedergegründeten Verbandes Berliner Ballspielvereine. Sie berichtete ausführlich über den West-Berliner Fußball und den westdeutschen Sport. Die Oberliga im Osten wurde nur mit Ergebnismeldungen gewürdigt. Bereits seit Oktober 1949, wenige Tage nach der Proklamierung der DDR, hatte der Ost-Berliner Sportverlag die „Neue Fußball-Woche“ auf den Markt gebracht. Vor allem in den Anfangsjahren erschienen regelmäßig Propaganda-Artikel im Sinne der SED. Im Laufe der Jahre praktizierten die Redakteure zunehmend einen soliden Sportjournalismus, der das DDR-Sportsystem jedoch nie in Frage stellte. 1993 wurde das Blatt eingestellt, da es nach der Wiedervereinigung keine Leser fand.

Die FuWo der Gegenwart, die seitdem wieder für Gesamt-Berlin zuständig ist, konzentriert sich auf den Fußball der Region und den Berliner Amateursport. Ihre Berichte informieren über Ereignisse an der breiten Fußball-Basis, die sonst nicht in den Medien beachtet werden. Die kleine Redaktion trotzt mit Engagement dem Leserschwund sowie steigenden Produktionskosten und bereichert weiterhin als Printmedium die Vielfalt des Sportjournalismus. Mit „DIAGO – Die App der Fußball-Woche“ vollzieht der Verlag aktuell den Schritt ins 21. Jahrhundert.

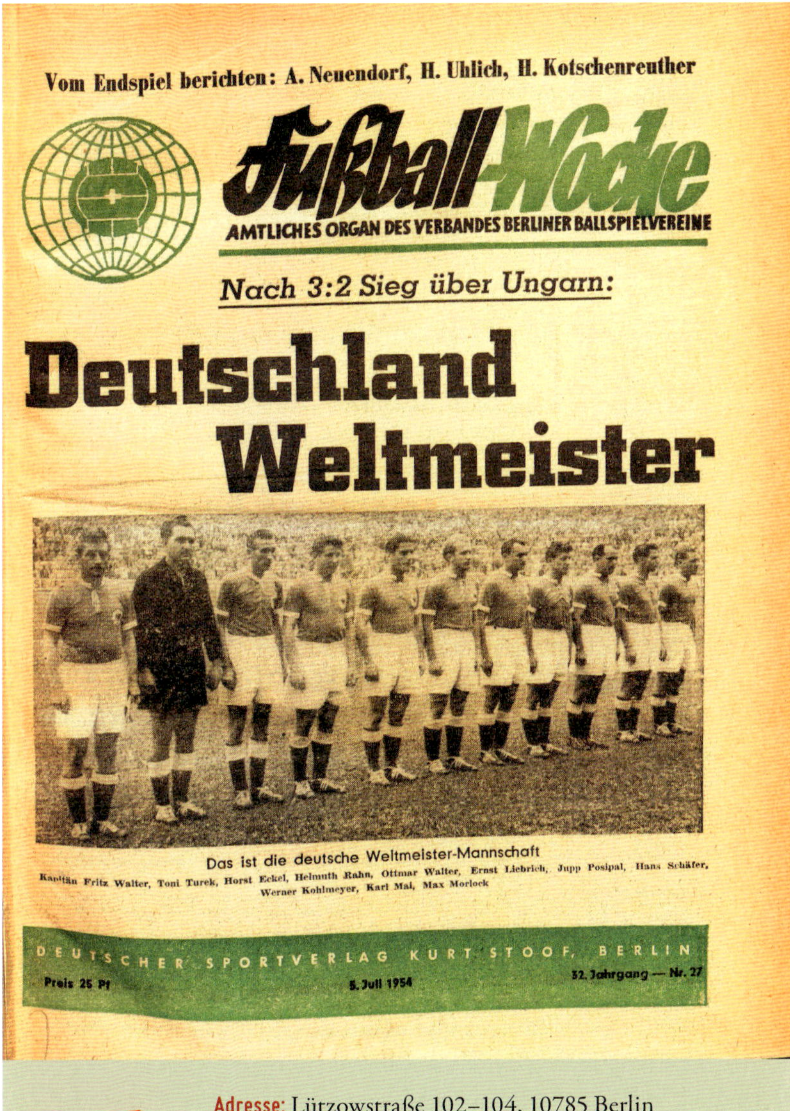

Vom Endspiel berichten: A. Neuendorf, H. Uhlich, H. Kotschenreuther

Fußball-Woche

AMTLICHES ORGAN DES VERBANDES BERLINER BALLSPIELVEREINE

Nach 3:2 Sieg über Ungarn:

Deutschland Weltmeister

Das ist die deutsche Weltmeister-Mannschaft

Kapitän Fritz Walter, Toni Turek, Horst Eckel, Helmuth Rahn, Ottmar Walter, Ernst Liebrich, Jupp Posipal, Hans Schäfer, Werner Kohlmeyer, Karl Mai, Max Morlock

DEUTSCHER SPORTVERLAG KURT STOOF, BERLIN

Preis 25 Pf — 5. Juli 1954 — 32. Jahrgang — Nr. 27

HARTE 4 FAKTEN

Adresse: Lützowstraße 102–104, 10785 Berlin

Aktuelle Auflage: 30.000 Exemplare

Freie Mitarbeiter: ca. 30 jedes Wochenende auf Berlins Fußballplätzen

Online-Archiv „Neue FuWo": www.fcc-supporters.org/wiki/Fuwo

Charlottenburg 027

(Ehem.) Café King

„Wir WETTEN mit ihnen, dass Sie wieder kommen!"

2005, im Jahr vor der Fußball-Weltmeisterschaft in Deutschland, erschütterte einer der größten Skandale seiner Geschichte den deutschen Fußball. Im Mittelpunkt standen der Schiedsrichter Robert Hoyzer sowie ein gewisser Ante Sapina. Mit Hilfe seiner beiden Brüder hatte dieser Beteiligte bestochen und dadurch zu seinen Gunsten Spiele manipuliert. Schaltzentrale des kriminellen Handelns war das Café King. Wer das Lokal in der Charlottenburger Rankestraße nahe dem Kurfürstendamm betrat, dem eröffnete sich kein zwielichtiges Wettcafé, sondern eine völlig unverdächtig wirkende, eher bodenständige Bar. Nichts deutete darauf hin, dass die kroatischen Gebrüder von hier aus ihre betrügerischen Aktivitäten steuerten. Hoyzer ging hier ein und aus, und auch wenn aus heutiger Sicht ein Flachbildfernseher als Anreiz für das „Verpfeifen" von Fußballspielen geradezu lächerlich anmutet, muss es damals für den jungen Nachwuchs-Referee eine große Verlockung gewesen sein. Alle Beteiligten wurden verurteilt: Hoyzer zu zwei Jahren und fünf Monaten, Ante Sapina, der Drahtzieher des Skandals, zu zwei Jahren und elf Monaten, seine Brüder Milan und Filip zu Bewährungsstrafen.

2009 kam es zu neuerlichen Wettmanipulationen, diesmal sogar im europäischen Fußball bis hin zu Spielen der Champions League. Mutmaßlicher Dreh- und Angelpunkt des erneuten Betrugs: die Brüder Sapina; wieder im Mittelpunkt: das Café King. Erneut wurden Haftstrafen verhängt. Warum auch immer die Sapina-Brüder ihre vollmundigen Versprechen gebrochen haben und in so kurzer Zeit rückfällig geworden sind: Geschichte wiederholt sich offenbar zumindest hier, und so entbehrte es nicht einer gewissen Ironie, wenn die Webseite des Lokals lange Jahre augenzwinkernd mit dem Slogan warb. „Wir WETTEN mit Ihnen, dass Sie wieder kommen!" Am 1. Juli 2014, neun Jahre nach dem Wettskandal und ausgerechnet am Tag des gewonnenen WM-Finales, schloss das Café King für immer. Hoffen wir, dass dieses dunkle Kapitel der Geschichte des deutschen Fußballs damit endgültig abgeschlossen ist.

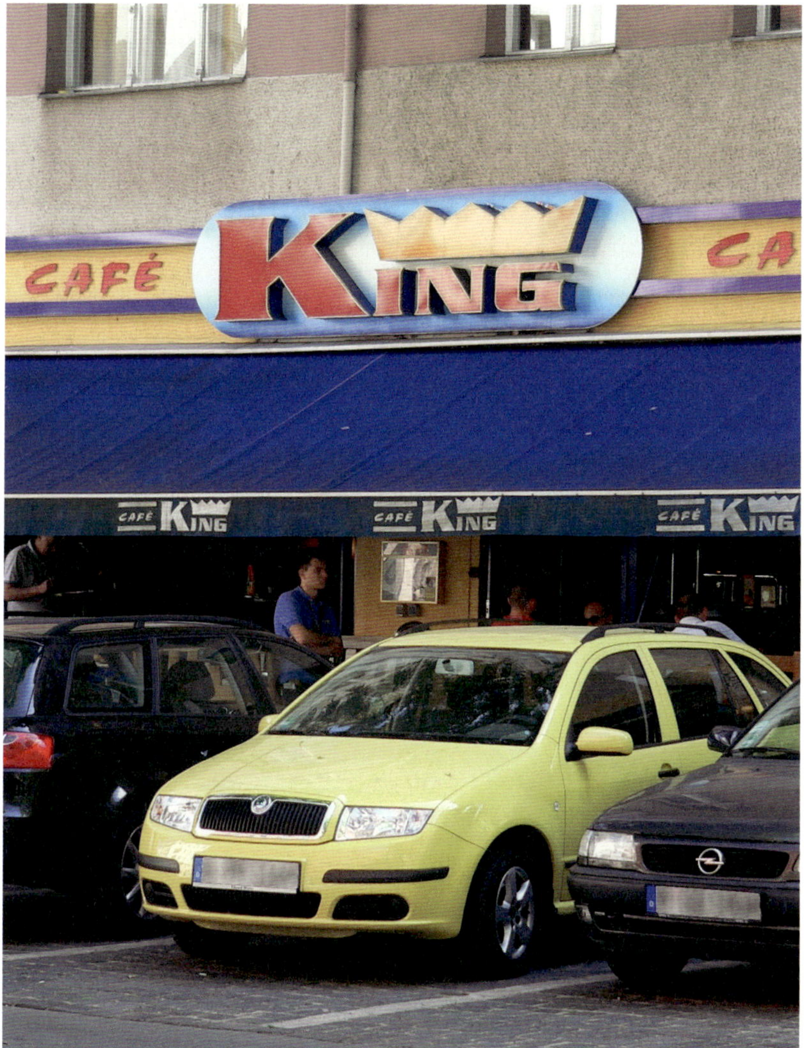

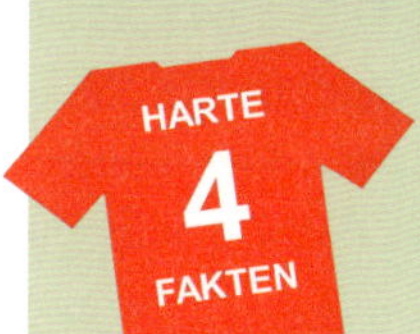

Adresse: Rankestraße 23, 10789 Berlin

Prominentestes verschobenes Spiel: Paderborn – HSV (DFB-Pokal, 21.8.2004)

Gegenleistung für Hoyzer: 67.000 Euro und 1 Plasma-Fernseher

Spätere Karriere von Hoyzer: u.a. Technischer Direktor beim FC Viktoria 1889

Breitscheidplatz

„Berlin, Berlin, wir fahren nach Berlin"

Der Breitscheidplatz mit der alten und neuen Kaiser-Wilhelm-Gedächtniskirche, dem Europa-Center und dem Bikinihaus, mit seiner Scharnierfunktion zwischen dem unmittelbar anschließenden Kurfürstendamm und dem Tauentzien sowie dem unweit gelegenen Bahnhof Zoologischer Garten, war zu West-Berliner Zeiten das unbestrittene Zentrum der Halbstadt. Noch heute bildet er den Mittelpunkt der City West und das Gegenstück zu Mitte und dem Alexanderplatz.

Auch für Fußball-Fans spielte und spielt der Platz, der seit einer Umgestaltung keine Straßenkreuzung mehr ist und dadurch eine große Freifläche bietet, eine wichtige Rolle. In den 1970er- und 1980er-Jahren war der Breitscheidplatz ein beliebter Treffpunkt der Hertha-Anhänger, die vor der Fahrt ins Olympiastadion zusammenkamen oder nach den Spielen feierten – insbesondere die „Hertha-Frösche" taten dies nicht immer gewaltfrei ...

Aber auch Erfolge wie die DFB-Pokal-Finalteilnahmen 1977 und 1979, das Erreichen des UEFA-Pokal-Halbfinales oder später die Aufstiege wurden hier von der Fanszene bejubelt. Darüber hinaus nutzen Fußball-Fans aus Berlin und der ganzen Welt die Innenstadt, um bei Welt- und Europameisterschaften ihren Stolz und ihre Freude zu zeigen. Bei großen Turnieren sind seit den 2000er-Jahren Public Viewing und Straßenfeste üblich. Danach finden häufig – je nach Spielausgang – Autokorsos und spontane Feiern der jeweiligen Anhängerschaft statt, bei denen Menschen zumeist friedlich zusammenkommen und sich über Grenzen hinweg begegnen.

Vor allem zum DFB-Pokal-Finale, das seit 1985 alljährlich in Berlin ausgetragen wird, folgen zehntausende Fußball-Anhänger aus ganz Deutschland dem Ruf „Berlin, Berlin, wir fahren nach Berlin" und kommen in Feierlaune in die Stadt. Dann verwandelt sich der Breitscheidplatz in einen Tummelplatz von Fans in den jeweiligen Farben ihrer Clubs. Der Traum, dass eines Tages auch mal ein Berliner Verein den DFB-Pokal gewinnen wird, ist nach wie vor in der Stadt lebendig.

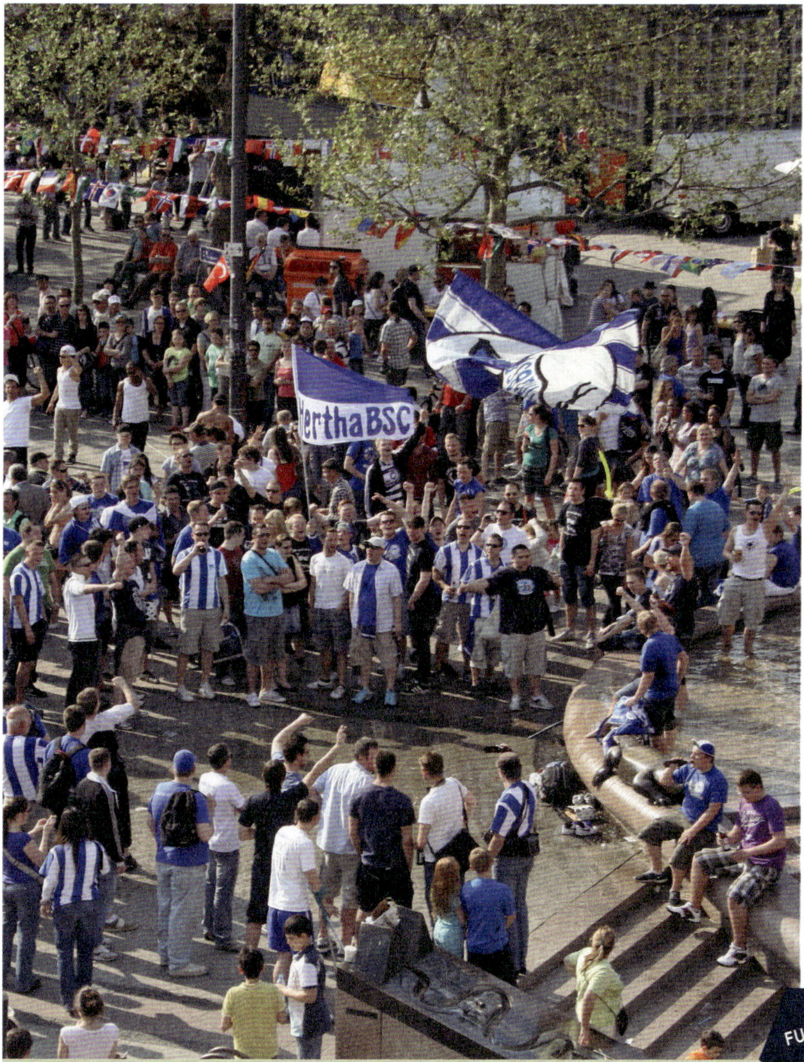

FUSSBALL ROUTE BERLIN

HARTE 4 FAKTEN

Adresse: Breitscheidplatz, 10789 Berlin-Charlottenburg

Fahrtzeit zum Olympiastadion: ca. 30 Min.

In der Nähe I: Fußball-Kneipe „Holst am Zoo“ (seit 2010 geschlossen)

In der Nähe II: Hertha BSC-Fanshop (im Europacenter)

Gründungsort des Berliner Fußball-Verbandes

Es begann im „Dustren Keller“

Im „Dustren Keller“ in der Bergmannstraße 107, der damaligen Vereinskneipe des BFC Preussen von 1894, gründeten die Vertreter von sieben Berliner Vereinen am 11. September 1897 den Verband Deutscher Ballspielvereine (VDB), der sich später in Verband Berliner Ballspielvereine umbenannte und als Berliner Fußball-Verband bis heute existiert. Zugegen waren Vertreter der Vereine SC Argo, Akademischer BC, FV Brandenburg 1892, BTuFC Britannia 1892, Friedenauer SC 1896, BFC Fortuna 1894 und BFC Preussen von 1894, von denen der größte Teil längst nicht mehr besteht. Die Versammlung fand in geselligem Rahmen statt, wie überhaupt die jungen Fußballer Wert auf Kameradschaft und respektvollen, freundschaftlichen Umgang miteinander legten.

Nachdem in der Anfangszeit zahlreiche Verbände miteinander konkurriert hatten und in den 1890er-Jahren zunächst der Deutsche Fußball- und Cricket-Bund die Entwicklung bestimmte, bewirkte der VDB einen Qualitätssprung in der Selbstorganisation des Fußballs. Die oft noch ungestüme Spielfreude wurde in Strukturen gefasst, was dem Sport Kontinuität und Akzeptanz sicherte. Die Aufnahmegesuche der bereits seit längerem bestehenden Vereine wie BFC Germania 1888, BFC Viktoria 1889 oder dem BTuFC Union 1892 wurden zunächst abgelehnt, da man sich in einem gewissen Gegensatz zum 1892 gegründeten Deutschen Fußball- und Cricket-Bund verstand, auf dessen Erfahrungen man aufbauen, demgegenüber man aber einiges besser machen wollte. Ein Hauptkritikpunkt bestand darin, dass man die Doppelmitgliedschaften der Spieler bei mehreren Vereinen abschaffen wollte. Zweck des Verbandes war nicht nur die Vereinheitlichung der Regeln oder die Organisation eines geordneten Spielbetriebes. Erklärtes Ziel des Verbandes war auch, „dem Fußball- und Cricketspiel in den besseren Kreisen Eingang und Verbreitung zu verschaffen“. So wurde früh die gesellschaftliche Anerkennung des Sports angestrebt. Heute ist der Berliner Fußball-Verband mit über 200.000 Mitgliedern ein bedeutender Akteur der Stadtgesellschaft.

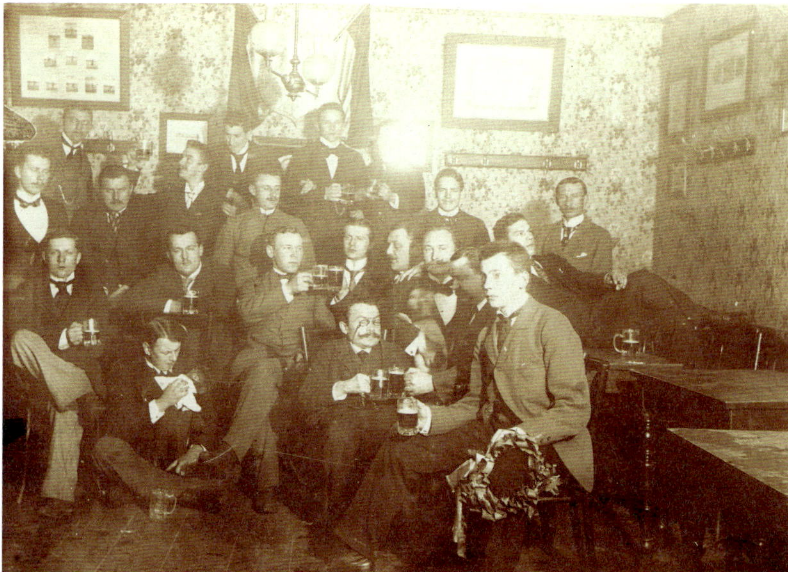

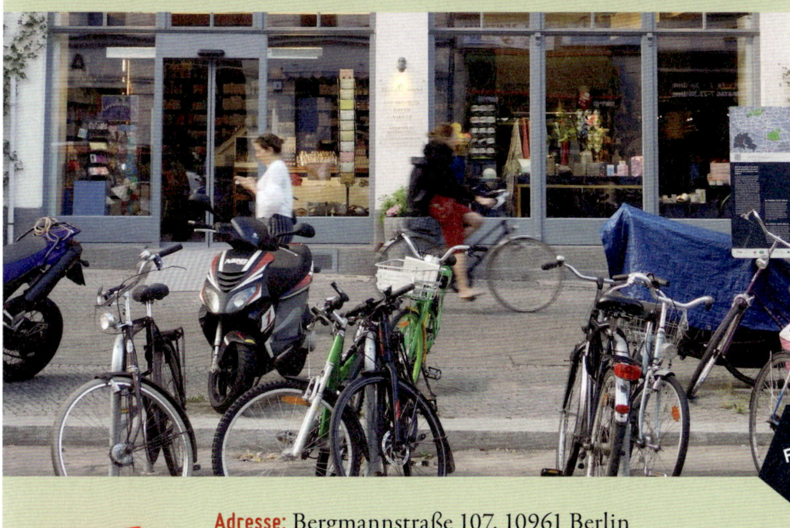

FUSSBALL ROUTE BERLIN

HARTE 4 FAKTEN

Adresse: Bergmannstraße 107, 10961 Berlin

Umbenennung: 1985 von Verband Berliner Ballspielvereine in Berliner Fußball-Verband

Neues Design: 2023 Relaunch des BFV-Markenauftritts; neuer Slogan „Ein Team Berlin“

Aktuelle Mitgliederzahl: 230.733 (Stand: 1. 1. 2024)

Willi-Boos-Sportanlage

Ein Jahrhundert im Verein

Eine Gedenktafel am Eingang der Willi-Boos-Sportanlage verweist auf den Namensgeber, der ein Urgestein des Berliner Fußballs und über viele Jahre eine prägende Gestalt des Vereinssports in der Stadt war: Willi Boos war Mitgründer des hier beheimateten BSC Eintracht/Südring und von 1931 bis 1992, also stolze 61 Jahre (!) dessen Vorsitzender. Der 1909 geborene Boos begann sein Fußballer-Leben im Alter von 12 Jahren zunächst in Niederschöneweide und war dann in der Berliner Arbeitersportbewegung aktiv. Als Ausgründung des ASV Fichte entstand 1931 die Freie Sport-Vereinigung Fichte, deren Fußballer – nachdem die Arbeitersportvereine von den Nationalsozialisten verboten worden waren – 1935 wiederum den Sport-Club Südring gründeten. Dieser vereinte sich in den 1950er-Jahren mit dem zuvor abgespaltenen BFC Eintracht zum BSC Eintracht/Südring, so dass der heute noch gültige Name mit dem etwas eigenartigen Schrägstrich zustande kam.

Boos, der ein entschiedener Gegner des NS-Regimes war, wurde 1945 Sportamtsleiter in Kreuzberg und hatte große Anteil daran, dass die Sportplätze nach dem Krieg wieder bespielbar gemacht wurden. Er wurde 1948 jedoch schon wieder entlassen, weil er als überzeugter Kommunist aus Sicht der amerikanischen Stadtverwaltung untragbar war. Fortan machte Boos sich selbstständig und betrieb ein paar Ecken weiter in der Zossener Straße ein gut gehendes Sportgeschäft, später verkaufte er Zigarren. Im Verein blieb er Zeit seines Lebens aktiv, vor allem erkannte und förderte er die Bedeutung des Breiten- und Vereinssports für die Jugend. Als Boos 2009 im Alter von fast 100 Jahren starb, wurde die Sportanlage des BSC Eintracht/Südring nach ihm benannt und links neben dem Eingang die vom Verein finanzierte Gedenktafel enthüllt.

Der an der vielbefahrenen Gneisenaustraße gelegene Sportplatz könnte allein durch seine Umgebung kaum deutlicher machen, worum es Willi Boos in seinem langen Funktionärsleben ging: Er liegt zwischen Wohnhäusern, einer Kirche, einem kleinen Spielplatz und dem kleinen Clubheim und zeigt damit, dass Fußball mitten in der Gesellschaft stattfindet.

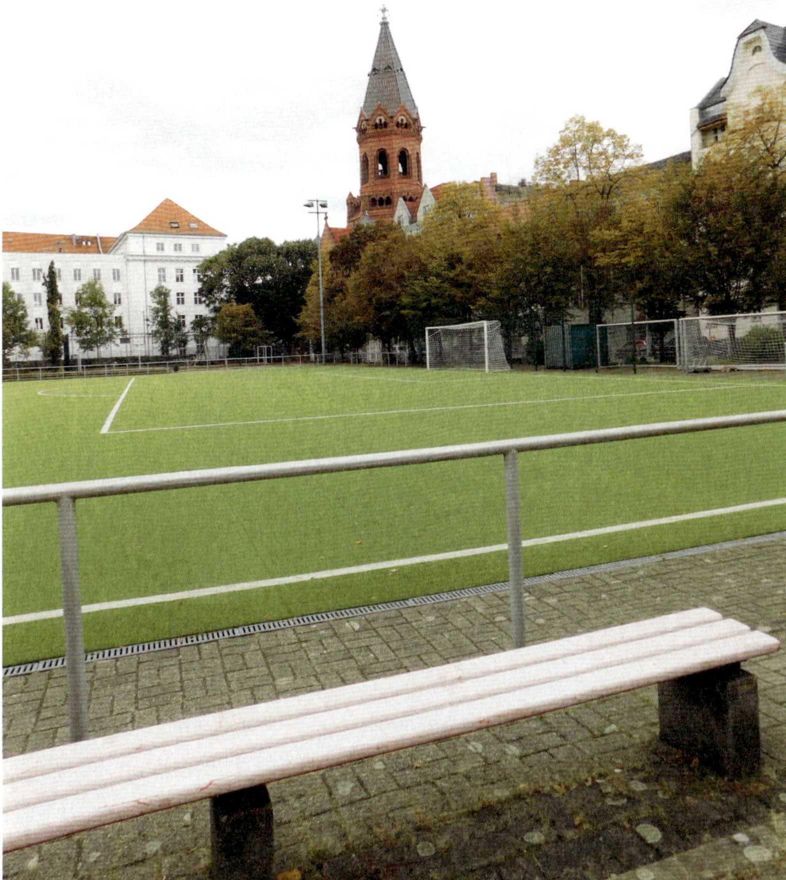

HARTE 4 FAKTEN

Adresse: Baerwaldstraße 32–34, 10961 Berlin

Unter dem Platz: alte Splittergräben (eine Art Minimalbunker)

BSC Eintracht/Südring heute: über 1.500 aktive Mitglieder

Exotische Sportart: Gaelic Sports

Lilli-Henoch-Sportplatz

Wo sich Berliner Geschichte und Gegenwart begegnen

„Nächsten Samstag kann ick nich." „Is eh spielfrei. Wat machst'n da?" „Ick jeh inne Messe." „Wat? Inne Kirche?" „Nee, inne Messe mit Ausstellung und so." „Wieso? Is' schon wieda Venus im ICC?" „Mensch, is' doch Jrüne Woche!" Ähnlich typisch berlinerisch wie dieser Dialog zweier älterer Herren ist der Ort, an dem er stattfand. Das war 2016 und während Al-Dersimspor von Tasmania mit 0:4 die Hucke voll bekam, feixten die beiden sich das Spiel hindurch. Hier, wo seit 2002 der Lilli-Henoch-Sportplatz liegt, befand sich einst der Anhalter Bahnhof, Berlins Tor zur Welt, wo es dampfte, pfiff und sich die Massen mischten. Passend dazu bemüht sich der BSV Al-Dersimspor seit Jahrzehnten um Völkerverständigung und Kulturaustausch.

Genau so, wie sich Berlin stets neu erfindet, tat es auch dieser Ort. Nach der Sprengung der Weltkriegsruine am Ende der 1950er-Jahre lag das Gelände lange Zeit brach. Erst im neuen Jahrtausend engagierten sich der Senat und private Investoren, errichteten das neue Tempodrom als Eventlocation und eben jenen Kunstrasenplatz. Dieser sollte zwei Jahre nach Eröffnung den Namen Lilli Henochs erhalten. Die deutsch-jüdische Leichtathletin war eine Ausnahmesportlerin, stellte fünf Weltrekorde auf und errang insgesamt zehn Titel als Deutsche Meisterin. Angebote, als Trainerin zu arbeiten, schlug sie aus und blieb in Berlin bei ihrer Mutter. 1942 sollte sie in das jüdische Ghetto von Riga deportiert werden, doch endete ihr Transport wenige Kilometer vor der lettischen Hauptstadt. Alle Insassen des Transports wurden zum Aussteigen gezwungen, in den Wald geführt und von den Nazis ermordet. So sind der historische Ort und die Namenspatronin des Sportplatzes miteinander verbunden für genutzte und ungenutzte Möglichkeiten, widerfahrene Gräuel und Aufbrüche. Dem Heimverein, der sich nach der kurdischen Stadt Dersim benannt hat, kann man attestieren, dieses Erbe angemessen zu würdigen: Die Frauenmannschaft rückte zeitweise bis in die Regionalliga vor, engagiert sich für Frauenrechte und unterstützte trotz aller Widrigkeiten die Frauen-Nationalmannschaft des Iran.

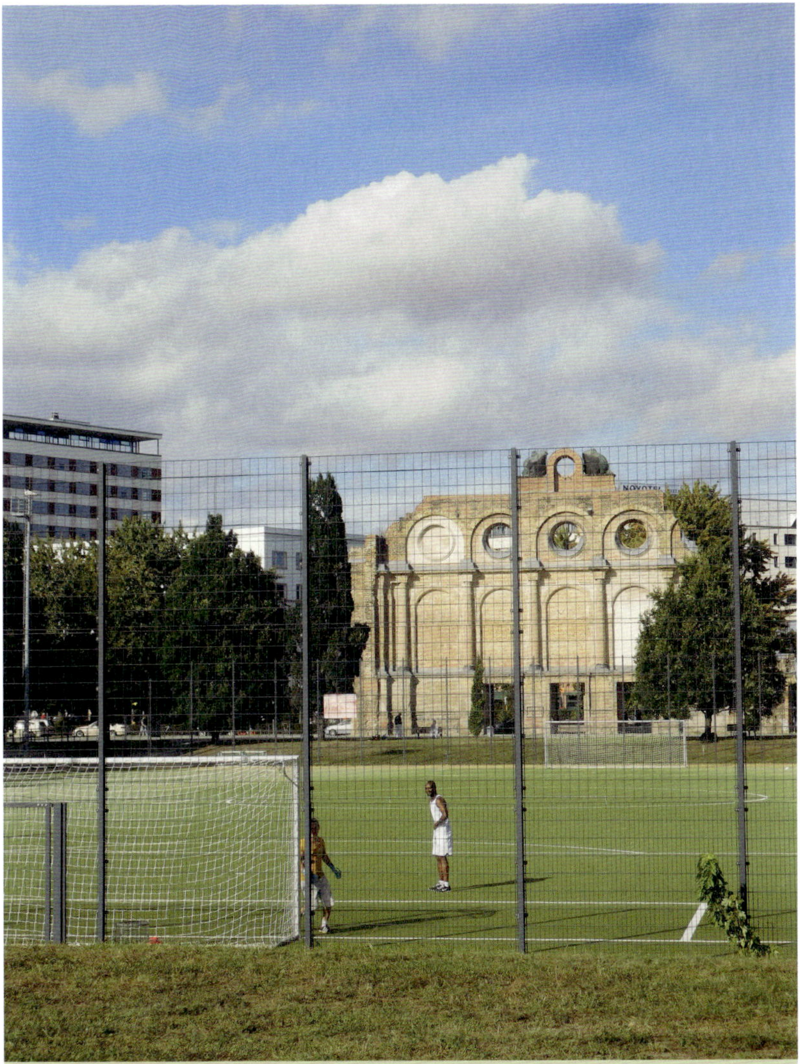

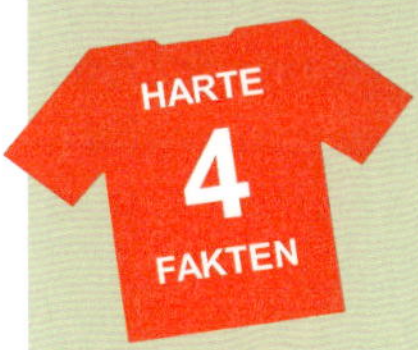

Adresse: Askanischer Platz 7, 10963 Berlin

Lilli Henoch: Weltrekordlerin im Diskuswurf, Kugelstoßen und der 4x100m-Staffel

Anhalter Bahnhof: zweitältester Bahnhof Berlins

Austragungsort: Bogensport-Weltcupfinale & Blinden-Fußball-WM

Willy-Kressmann-Stadion

Türkiyemspors Heimat

Am Fuße des – dem Bezirk seinen Namen gebenden – Kreuzbergs gelegen, hat das Willy-Kressmann-Stadion zweifellos schon bessere Tage gesehen. Dabei muss man nicht mal bis ins Jahr 1954 zurückgehen, als bei einer Partie des BFC Südring gegen Hertha BSC mit geschätzten 10.000 Fans der Besucherrekord aufgestellt wurde, der seit der Reduzierung der Zuschauerkapazität 1981 nicht mehr gebrochen werden kann. Seine größte Popularität erreichte das Stadion ab Ende der 1980er-Jahre als Heimspielstätte von Türkiyemspor, dem erfolgreichsten und prominentesten Verein Berlins mit migrantischem Hintergrund. 1978 als BFC Izmirspor gegründet, qualifizierte sich die Elf nach vier Aufstiegen in Folge am Ende der Saison 1986/87 für die damals drittklassige Amateur-Oberliga Berlin und spielte dort oftmals vor mehreren tausend Zuschauern gegen Gegner wie Hertha BSC oder Tennis Borussia.

Im Paul-Rusch-Pokal stand das Multi-Kulti-Team zwischen 1988 und 1991 vier Mal hintereinander im Finale und gewann drei Mal den Berliner Landespokal, wodurch die Kreuzberger auch im DFB-Pokal starteten. Am Ende der Saison 1990/91 gelang Türkiyemspor sogar beinahe der Aufstieg in die 2. Bundesliga. Auch wenn die sportlichen Erfolge über die Jahre nachgelassen haben, hatte und hat Türkiyemspor eine wichtige Symbolfunktion für die migrantische Community der Stadt. Heute versteht sich der Verein als weltoffener Berliner Verein mit türkischer Geschichte und verfügt über eine der größten Mädchen- und Frauenfußball-Abteilungen Deutschlands.

Das Katzbachstadion, wie es ursprünglich hieß, wurde 1914 zunächst als reiner Fußballplatz eröffnet. 1924 nach Plänen von Georg Demmler, dem Erbauer des Poststadions, umgebaut und erweitert, kamen eine Laufbahn sowie ein Gebäude mit Umkleidekabinen und eine Vereinsgaststätte hinzu. Aus dieser entstand 1977 das „Golgatha", ein beliebter Biergarten im dortigen Viktoriapark. Von der Dachterrasse des Lokals hat man den besten Blick auf das gesamte Spielfeld. Und natürlich kann man auf diversen Fernsehern auch nationalen und internationalen Fußball verfolgen.

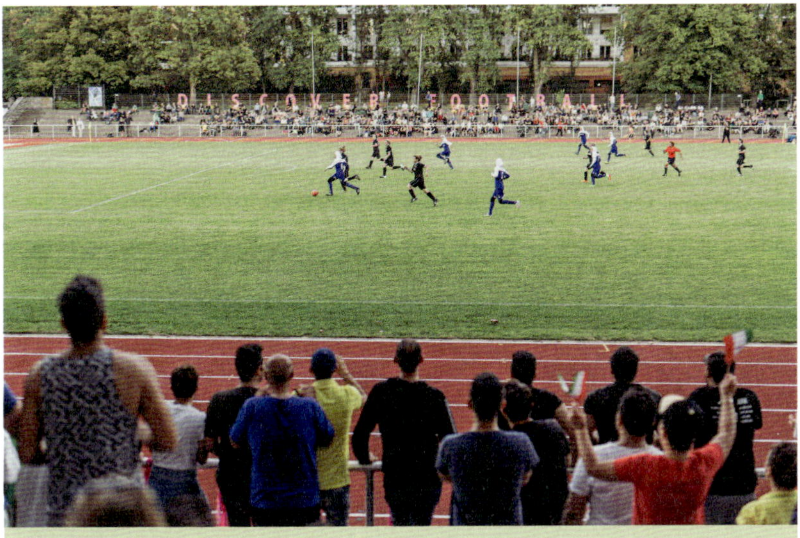

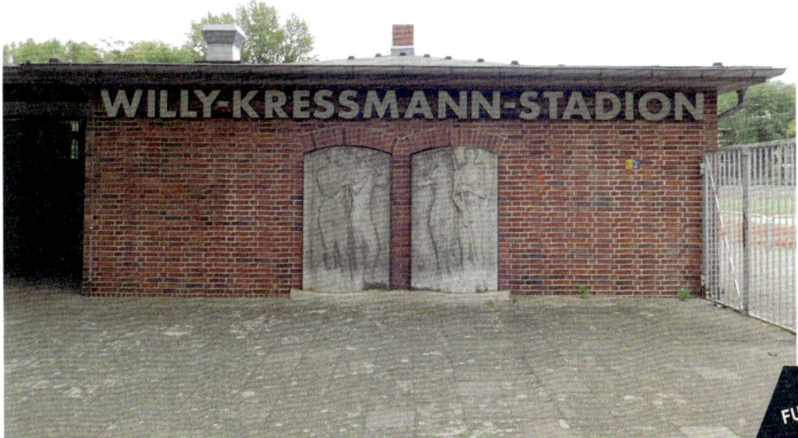

FUSSBALL ROUTE BERLIN

HARTE 4 FAKTEN

Adresse: Dudenstraße 40/64, 10965 Berlin

Abgesagt: BSV Al-Dersimspor gegen die iranische Frauenfußball-Nationalmannschaft, 1.6.2007

Angesagt: Internationales Frauen-Fußball-Kultur-Festival „Discover Football"

Umbenannt: 6.10.2010 zu Ehren des langjährigen Kreuzberger Bezirksbürgermeisters Willy Kressmann

Gründungsort des BFC Germania 1888

Darauf können sie stolz sein

Auch wenn es rein leistungssportlich nicht viel gibt, auf das die Mitglieder des BFC Germania 1888 stolz sein können – eines lassen sie sich nicht nehmen: Ihr Verein ist der älteste, heute noch bestehende deutsche Fußball-Club, der Fußball von Anfang an mit rundem Leder und ohne Aufheben des Balles, also kein Rugby, sondern nach den Regeln der englischen Football Association spielte. Gegründet wurde Germania am 15. April 1888 von dem damals 17-jährigen Schüler Paul Jestram – zusammen mit seinen Brüdern und Schulfreunden vom Askanischen Gymnasium – in der elterlichen Wohnung in der Kreuzbergstraße 75. Vater Jestram war Turnlehrer, freute sich jedoch über die Sportbegeisterung der jungen Leute und unterstützte den Verein nicht nur finanziell, sondern stellte auch Bälle, Geräte, Stangen, Fähnchen und vieles andere mehr zur Verfügung – durchaus ungewöhnlich in einer Zeit, als Fußball noch von vielen Seiten angefeindet wurde.

Um das Jahr 1890 hatte in Berlin jedoch ein regelrechter Gründungs-Boom eingesetzt. War die frühere Entwicklung zunächst noch langsam und sporadisch verlaufen, ermöglichten die nun zunehmend stabilen Vereine einen regelmäßigen Wettspielbetrieb. Der BFC Germania 1888 gewann die erste Meisterschaft in Deutschland, die der 1890 gegründete „Bund Deutscher Fußballspieler“ austrug. Der Verein spielte in den 1890er-Jahren und noch zu Beginn des neuen Jahrhunderts nicht nur im Fußball, sondern auch im Cricket und in der Leichtathletik eine herausragende Rolle. Vor allem einzelne Mitglieder wie Georg Leux, Georg Demmler oder Fritz Boxhammer prägten in dieser Zeit maßgeblich und nachhaltig den Sport in Deutschland. Hatte der BFC Germania 1888 seine Spiele zunächst auf dem Tempelhofer Feld ausgetragen, bezog er 1904 in der Ringbahnstraße am südlichen Rand des ausgedehnten Areals einen eigenen Platz. Nach diversen Umzügen ist der Verein seit seinem 100. Jubiläum auf dem Sportplatz Götzstraße beheimatet, einem unscheinbaren Kunstrasenplatz in Tempelhof. Dieser trägt seit 2019 den Namen „Paul-Jestram-Sportanlage“ und erinnert so an den einstigen Gründer.

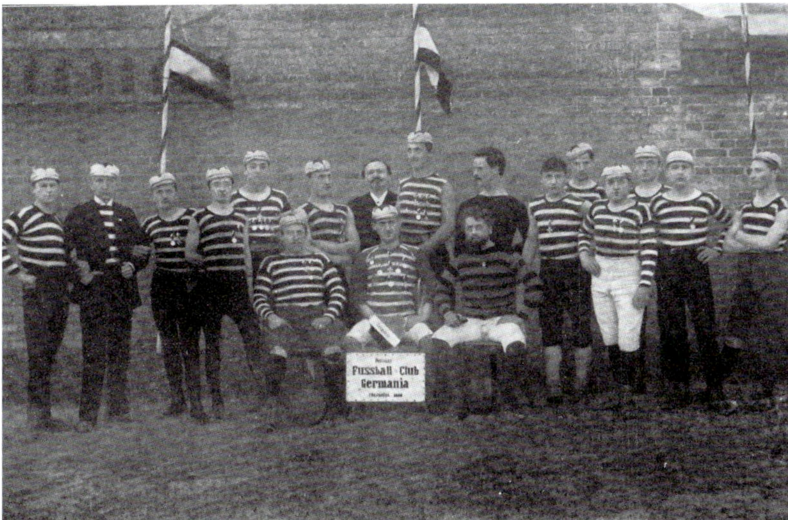

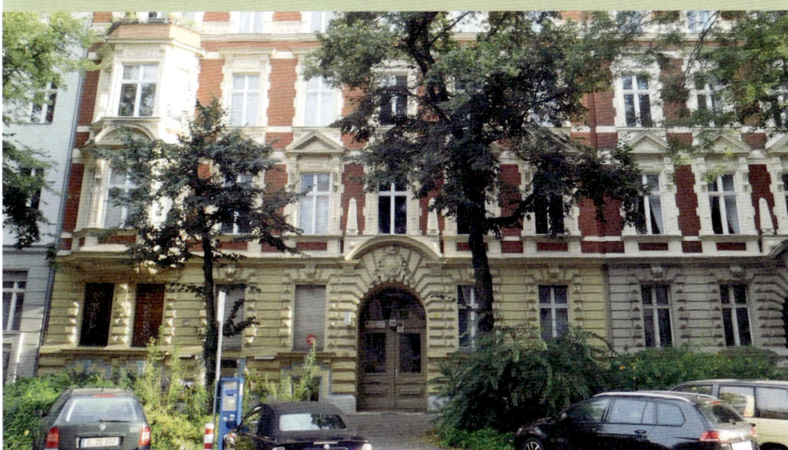

FUSSBALL ROUTE BERLIN

HARTE 4 FAKTEN

Adresse: Kreuzbergstraße 75, 10965 Berlin

Hoher Besuch: Kronprinz Wilhelm von Preußen am 29. 4. 1905

Tradition: deutscher Vertreter im „Club of Pioneers" (weltweites Netzwerk der jeweils ältesten noch existierenden Fußballvereine eines Landes)

Schild am Sportplatz: „Der älteste deutsche Fußballverein begrüßt seine Gäste"

Stadion Züllichauer Straße

Rote Bete in Kreuzberg

Wenn im Frühherbst die Flutlichter angehen, entfaltet das etwas abseits gelegene Stadion im Süden Kreuzbergs seinen ganz besonderen Charme. Über dem Platz liegt ein leichter Dunst, die üblichen 50 Verdächtigen beziehen auf den Rängen ihren Platz und der Pfiff ertönt. Hier an der Züllichauer Straße ist alles gegeben, um das Prädikat Geheimtipp zu verleihen, zumindest aber kommen die Freunde des Amateurismus voll auf ihre Kosten. Wie passend, dass sich der Heimverein SC Berliner Amateure nennt und Bewegung samt Kameradschaft in den Mittelpunkt stellt.

Schon vor hundert Jahren, als erste Vereine unter der Hand ihre Spieler bezahlten, pflegten die Kreuzberger ihr Ideal. Und doch schafften es die Amateure Ende der 1960er-Jahre für drei Spielzeiten in die drittklassige Amateurliga Berlins. Danach ging es zurück in die Niederungen des West- und Gesamt-Berliner Fußballs. Dafür aber schlug die Stunde eines ihrer Sportler, der sich ab 1970 für ganze 50 Jahre zu einem der prägendsten Akteure des Berliner Fußball-Verbandes entwickeln sollte. Gerd Liesegangs ganze Leidenschaft galt dem Jugendfußball. Als die Gewalt auf den Plätzen zunahm, entwickelte er Programme zur Prävention, für Respekt und Toleranz. 2004 wurde er Vize-Präsident für Qualifizierung und Soziales des Verbandes und erhielt für sein unermüdliches Engagement 2006 das Bundesverdienstkreuz. Für ein Resozialisierungsprojekt mit der Jugendstrafanstalt Plötzensee kam 2017 die Sepp-Herberger-Urkunde hinzu.

Wer ihn kennenlernt, trifft einen aufgeschlossenen und zugewandten Sportsmann. Sein letztes großes Projekt „Hier endet das Spiel" galt dem Kinder- und Jugendschutz. Im Februar 2020 schließlich legte er alle Ämter nieder und zog sich aus den BFV-Gremien zurück. Es ist wohl keine Untertreibung, ihm zu bescheinigen, dass er den Berliner Fußball maßgeblich mitentwickelt und die soziale Verantwortung des Verbands- und Vereinswesens wesentlich vorangebracht hat. Vielleicht trifft man ihn ja noch ab und an auf dem Sportplatz. Und auf dem „Zülle" vorbeizuschauen, lohnt sich allemal!

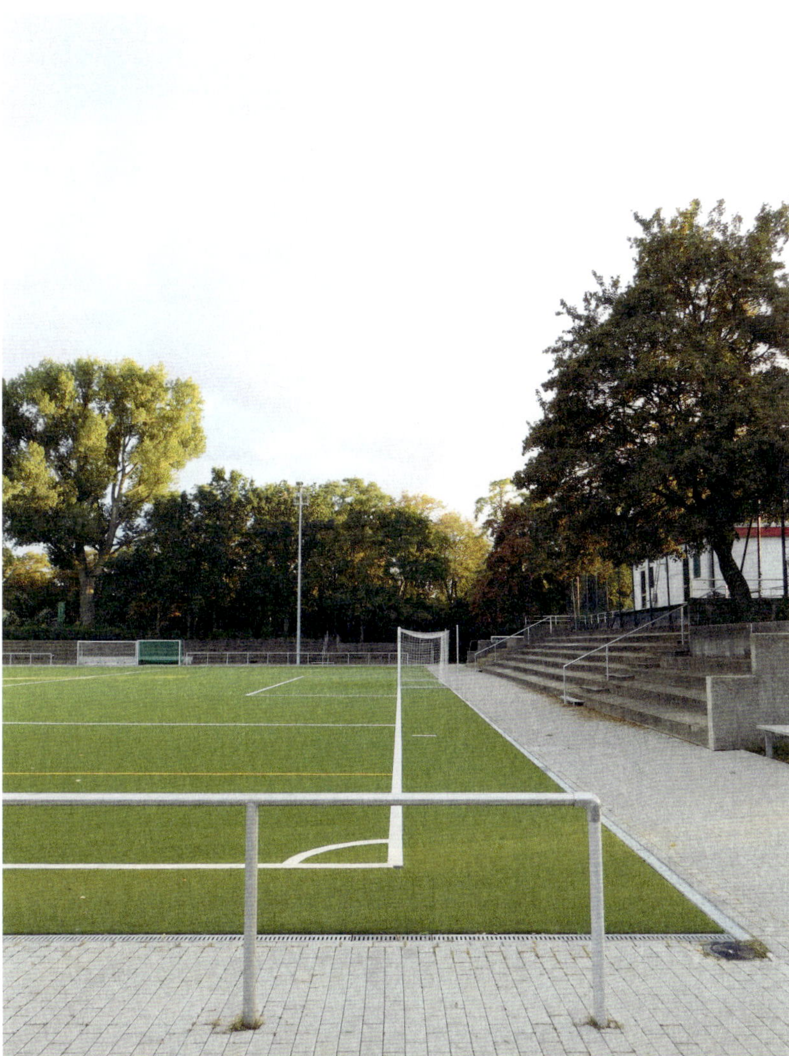

HARTE 4 FAKTEN

Adresse: Züllichauer Straße 1, 10965 Berlin

Gründungsjahr SC Berliner Amateure: 1920

Vom Sportplatz zum Stadion: 1973

Nachhaltige Trikots: einst gefärbt mit Roter Bete!

Sportplatz Wiener Straße

„Türken spieln Futte im Görli"

Kommt der Görlitzer Park ins Gespräch, sind dafür in der Regel eher nicht Fußballer der Grund. Berühmt-berüchtigt als Drogenumschlagplatz und im Sommer in Grillwolken gehüllt, ist er fester Bestandteil des östlichen Kreuzbergs und seit über zwanzig Jahren mit dem Reggae-Hit „Görli Görli" geadelt. Der Park entstand da, wo sich einst der große Görlitzer Bahnhof, ein legendärer Kopfbahnhof für die Züge in die Lausitz und nach Schlesien, befand.

Bei der Neugestaltung Anfang der 1990er-Jahre bezog man auch die gewachsenen Bedürfnisse der örtlichen Bevölkerung und ihrer Sportvereine mit ein, denn neben dem Lokalmatadoren FSV Hansa 07 waren aus der migrantischen Community eine ganze Reihe von Vereinen entstanden. Größte Berühmtheit erreichte wohl der BSC Ağrispor, benannt nach der ostanatolischen Provinz Ağrı, in der sich der biblische Berg Ararat befindet. Ağrispor jedenfalls machte ab Mitte der 1990er-Jahre Schlagzeilen, weil sie die erste türkische Frauenmannschaft außerhalb der Türkei stellten und kurz vor der Jahrtausendwende sogar die damals zweitklassige Regionalliga erreichten. Dort allerdings verabschiedeten sich die Ağri-Frauen nach nur einem Jahr, nicht ohne den mit 150 Treffern lange Zeit gültigen Gegentor-Rekord der Liga aufzustellen. Gleichzeitig begründeten sie damit die von Al-Dersimspor und Türkiyemspor fortgesetzte Geschichte erfolgreicher Frauenfußballmannschaften aus Kreuzberg.

Und obwohl der Platz nur über Kunstrasen und den unbeliebten Sandbelag verfügt, trägt seit einigen Jahren auch die Männermannschaft von Hilalspor ihre Heimspiele in Berlins höchster Spielklasse an der Wiener Straße aus. „Danach erstma ne Molle im Görli", sang damals P.R. Kantate in bester Sommerstimmung. Vielleicht tut es für den einen und die andere aber auch ein schwarzer Tee. Allen Unkenrufen zum Trotz versprüht der Park noch immer Gemütlichkeit und es lohnt sich, am Zaun zum Fußballplatz stehenzubleiben und dem Gekicke der Kiez-Maradonas zuzusehen.

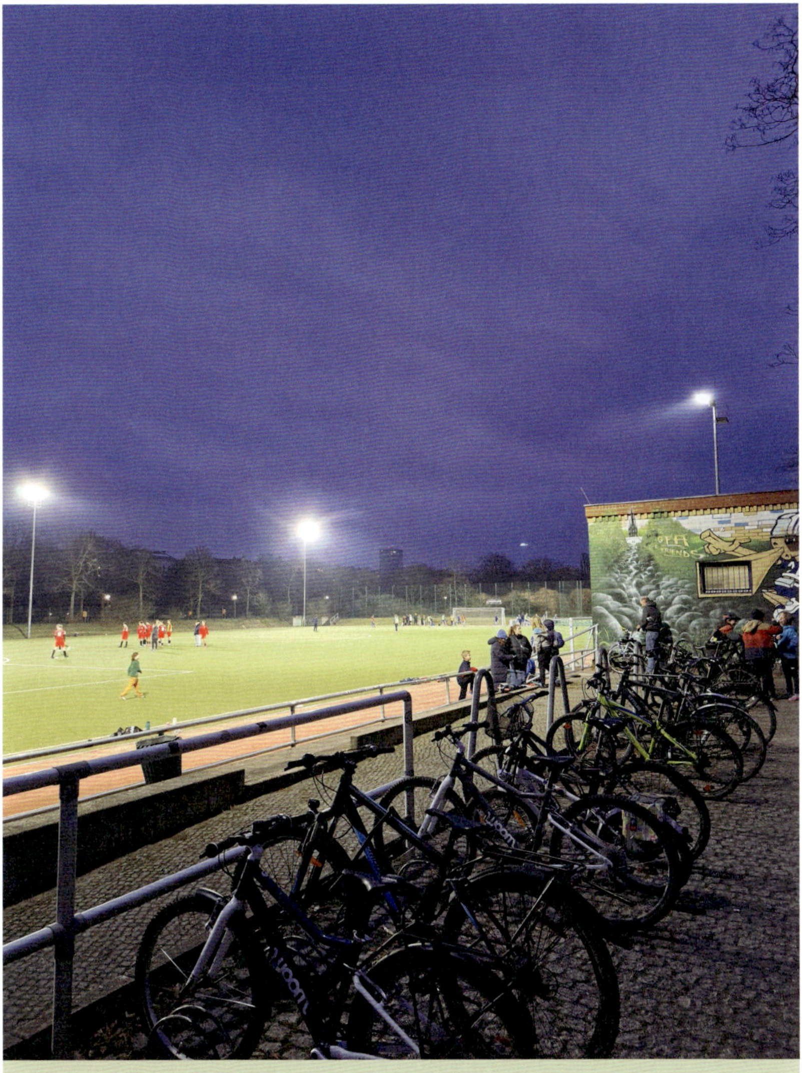

Adresse: Wiener Straße 59, 10999 Berlin

Zuschauerkapazität: 1.500 zzgl. Zaungäste

Ağri-Frauen im Film: „Mädchen am Ball"
(1995 von Aysun Bademsoy)

Tierische Nachbarn: Kinderbauernhof, u.a. mit Hühnern, Ziegen, Ponys und Eseln

Fan-Kneipe „Niedersachsenstadion"

Wo Fußball-Fans ein kleines Stückchen Heimat wiederfinden

Fußball-Fans sind bekanntlich treu. Den Verein seiner Wahl wechselt man nicht so schnell, sondern man bleibt diesem meist sein Leben lang verbunden. Bestenfalls kommt noch ein Zweitverein, also quasi eine mehr oder weniger heimliche Geliebte dazu. In Berlin, das seit je eine Stadt der Zugewanderten aus den verschiedensten Ländern und Regionen Deutschlands ist, wenden sich die Fußball-Aficionados eben nicht einem der beiden Hauptstadtvereine zu, sondern hängen weiterhin dem Club ihrer Heimat an. Nirgendwo in Deutschland gibt es mehr Exil-Fanklubs als in Berlin, und dementsprechend hat sich in der Stadt eine lebendige Szene verschiedenster Fan-Kneipen gebildet. Das Niedersachsenstadion in der Neuköllner Hobrechtstraße 39 ist, wie unschwer am Namen zu erkennen, der Ort, wo sich die Hannover 96-Fans in Berlin treffen und gemeinsam auf dem Fernseher die Spiele ihres Herzensvereins verfolgen.

Betrieben wird das Niedersachsenstadion – und das macht den Unterschied zu anderen Fankneipen aus – von einem eingetragenen Verein. „Das Rote Berlin" lautet der Name des Zusammenschlusses von Anhängern der 96er, der laut Satzung „die ideelle Förderung des Hannoverschen Sportvereins von 1896 e.V. und die Förderung des Hannoverschen Brauchtums in Berlin" betreibt und seit September 2002 existiert. Zwei Jahre später, am 2.10.2004, wurde das Niedersachsenstadion eröffnet. Das Ladenlokal wird als Vereinsheim geführt, trägt sich durch die Mitgliedsbeiträge und verfolgt keine kommerziellen Interessen. Mitglieder sind laut eigener Webseite „Hannoveraner(innen) zwischen 20 und 60, die es meist durch Studium oder Beruf in den fernen Osten verschlagen hat". Mittlerweile gehören dem Verein „Das Rote Berlin" knapp 100 meist eingefleischte Hannover 96-Fans an. Mit diesem Konzept unterscheidet sich das Niedersachsenstadion von den vielen anderen Fan-Kneipen in Berlin – und steht doch exemplarisch für die zahlreichen zugereisten Fußball-Fans in der Stadt, die ihrem Heimatverein treu geblieben sind.

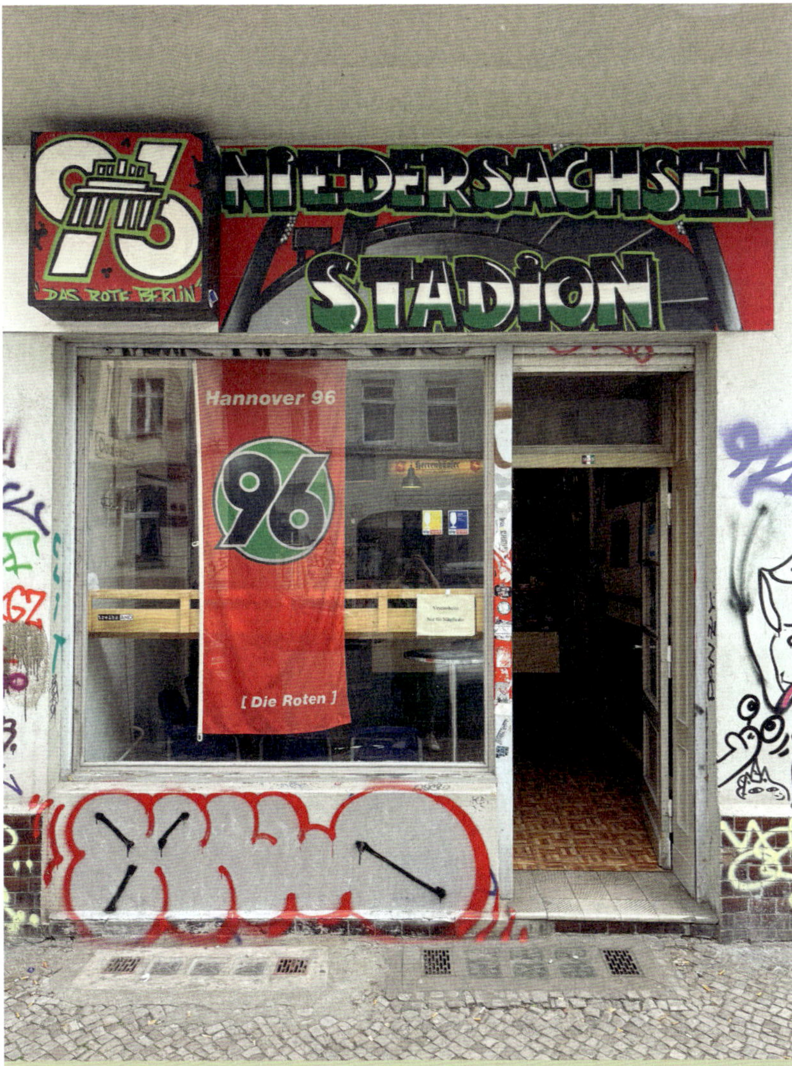

HARTE 4 FAKTEN

Adresse: Hobrechtstraße 39, 12047 Berlin
Probemitgliedschaft: 5 Euro gegen ein Freigetränk
Hannover 96 in Berlin: Deutscher Meister im Endspiel 1938
Bevorzugtes Bier: „Herri“

Werner-Seelenbinder-Sportpark

Ein Bundesliga-Kader via Radio-Reiseruf

Der SC Tasmania 1900, wie der Verein damals hieß, hält bekanntlich einige Negativ-Rekorde und weist insgesamt die bis heute schlechteste Bilanz aller Bundesliga-Vereine auf. Dabei waren die desolaten Leistungen durchaus keine Schande, sondern den Umständen geschuldet, unten denen „Tas“ in die höchste deutsche Spielklasse gehievt wurde: Nachdem Hertha BSC für die Saison 1965/66 keine Bundesliga-Lizenz erhielt und in die Regionalliga zwangsversetzt wurde, da der Verein zuvor einige Spieler mit unerlaubten Handgeldern an die Spree gelockt hatte, nahm der DFB Tasmania als Ersatz ins Fußball-Oberhaus auf. Der Club musste daraufhin einen Teil seiner Spieler via Radio-Reiseruf aus dem Urlaub zurückholen und innerhalb weniger Tage einen erstligatauglichen Kader zusammenstellen. Die Mannschaft trug ihre Heimspiele im Olympiastadion aus, das nur zu Saisonbeginn gefüllt war, und konnte sportlich schlicht nicht mithalten. Tasmania gewann in der gesamten Spielzeit lediglich zwei Partien und belegte am Ende mit 15:108 Toren und 8:60 Punkten abgeschlagen den letzten Platz.

Noch Jahre später machten sich die finanziellen Folgen des ungeplanten Bundesliga-Abenteuers bemerkbar, denn Tasmania 1900 meldete 1973 Konkurs an. Unter dem Namen SV Tasmania Neukölln 73 entstand ein neuer Verein, der seine Heimstätte im traditionsreichen Werner-Seelenbinder-Sportpark hat. Der Sportpark Neukölln wurde nach dreijähriger Bauzeit am 14. Oktober 1928 feierlich eröffnet, das 1930 fertiggestellte Stadion erhielt bereits am 29. Juli 1945 den Namen Werner-Seelenbinder-Kampfbahn – nach dem mehrfachen deutschen Ringer-Meister und Olympiateilnehmer von 1936, der 1944 von den Nationalsozialisten hingerichtet worden war. Weil Seelenbinder Kommunist war, wurde der Name zwischenzeitlich nicht verwendet, erst im Jahre 2004 erhielt das Stadion wieder seinen Namen zurück.

Sportlich ging es für Tasmania zuletzt stetig aufwärts bis in die Oberliga Nordost. Es hat sich eine kleine Fanszene herausgebildet und zur Bündelung der Kräfte kooperiert man inzwischen mit Blau-Weiß 90 für das große Ziel: Regionalliga-Aufstieg!

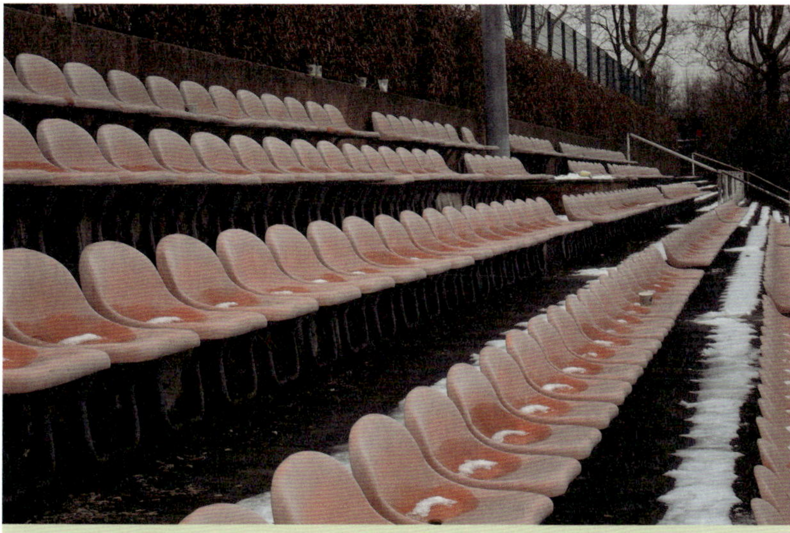

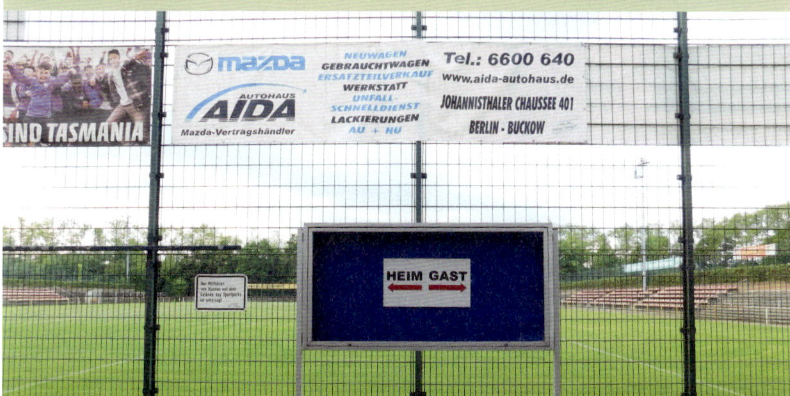

FUSSBALL ROUTE BERLIN

HARTE 4 FAKTEN

Adresse: Oderstraße 182, 12051 Berlin

Zuschauerrekord Tasmania: 81.500 am 14. 8. 1965 gegen Karlsruher SC

Zuschauerminusrekord Tasmania: 827 am 15. 1. 1966 gegen Bor. Mönchengladbach

Höchste Heimniederlage: 0:9 gegen Meidericher SV am 26. 3. 1966

Hertzbergplatz

Rekorde von der Sonnenallee

Mit dem Gewinn des Europameister-Titels gelang es 1989 den DFB-Frauen, die letzten Argumente gegen eine bundesweite Liga auszuräumen. Der Verband rang sich durch und führte die zunächst zweigleisige Bundesliga ein, die mit Nord- und Südstaffel an den Start ging. Mit dabei sollte auch ein Berliner Team sein, und so qualifizierte sich der 1. FC Neukölln als beste Vorjahresmannschaft für die Premierensaison.

Da die Leistungsunterschiede seinerzeit jedoch erheblich waren und die De-Facto-Professionalisierung noch eine Weile auf sich warten ließ, schrieben die Kickerinnen vom 1895 als Rixdorfer FC Normannia gegründeten Traditionsverein gleich ein zweites Mal Geschichte: Ohne einen einzigen Punkt und mit nur acht selbstgeschossenen Toren steht der 1. FC Neukölln bis heute abgeschlagen auf dem letzten Platz der ewigen Tabelle der Frauen-Bundesliga – als wäre es dem Bezirk ins Mark geschrieben, schließlich kommt mit dem SV Tasmania auch der ewige Tabellenletzte der Männer-Bundesliga aus Neukölln. Anschließend spielten die Rixdorferinnen einige Jahre in der Oberliga Nordost und wurden 1993 sogar noch einmal Vize-Meister, rutschten dann aber mehrfach ab und zogen sich 1998 schließlich aus dem Spielbetrieb zurück.

Fast wie aus dem Nichts tauchte rund fünfzehn Jahre später der BSV Hürtürkel auf, der ab der Jahrtausendwende peu à peu den Weg nach oben nahm und ab 2013 für drei Jahre in der Männer-Oberliga Nordost mitspielen konnte. Dafür musste der BSV, der erstaunlicherweise auch Wurzeln bei der ehemaligen SG Dynamo Lichtenberg hat, von seinem Stammplatz am Columbiadamm an die Sonnenallee ziehen. Die dritte Spielzeit endete auch bei Hürtürkel mit einem Desaster, kassierte die Mannschaft doch 130 Gegentore und wurde in der Folgesaison direkt durchgereicht, diesmal sogar mit 168 Gegentoren in der Berlin-Liga.

Es scheint, als wäre der Hertzbergplatz verhext, obwohl er mit Naturrasen für den Berliner Innenstadtfußball doch passable Verhältnisse bietet.

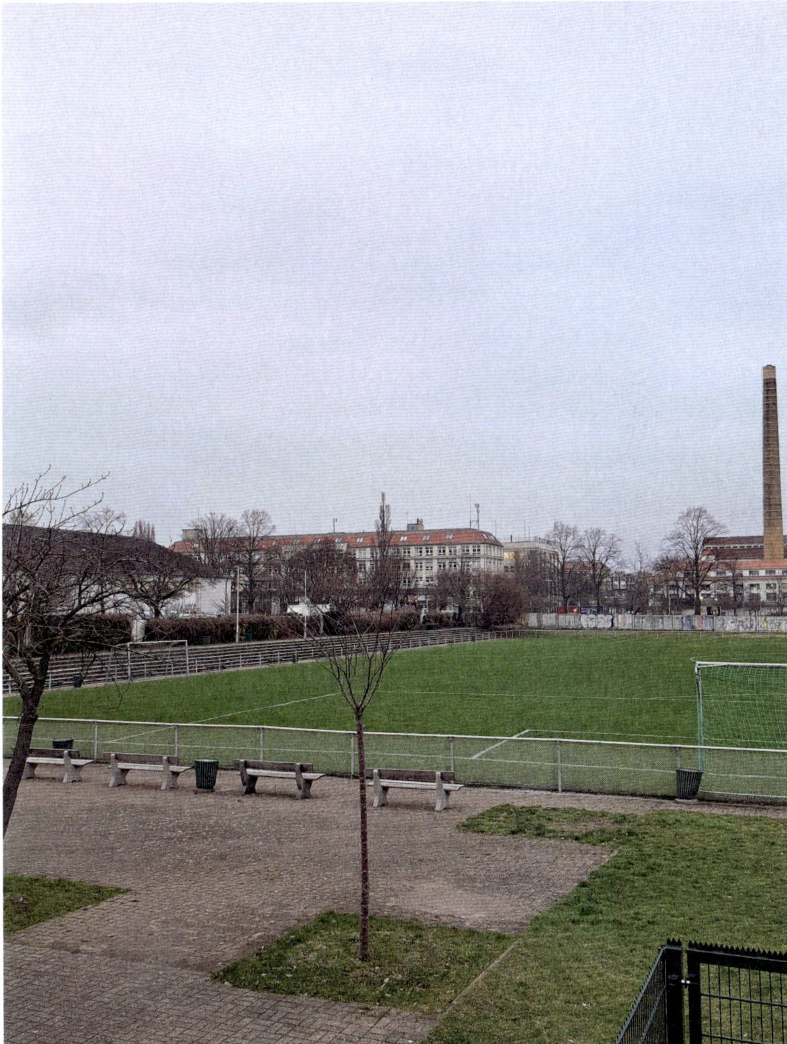

HARTE 4 FAKTEN

Adresse: Sonnenallee 181, 12059 Berlin

Umbenennung I: 2017, aus 1. FC Neukölln wird 1. FC Novi Pazar Neukölln 95

Umbenennung II: 2022; Fusion, aus Novi Pazar und NSC Marathon 02 wird 1. FC Novi Pazar/Marathon 1895

Tradition: im Kaiserreich spielten hier 1. FC Neukölln, Freie Turnerschaft Neukölln-Britz, Neuköllner SC „Rüstig vorwärts", Freie Turnerschaft Groß-Berlin

Tempelhofer Feld

Die Wiege des deutschen Fußballs

Das Tempelhofer Feld kann gewissermaßen als die Wiege des deutschen Fußballs bezeichnet werden. Zwar wurde auch schon früher an anderen Stellen in Deutschland Fußball gespielt, doch nirgendwo sonst waren so viele Mannschaften aktiv und unterhielten zumindest für einen bestimmten Zeitraum einen derart regelmäßigen Spielbetrieb.

Seit 1722 vom preußischen Militär als Parade- und Exerzierplatz der Berliner Garnison genutzt, war das südlich der Stadt vorgelagerte Tempelhofer Feld Ende des 19. Jahrhunderts ein beliebtes Ausflugsziel der Berliner, wozu auch zahlreiche Gaststätten und ein Vergnügungspark beitrugen. Das weitläufige Areal bot reichlich Platz für verschiedene Freizeitaktivitäten wie den Sport, der zu der Zeit gerade in Mode kam. Viele Pioniervereine des deutschen Fußballs, die sich am englischen Vorbild orientierten und von denen wichtige Impulse für die Entwicklung des Fußballs in Deutschland ausgingen, trugen hier ihre ersten Spiele aus. Da noch keine festen Sportanlagen existierten, mussten die frühen Fußballer vor jedem Spiel inmitten der picknickenden Familien den Platz abstecken und die Torstangen auf das Feld tragen. Zwischenzeitlich spielten in den Jahren vor dem Ersten Weltkrieg bis zu 30 Mannschaften gleichzeitig auf dem Tempelhofer Feld.

Die spätere Entwicklung zum Flughafen Tempelhof war schließlich der Grund, warum der Fußball an den südlichen Rand und weiter hinaus in die umliegenden Dörfer gedrängt wurde. Für die sportliche Nutzung blieben nur die Plätze des 1928 errichteten Sportparks am östlichen Rand des Tempelhofer Feldes – und für einen kurzen Zeitraum das Preussen-Stadion, das der BFC Preussen ab 1924 an der Ostseite des Tempelhofer Damms erbaut hatte. Es bot bis zu 40.000 Zuschauern Platz, musste allerdings bereits 1936 dem Neubau des Flughafengebäudes weichen. Nachdem 2008 der Flughafen-Betrieb eingestellt und 2010 das Gelände für die Öffentlichkeit zugänglich gemacht wurde, steht das Tempelhofer Feld wieder den Berlinern als Ort für Naherholung zur Verfügung. Es wird auch für sportliche Betätigungen genutzt und war unter anderem Austragungsort für den deutschen Beachsoccer-Supercup 2013.

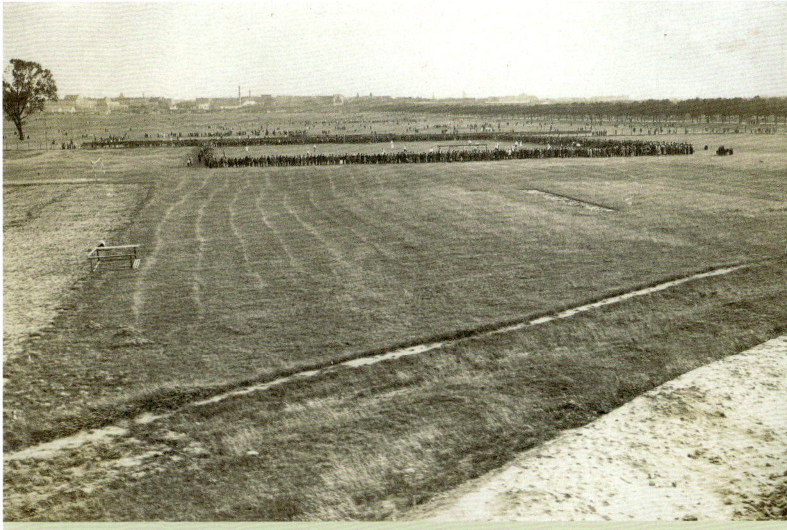

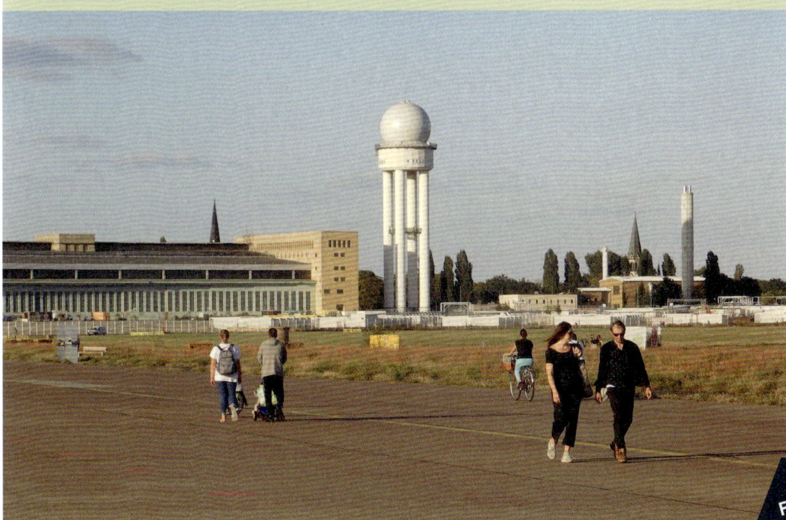

FUSSBALL ROUTE BERLIN

HARTE 4 FAKTEN

Adresse: Tempelhofer Damm, 12101 Berlin

Erstes Spiel im Preussen-Stadion: 30. 8. 1924, BFC Preussen – BFC Viktoria 1889 (4:4)

Höhepunkt: 1927 Drehort für den Fußball-Spielfilm „König der Mittelstürmer“

Tiefpunkt: 1933 Austragungsort für das erste SA-Massensportfest

Friedrich-Ebert-Stadion

Das nachgeholte Endspiel

Gleich drei der traditionsreichsten Berliner Fußball-Vereine – nämlich der BFC Germania 1888, der BFC Viktoria 1889 und Blau-Weiß 90 – waren zwischenzeitlich hier zu Hause, und auch das Stadion wirkt so, als wäre es einst für höhere Dinge bestimmt gewesen. Das Friedrich-Ebert-Stadion in der Tempelhofer Bosestraße, das gerne auch einfach „Bose-Stadion" genannt wird, fasst (theoretisch) 5.000 Zuschauer und nimmt den Hauptteil der gleichnamigen Friedrich-Ebert-Sportanlage ein, die außerdem noch zwei Kunstrasenplätze, vier Tennisplätze und eine Sporthalle umfasst. Das Gelände ist südlich von der Bosestraße sowie nördlich von der Burchardstraße erreichbar, die durch eine stattliche Baumallee miteinander verbunden sind.

Fertiggestellt und eröffnet wurde das Stadion im Sommer 1936, damals noch als „Boelcke-Sportplatz". Nach Kriegsende musste das Gelände wieder hergerichtet werden und wurde im Herbst 1950 aufs Neue eröffnet – nun als „Friedrich-Ebert-Stadion", benannt nach dem SPD-Politiker und ersten Reichspräsidenten der Weimarer Republik. Es verfügt über einen Naturrasenplatz mit einer kleinen überdachten Sitztribüne, die allerdings ihre besten Tage hinter sich hat.

Im Sommer 2007 war die Tribüne allerdings prall gefüllt, als das 1894 nicht ausgetragene Meisterschaftsendspiel des Deutschen Fußball- und Cricket-Bundes zwischen dem BFC Viktoria 1889 und dem FC Hanau 93 symbolisch nachgeholt wurde und beide Teams in Hin- und Rückspielen gegeneinander antraten. Nach einem 3:0 für Viktoria in Hanau reichte dem BFC im Friedrich-Ebert-Stadion ein 1:1, um die „Meisterschaft" zu erringen.

Heute ist hier der SD Croatia-Berlin 1973 zuhause, ein typischer von Migranten in der Stadt gegründeter Verein, der aktuell in der Berlin-Liga spielt. Und auch diverse Jugendmannschaften des inzwischen in Lichterfelde beheimateten FC Viktoria 1889 sind hier noch aktiv. Außerdem finden Training und Wettkämpfe der Leichtathletik-Abteilung des TSV Tempelhof-Mariendorf sowie die alljährlichen Bundesjugendspiele der umliegenden Schulen hier statt.

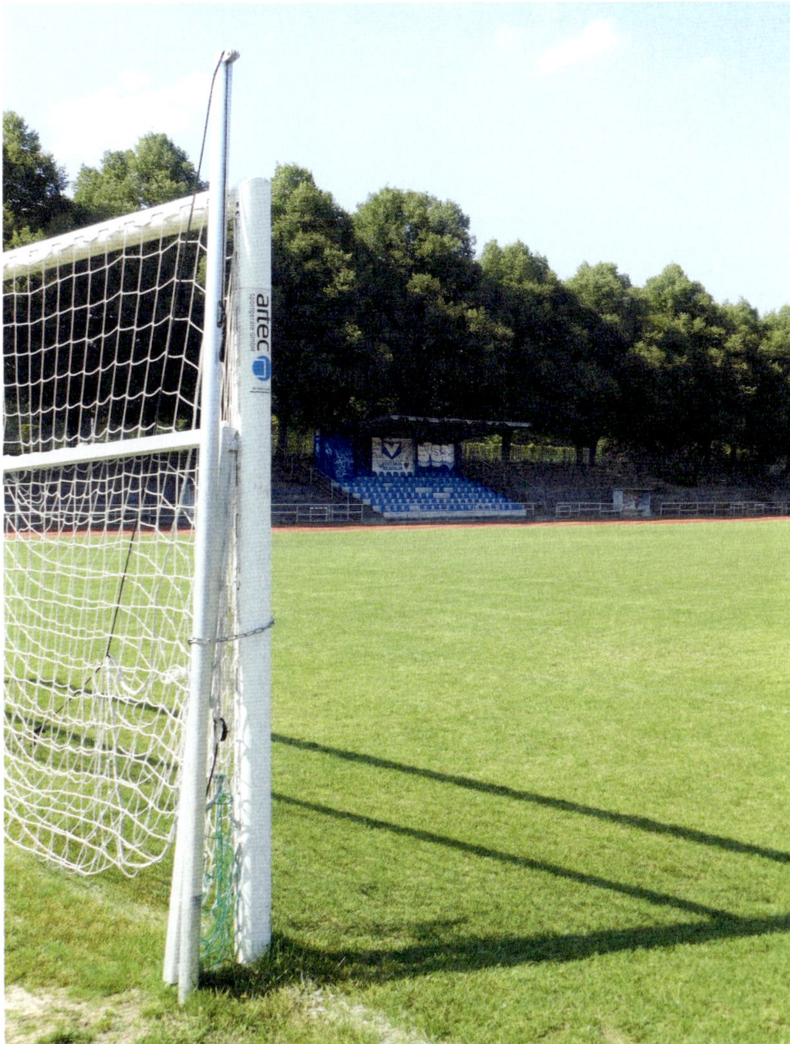

HARTE 4 FAKTEN

Adresse: Bosestraße 21, 12103 Berlin

Fassungsvermögen: 5.000 Zuschauer

Überdachte Sitzplätze: 133

Kunst am Stadion: ursprünglich die martialische Bronzeplastik „Schwertkämpfer“ (Gustav König), nach 1945 der friedlichere „Speerträger“ (Victor Heinrich Seifert)

Sportplatz Rathausstraße

„Wir sind heiß auf Blau-Weiß"

„Wir sind heiß auf Blau-Weiß", sang einst Schlager-Star Bernhard Brink sogar im Aktuellen Sportstudio. Groß war die Euphorie, als der Underdog aus Mariendorf sich anschickte, den Berliner Fußball auf den Kopf zu stellen und die Bundesliga aufzumischen. Doch der Höhenflug dauerte nur kurz, der folgende Absturz war steil. Just, als Hertha BSC sogar den bitteren Abstieg in die Amateur-Oberliga hinnehmen musste, gelang Blau-Weiß 90 zur Saison 1986/87 der Sprung in die höchste deutsche Spielklasse. Eine Wachablösung schien sich anzudeuten, doch auch spätere Weltstars wie der aus Augsburg verpflichtete Karl-Heinz Riedle konnten nicht verhindern, dass nach nur drei Saisonsiegen der sofortige Wiederabstieg folgte. 1992 musste sich der Verein aufgrund von Lizenzentzug und Insolvenz selbst auflösen und wurde inoffiziell neu gegründet.

Was die wenigsten wissen: Blau-Weiß 90 kann sogar auf einen Meistertitel und eine Vize-Meisterschaft zurückblicken, die allerdings seine beiden Vorgänger-Vereine errungen haben. Denn der BTuFC Union 1892 – nicht zu verwechseln mit den Köpenicker Unionern – erreichte 1905 als erste Berliner Mannschaft das Finale um die Deutsche Fußballmeisterschaft und durfte sich nach einem 2:0-Erfolg über den Karlsruher FV als zweiter Deutscher Meister in die Ehrenliste des DFB eintragen. Der BFC Vorwärts 1890 wiederum – der andere Vorgänger-Verein, von dem die Jahreszahl im Namen stammt – erreichte 1921 das Endspiel um die Deutsche Meisterschaft, unterlag dort jedoch Titelverteidiger Nürnberg mit 0:5. Nur wenige Jahre später, am 27. Juli 1927, fusionierten Vorwärts 90 und Union 92 zur Sp.Vg. Blau-Weiß 90.

Der Verein, der nach Ablauf der Sperrfrist seit 2015 wieder seinen alten Namen trägt, feierte in jüngster Zeit mit seiner mit zahlreichen Ex-Profis besetzten Ü40 auch überregional Erfolge. Bei den Herren saß mit Marco Gebhardt lange Zeit ebenfalls ein erfahrener Spieler auf der Trainerbank. Neuerdings kooperiert Blau-Weiß 90 mit Tasmania, wobei dieser perspektivisch den Aufstieg in die Regionalliga Nordost anpeilt.

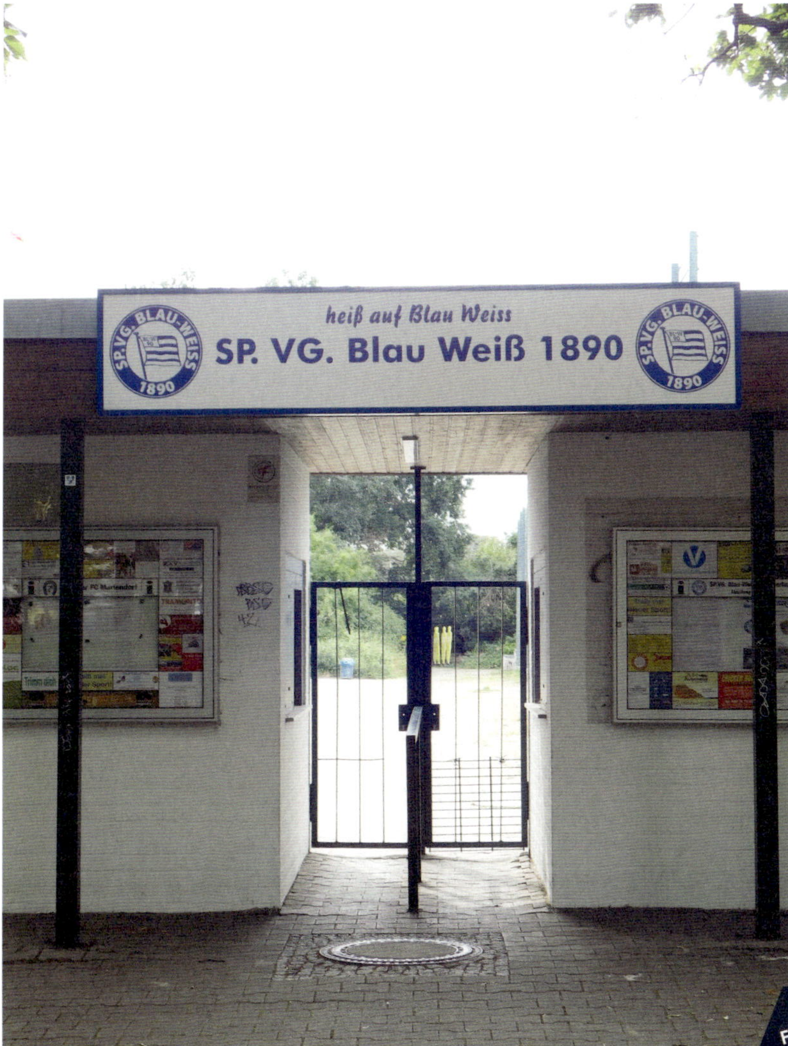

FUSSBALL ROUTE BERLIN

HARTE 4 FAKTEN

Adresse: Rathausstraße 10a, 12105 Berlin-Tempelhof

Länderspiel: 2:2 gegen eine englische Amateur-Auswahl, 14. 4. 1911, 10.000 Z.

Zuschauerschnitt Bundesliga: 22.949 (Saison 1985/86)

Zuschauerschnitt Berlin-Liga: 11 (Saison 2023/24)

Mariendorf 042

(Ehem.) Viktoria-Platz

Einst eine bedeutende Stätte des deutschen Fußballs

Auf einer Luftbild-Karte sind die Umrisse des Sportplatzes, der sich hier einst befand, mit ein bisschen Phantasie gut zu erkennen. Von außen sind nur noch ein meterhoher Zaun und ein bescheidener, längst überwucherter Erdwall zu sehen, die die heute als Tennisanlage genutzte Fläche umschließen. Dabei war der Viktoria-Platz in der Eisenacher Straße 21 früher eine bedeutende Stätte des deutschen Fußballs – nicht nur, weil er die Heimspielstätte des BFC Viktoria 1889 war, einer der spielstärksten Mannschaften vor dem Ersten Weltkrieg, die bei vier Endspielteilnahmen zwischen 1907 und 1912 zwei Mal den Meistertitel des Deutschen Fußball-Bundes nach Berlin holen konnte. Damit avancierten die „Mariendorfer Löwen", die bereits in den 1890er-Jahren fünf Mal in Folge die Meisterschaft des Deutschen Fußball- und Cricket-Bundes gewonnen hatten, in der Zeit vor dem Ersten Weltkrieg zum erfolgreichsten Berliner Verein, der auch zahlreiche Nationalspieler hervorbrachte.

Das 1905 aus eigenen Mitteln gebaute Stadion war für 5.000 Zuschauer ausgelegt und über zwei Jahrzehnte beliebter Austragungsort für Meisterschafts- und internationale Spiele im deutschen Fußball. Hier fand auch das erste deutsche Länderspiel auf heimischem Boden statt, das die Nationalmannschaft am 20. April 1908 mit 1:5 gegen eine englische Amateurauswahl verlor. Die Berliner Presse berichtete, was für die Zeit noch ungewöhnlich war, im Vorfeld und nachher ausführlich über die Partie. Fünf Jahre später, am 21. März 1913, kam es zu einem weiteren Länderspiel auf dem Viktoria-Platz, das die Engländer diesmal mit 3:0 für sich entscheiden konnten. Dabei soll eine Rekordkulisse von mehr als 15.000 Zuschauern den Weg nach Mariendorf gefunden haben.

Die damals beliebten Städteauswahl-Spiele und vier Endspiele um den Kronprinzen-Pokal vervollständigen die ruhmreiche Geschichte des Stadions, das noch bis 1964 im Vereinsbesitz war und schließlich verkauft wurde. Heute befinden sich an der Stelle nüchterne Wohngebäude und eben jene Tennisanlage, die über den Westphalweg zugänglich ist.

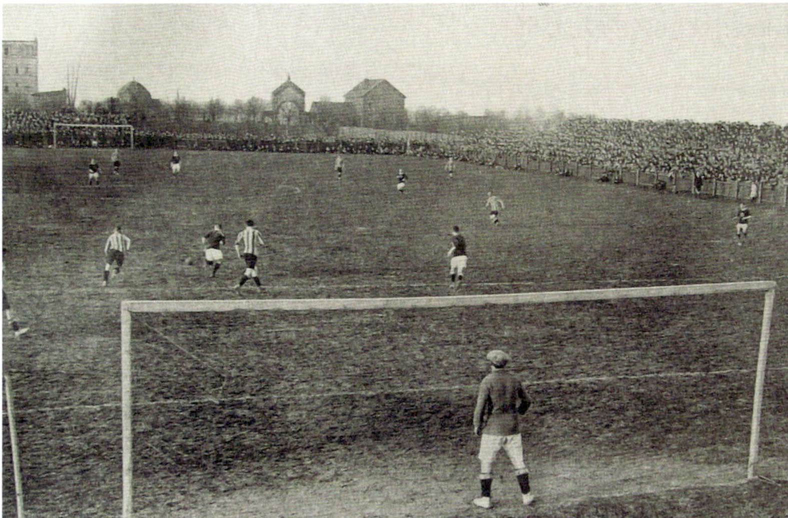

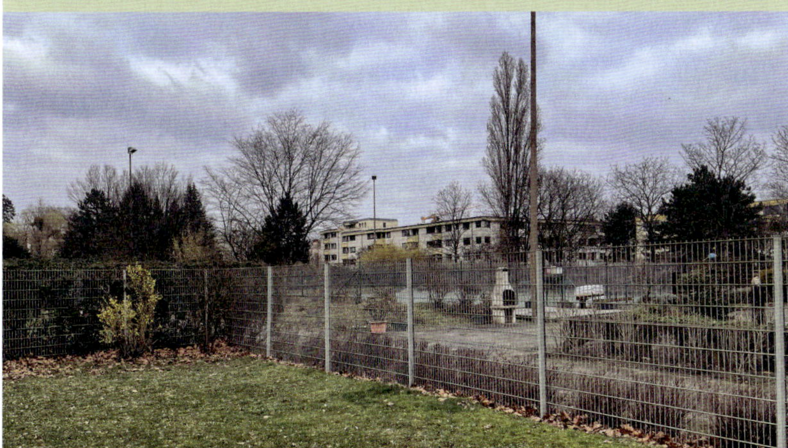

FUSSBALL ROUTE BERLIN

HARTE 4 FAKTEN

Adresse: Eisenacher Straße 21, 12109 Berlin

Treffsicher: Willi Worpitzky (22 Tore in zwölf Endrundenspielen) für BFC Viktoria 1889

Unparteiisch: Paul Neumann (BFC Viktoria 1889) als Schiedsrichter beim Heimdebüt der deutschen Nationalmannschaft

Andere Straßenseite: Grab von Ulrike Meinhof auf dem Dreifaltigkeitsfriedhof III

Volksparkstadion Mariendorf

Ein Ort der Verbundenheit mit dem Stadtteil

Wer hätte das gedacht: Nicht nur Hamburg, sondern auch Berlin hat ein Volksparkstadion. Es befindet sich am östlichen Rand des Volksparks Mariendorf und ist das siebtgrößte Stadion Berlins. Erbaut wurde es 1935, also in der NS-Zeit, was man den Traversen aus Naturstein auch ansieht. Dennoch wirkt es nicht protzig und bettet sich harmonisch in die großzügige, lebendige Parkanlage und das dahinter gelegenen Sommerbad Mariendorf ein.

Seit 1984 findet hier jährlich im Sommer der „Tempelhofer Rocktreff" statt, das größte Amateurband-Festival in Berlin, bei dem schon manch vielversprechender Nachwuchs seinen ersten Live-Auftritt vor wohlwollendem Publikum absolvierte. Als 1994 die überdachte Tribüne mit 2.000 Plätzen fertiggestellt wurde, wurde sie von vielen als überdimensioniert empfunden. Der Bau beherbergt allerdings auch Umkleidekabinen, Funktionsräume etc., was für den Spielbetrieb auf den vorgelagerten zwei Kunstrasenplätzen und dem benachbarten Hockeyplatz sowie dem ebenfalls hier stattfindenden Schulsport dringend benötigt wird.

Das Stadion Mariendorf ist die Heimspielstätte des TSV Mariendorf 1897 und seit 2019 auch von Blau-Weiß 90. Der TSV ist 2016 aus der Fusion des TSV Helgoland 1897 mit dem Mariendorfer SV 06 entstanden, der „vertrauensvolle und konzentrierte Gespräche" vorausgegangen waren. Der so entstandene Großverein, der auf eine immerhin 130-jährige Geschichte zurückblicken kann, besteht aus ca. 1.800 Mitgliedern in 16 Abteilungen. Seit 2013 ist das Volksparkstadion Mariendorf Schauplatz einer neuen, besonderen Tradition, für die erklärtermaßen der 1. FC Union das Vorbild war: ein jährliches Adventsliedersingen an einem Sonntag vor Weihnachten. Verantwortlich dafür zeichnet Bernd Hahn, Vorstandsvorsitzender des TSV, dessen Frau Petra die Idee dazu hatte. Am Anfang kamen gerade mal 200 Leute, doch von Jahr zu Jahr werden es stetig mehr. Ziel ist es, die Verbundenheit der Menschen mit dem Stadtteil und der Nachbarschaft auszudrücken. Einen Ort und eine Heimat für derlei Aktivitäten bietet das Volksparkstadion allemal.

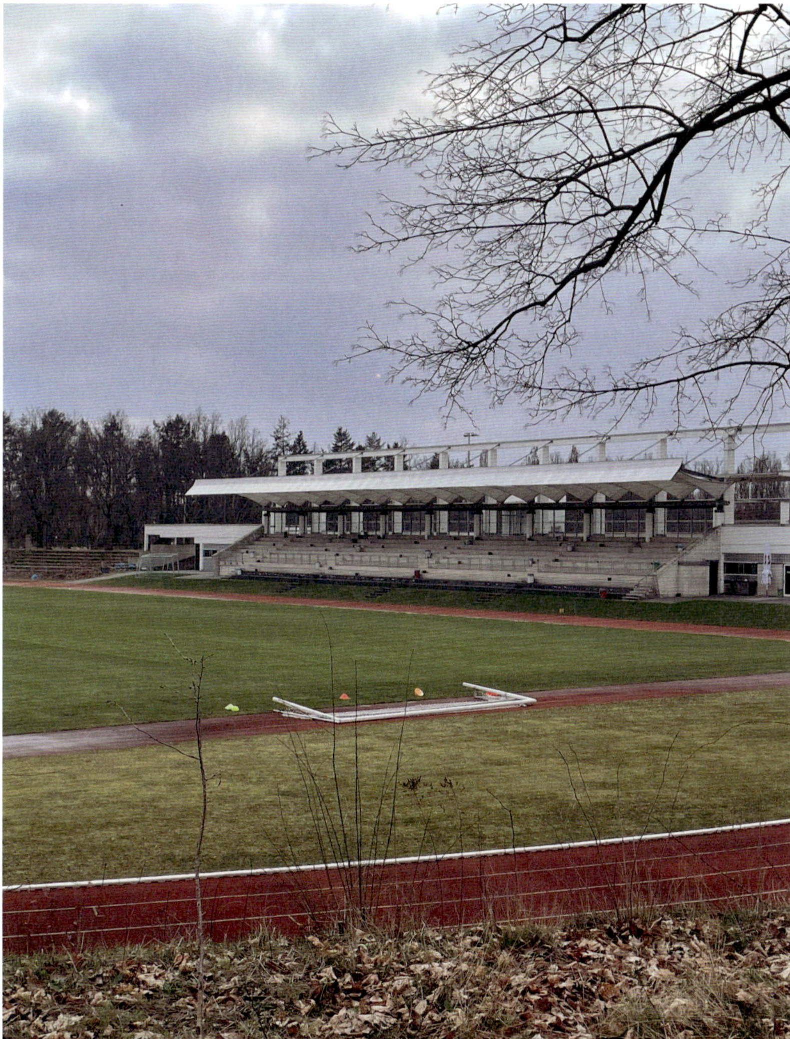

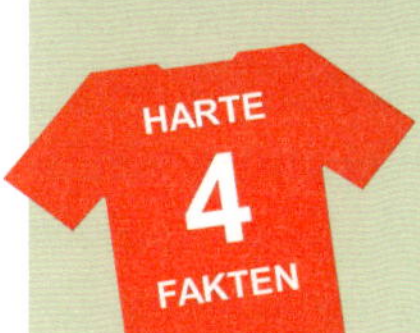

Adresse: Prühßstraße 90, 12109 Berlin

Fassungsvermögen: rund 10.000 Zuschauer

Tribüne: ca. 2.000 Plätze (überdacht)

Größter Erfolg Mariendorfer SV: Vizemeisterschaft in der Verbandsliga 1998/99

Sportanlage am Südkreuz / „Inter-Arena"

Mehr als ein Rückzugsort

Die Sportanlage am Südkreuz wird auch etwas hochtrabend „Inter-Arena" genannt. Dabei ist der FC Internationale 1980, der hier beheimatet ist, ein bodenständiger Kiezverein, der sich nicht über Erfolge, Spielklassen oder Tabellenstände definiert. Zugleich ist der Club ein bedeutender gesellschaftlicher Akteur, der durch zahlreiche Projekte und sein besonderes Engagement auf sich aufmerksam gemacht und dafür zahlreiche Preise eingeheimst hat. Das hat natürlich etwas mit der Gründungsgeschichte des Vereins zu tun, denn diese fällt in eine Zeit, in der sich bedeutende politische und gesellschaftliche Umbrüche vollzogen. Aber auch heute macht der Verein deutlich, dass Sport und soziales Engagement keinen Widerspruch darstellen. Im Gegenteil zeigen die Arbeit und die Erfolge des FC Internationale in den Bereichen Integration, Geschlechtergerechtigkeit oder Nachhaltigkeit exemplarisch, dass deutsches Vereinsleben keineswegs nur ein Rückzugsort von Menschen mit gleichen Interessen sein muss, sondern vielmehr auch zahlreiche Möglichkeiten politischer Teilhabe und gesellschaftlicher Gestaltung eröffnet.

Gleich gegenüber der Inter-Arena, auf der anderen Seite des Vorarlberger Damms, befindet sich die gleichnamige, weiträumige Sportanlage mit gleich drei Fußballplätzen. Und wenige Schritte weiter nördlich liegt der Dominicus-Sportplatz, der früher die Hauptspielstätte des FC Internationale 1980 war. Dieser ist ebenfalls Teil eines größeren Areals, nämlich des Willibald-Gebhardt-Sportzentrums, benannt nach dem Gründer der olympischen Bewegung in Deutschland. Früher zählte auch die Radrennbahn Schöneberg dazu, in deren Inneren in den 1990er-Jahren noch das American-Football-Team der Berlin Adler spielte und an deren Stelle nach dem Abriss 2005 ein Möbelhaus errichtet wurde. Die gesamte Gegend leidet unter dem permanenten Lärm der Stadtautobahn, die unmittelbar zwischen den Sportplätzen hindurchführt. Im Süden dagegen bilden die Schrebergartenkolonien des Schöneberger Südgeländes eine der größten zusammenhängenden Kleingartenflächen Berlins.

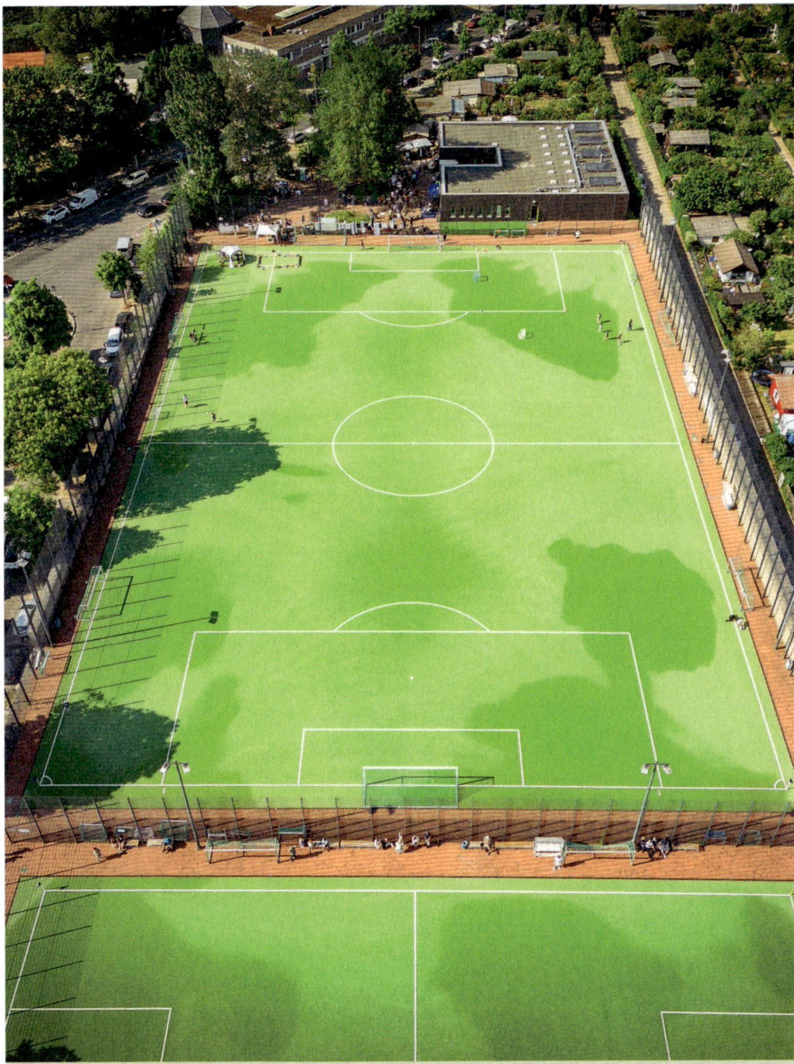

HARTE 4 FAKTEN

Adresse: Vorarlberger Damm 38, 12157 Berlin

Trikotwerbung FC Internationale. „No Racism"

Vision des FC Internationale: „Für eine Welt, in der Respekt und Vielfalt zum Selbstverständnis gehören."

Nutzer des Platzes am Vorarlberger Damm: 1. FC Schöneberg

Stadion Lichterfelde

Die Game-Changer

Wenn man das Stadion Lichterfelde betritt, fällt einem sofort die blaue Tartanbahn ins Auge, die es als Trainingsanlage für ausländische Sportler bei der Leichtathletik-Weltmeisterschaften 2009 – natürlich in Anlehnung an die blaue Laufbahn im Olympiastadion – erhielt. Überhaupt wirkt das Stadion, das in den 1920er-Jahren, also vor fast 100 Jahren erbaut wurde, erstaunlich modern – immerhin diente es sogar während der Fußball-Weltmeisterschaft 2006 sowohl der schwedischen als auch der brasilianischen Nationalmannschaft als Trainingsstätte. Bei einer Zuschauerkapazität von 4.300 darf es als „mittelgroß" gelten; tatsächlich besitzt das Stadion Lichterfelde Regionalliga-Tauglichkeit, weswegen Tasmania in der Saison 2021/22 hier gastierte.

Normalerweise hier zuhause ist allerdings die Fußballmannschaft des FC Viktoria 1889 Berlin Lichterfelde-Tempelhof e.V., wie der Verein mit vollem Namen heißt. Die „Himmelblauen", immerhin zweimaliger Deutscher Meister (1908 und 1911), verschmolzen 2013 mit dem angestammten Heimverein Lichterfelder FC 1892 und residieren seitdem am Ostpreußendamm. Der Verein hat durchaus höhere Ambitionen, musste sich allerdings nach einem zwischenzeitlichen Abenteuer in der 3. Liga wieder an die Regionalliga Nordost gewöhnen, wo man derzeit im Mittelfeld rangiert.

Größtes Highlight der letzten Jahre war allerdings das Aufstiegsspiel der Viktoria-Frauen gegen den Hamburger SV. Nachdem man die Saison 2022/23 in der Regionalliga mit nur drei Niederlagen und einem sensationellen Torverhältnis von 151 zu 15 abgeschlossen hatte, war man in der Relegation den von Horst Hrubesch trainierten HSV-Frauen unterlegen. Dennoch kamen nach einem 0:3 im Hinspiel noch 4.300 Zuschauer ins Stadion Lichterfelde – Zuschauerrekord und ausverkauft! 2023 war man also im Rennen um den Aufstieg in die 2. Liga (noch) gescheitert. Doch perspektivisch versteht sich die 2022 ausgegliederte Frauenabteilung des FC Viktoria Berlin, hinter der eine Gruppe von Investorinnen um die mehrfache Welt- und Europameisterin Ariane Hingst und Start-Up-Gründerin Verena Pausder steht, als „Game Changer".

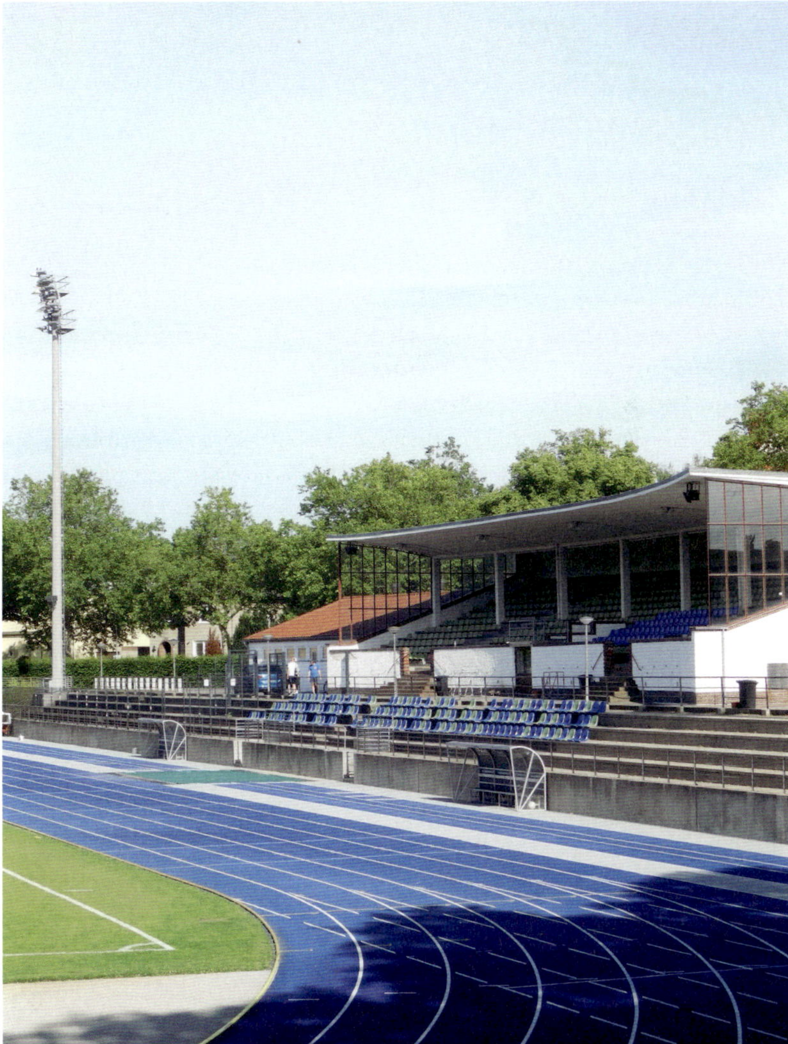

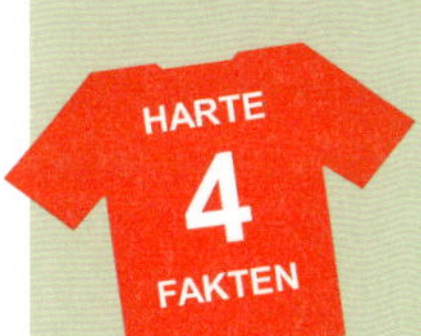

Adresse: Krahmerstraße 15, 12207 Berlin

Früherer Name: Adolf-Hitler-Stadion (1933 bis 1945)

Großer Verein: Deutschlands größte aktive Fußballabteilung mit mehr als 1.600 Mitgliedern in rund 65 verschiedenen Mannschaften

Starke Vision: „Wir wollen den Berliner Frauen-Fußball in die Bundesliga führen und den Frauen-Sport in ganz Deutschland nachhaltig verändern."

Preussenstadion

Zuschauerrekord in Berlins elfter Liga

Über das Preussenstadion in Lankwitz lassen sich viele unterschiedliche Geschichten erzählen, die kaum zusammenzupassen scheinen. Aber sie illustrieren alle zusammen die große Vielfalt des Berliner Fußballs. Da ist zunächst der BFC Preussen 1894, einer der ältesten Traditionsvereine Berlins mit klangvollem Namen, vielen Erfolgen und zahlreichen bekannten Spielern, darunter immerhin acht Nationalspieler – wenn auch die meisten in grauer Vorzeit, denn um die vorletzte Jahrhundertwende zählte man zu den erfolgreichsten Mannschaften Berlins. Dann ist da natürlich das Stadion selbst, das am 23. Oktober 1938 eröffnet wurde und einst ein beeindruckendes Fassungsvermögen von 20.000 Zuschauern aufwies. Zwar wurde die Anlage im Zweiten Weltkrieg zerstört und erst nach und nach wieder aufgebaut. Zu groß war das Stadion aber trotzdem noch. In den späten 1970er- und frühen 1980er-Jahren gehörte der Klub noch einmal zu den stärksten in West-Berlin, als drei Berliner Meistertitel und ebenso viele Siege im Pokal zu Buche standen.

Seit der Wende pendelten die Preussen zwischen Verbands- bzw. Berlin-Liga und Landesliga, wobei von 2005 bis 2009 ein zwischenzeitlicher Höhenflug in die NOFV-Oberliga gelang. Zuletzt standen namhafte Trainer im Preussenstadion an der Seitenlinie: 2014/15 machte Andreas „Zecke" Neuendorf zu Beginn seiner Trainerkarriere hier Station. Und von 2019 bis 2022 wurden die Preussen von keinem Geringeren als Welt- und Europameister Thomas Häßler trainiert, der den Job schließlich aufgrund gesundheitlicher Probleme aufgeben musste. Und last but not least war da noch Delay Sports! Elias Nerlich, Betreiber eines der meistgefolgten deutschsprachigen Twitch-Kanäle, und Sidney Friede, der seit dem Ende seiner Profi-Karriere ebenfalls als Live-Streamer aktiv ist, beschlossen 2021, einen Fußballverein zu gründen, der mittlerweile auf Instagram über eine halbe Million Follower aufweist (Stand Oktober 2023). Zum Saisonstart 2022 kamen mehr als 1.000 zumeist junge Fans aus ganz Deutschland ins Preussenstadion, um Nerlich, Friede und Co. spielen zu sehen. Zuschauerrekord für ein Spiel in Berlins elfter Liga!

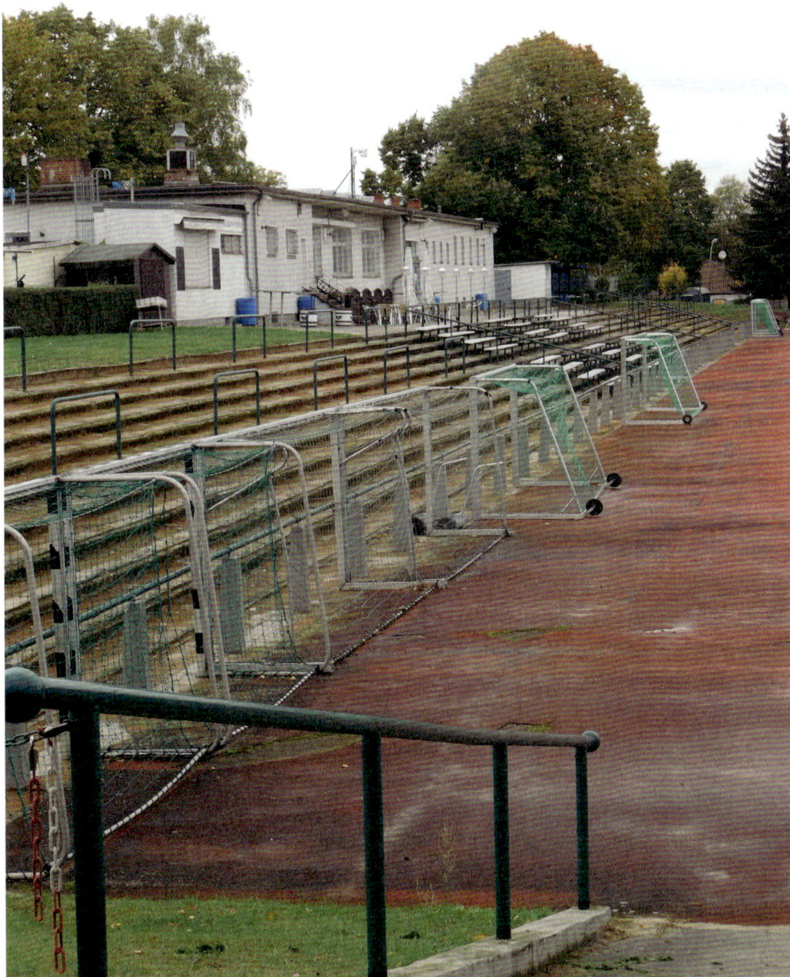

HARTE 4 FAKTEN

Adresse: Malteserstraße 24–36, 12249 Berlin

Schreibweise: seit jeher mit Doppel-s und nicht mit „ß"

Deutscher Nationalspieler: Edwin Dutton (eigentlich Brite, während des I. Weltkriegs im „Engländerlager" in Ruhleben interniert)

Unrühmliches Mitglied: DFB-Präsident Felix Linnemann (Amtszeit 1925–1945), während der NS-Zeit verantwortlich für Deportationen von Sinti und Roma

Stadion an der Windmühle

Nur Fliegen ist schöner

Der Neuköllner Ortsteil Britz hat sich seinen kleinstädtischen Charme bewahrt. Bekannt ist er vor allem wegen des Geländes der früheren Bundesgartenschau von 1985, das heute „Britzer Garten" heißt. Am südöstlichen Ausgang dieses ausgedehnten Naherholungsgebietes befindet sich das „Stadion an der Windmühle", dessen Name ebenfalls auf eine fast dörfliche Idylle verweist. Die Britzer Mühle ist eine von acht verbliebenen Windmühlen in Berlin und kann als technisches Denkmal nicht nur besichtigt werden, sondern ist voll funktionsfähig und produziert sogar eigenes Mehl. Der Verein Britzer Müllerei e.V. bietet überdies eine Ausbildung zum Diplom-Windmüller an, die man hier absolvieren kann.

Das Stadion selbst ist durchaus eindrucksvoll, aber auch ein wenig aus der Zeit gefallen. Die umlaufende Aschenbahn wirkt staubig, der Naturrasen-Platz ein wenig uneben, die Stehränge entlang der beiden Geraden etwas ramponiert und bemoost. Und doch kann man sich vorstellen, dass es bei Bratwurst und Bier hier gemütlich zugeht. Dafür sorgt der Heimverein, der SV Stern Britz 1889, der zu den ältesten Fußball-Clubs der Stadt zählt. Als Berliner FC Marbert gegründet, aber bald in BFC Stern 1889 umbenannt, spielte der Verein ursprünglich wie viele andere auf dem Tempelhofer Feld und gehörte sogar zu den Gründungsmitgliedern des Deutschen Fußball-Bundes. Größere Erfolge kann der SV Stern Britz 1889 nicht vorweisen, insbesondere seit 1945 war man nicht mehr höherklassig vertreten. Aber die 2023 gewonnene Meisterschaft in der Landesliga und der damit erreichte Aufstieg in die Berlin-Liga ließen die Hoffnungen der Sterne höher fliegen.

Apropos „höher fliegen": Größter Stolz des Vereins waren die „Bright Stars Berlin", die früher als Cheerleaderinnen des American-Football-Teams Berlin Thunderbirds antraten und seit 2013 als Cheerleading-Abteilung dem SV Stern Britz angehörten. Als mehrfacher Deutscher Meister und sogar Europameister waren die Bright Stars vereinsintern die bei weitem erfolgreichste Abteilung, bis sie sich 2022 selbstständig machten und einen eigenen Verein gründeten.

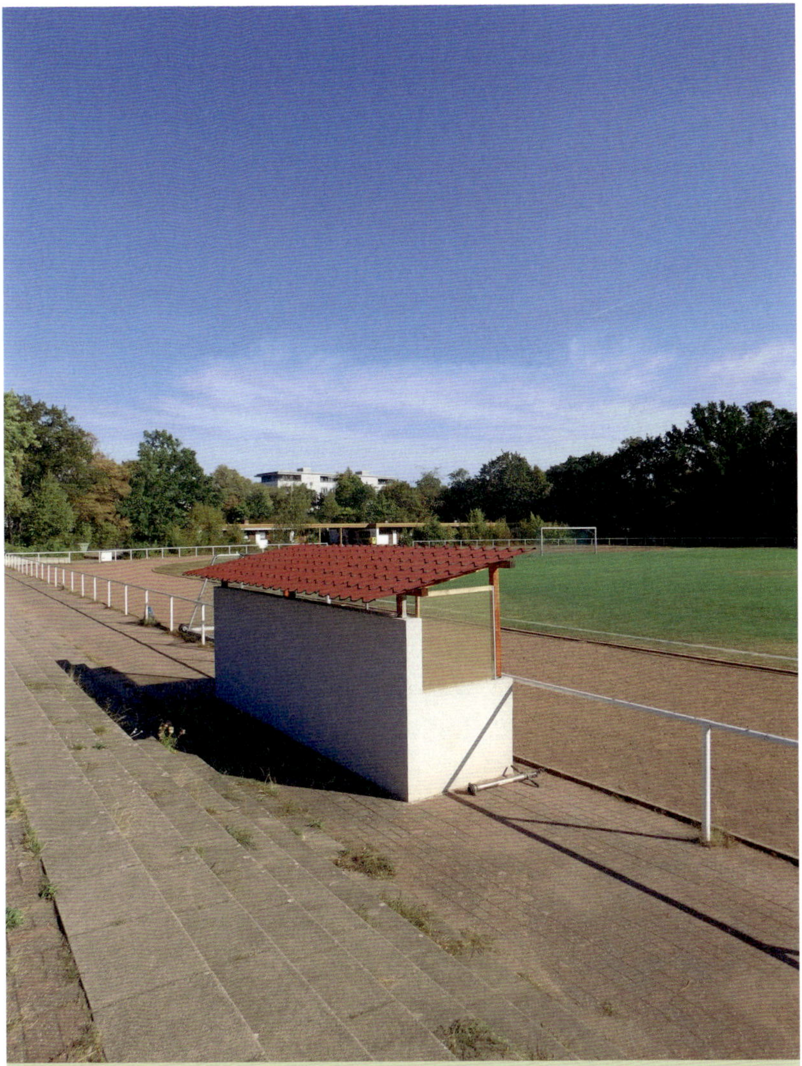

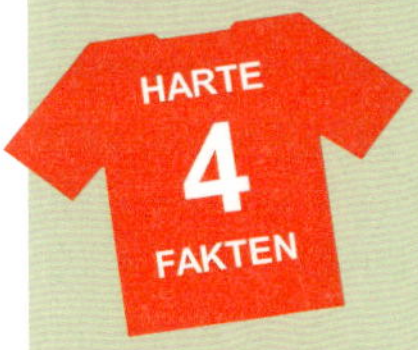

Adresse: Buckower Damm 150, 12349 Berlin

Fassungsvermögen: 5.000 Zuschauer

Fusion: 1973 mit SpVgg Britz-Süd 49 zum SV Stern Britz 1889

Bright Stars Berlin: https://brightstarsberlin.de/

Sportplatz Stubenrauchstraße

Die unangefochtene Nummer 1

Geradezu bedrohlich steht die Gropiusstadt dem Sportplatz an der Stubenrauchstraße gegenüber. Nur zwanzig Meter sind es hier, um aus dem von Einfamilienhäusern geprägten Rudow in die Wohnhochhäuser des Neuköllner Südens zu gelangen. Für den TSV Rudow ist es eine Verheißung, bietet der rund 4200 Mitglieder große Verein doch für die Kinder, Jugendlichen und Erwachsenen der Umgebung die Perspektive, im Kicken ihr Glück zu finden. Und dieses Glück scheint so beständig, dass der TSV nur noch wenige Saisons von seiner 30. Spielzeit in der Berlin-Liga entfernt ist. Als unangefochtene Nummer 1 in der ewigen Tabelle der höchsten BFV-Spielklasse gehören die Rudower zum festen Inventar des Berliner Fußballs. Darüber hinaus kamen die Südneuköllner allerdings nie, schnupperten lediglich in der zweiten Hälfte der 1980er-Jahre Drittligaluft, als sie in der Amateur-Oberliga mitspielten und hier sogar die alte Dame Hertha empfingen. Für die Blau-Weißen errichteten die Hausherren extra Tribünen am Rande ihres Schotterplatzes.

Historisch geht der Verein auf den Männer-Turn-Verein Jahn Rudow zurück, der im Jahr 1924 – längst hatte man sich auch für Frauen und Kinder geöffnet – vom Juliuspark an der Rudower Spinne auf eben diesen Platz an der Stubenrauchstraße zog. Jedoch erst elf Jahre später kam der TV Jahn zu seiner Fußball-Abteilung, als der von den Nazis verbotene „Arbeitersportverein Rudow 1912" dem Jahn notgedrungen beitrat und fortan mit dem klassischen Turnerkreuz auf der Brust spielte. Nach Auflösung durch die Alliierten und schrittweiser Wiederzulassung als SG Rudow ging schließlich ab 1949 ganz offiziell der TSV Rudow mit großem R im Wappen in den Spielbetrieb und feierte seither neben dem Fußball auch große Erfolge im Judo, Kegeln, Handball und Volleyball, stellte dort Deutsche Meister und Bundesliga-Mannschaften. In der Berlin-Liga gelang es den Fußballern zwei Mal auf dem 3. Platz abzuschließen und als erster Klub die magische Zahl von 1.000 Punkten in der ewigen Tabelle zu knacken. Wer den Sportplatz an der Stubenrauchstraße betritt, wird zur Linken vom Vereinscasino begrüßt. Was hier so gemütlich aussieht, hat System und allemal Tradition!

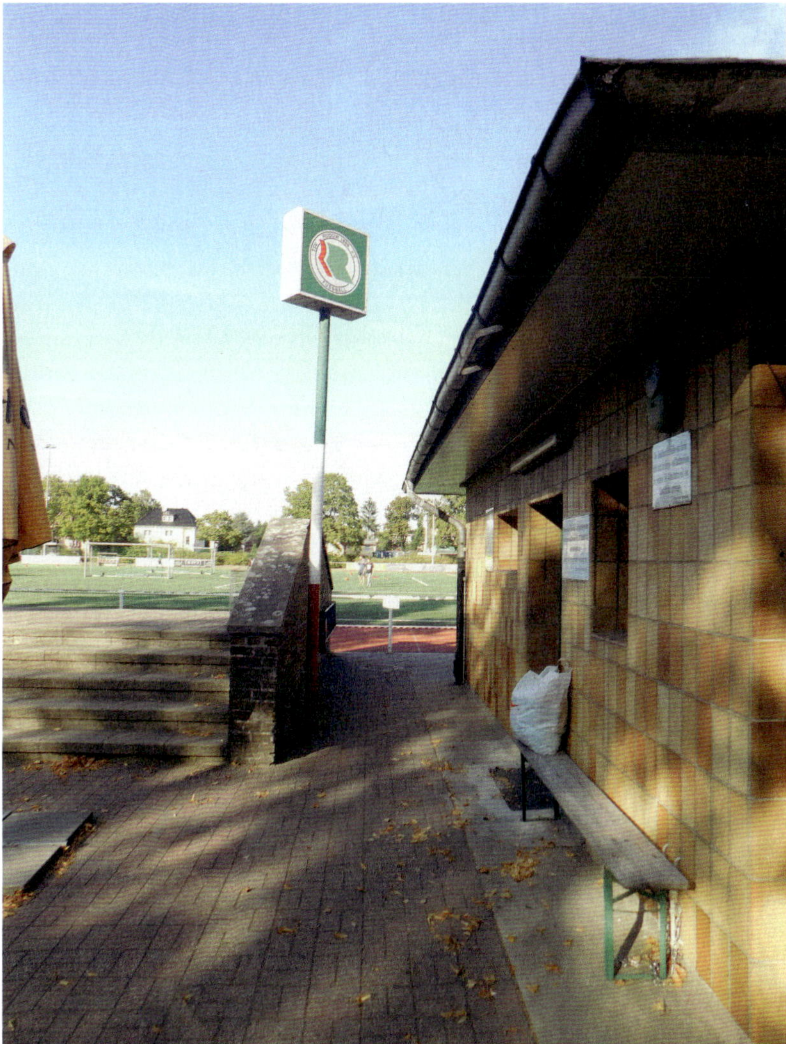

HARTE 4 FAKTEN

Adresse: Neuköllner Straße 277, 12357 Berlin

Zuschauerrekord: 5.000 Z., TSV Rudow 1888 vs. Hertha BSC 2:2 (1986/87)

Beliebt: Feriencamps Ostern, Sommer und Herbst für Kinder und Jugendliche

Spielerlegende: Christian Ziege (1981–1985 beim TSV, später Europameister 1996 & zweifacher UEFA-Cup-Sieger)

Willi-Sänger-Sportanlage

Arbeiter gründeten Gemeinschaften

Der „Speckgürtel“ Berlins, auch wenn man ihn damals noch nicht so genannt hat, war bereits Ende des 19. Jahrhunderts von großer Bedeutung. Während der „Berliner Gewerbeausstellung“ von 1896, die als „verhinderte Weltausstellung“ gilt, richtete sich die nationale Aufmerksamkeit auf die Gemeinde Treptow. Damals entwickelte sich der Sport in dieser Gegend rasant und war eng mit den Freizeitaktivitäten der Großstädter verbunden, die zur Erholung ins Umland strömten. 1900 errichteten die Arbeitersportler des ASV Fichte an der Eichbuschallee einen Sportplatz, dem weitere folgten. So entstand an der Köpenicker Chaussee ein Sportgelände mit vier nebeneinanderliegenden Plätzen, das mehreren Vereinen Heimat gab. Nach den Arbeitersportlern siedelten sich Aktive der Deutschen Glühlicht AG an, deren Firma die erste großangelegte Betriebssportanlage Berlins betrieb. Die „Sportliche Vereinigung der DGA“ fand 1912 Aufnahme im Verband Berliner Ballspielvereine, was ein Novum darstellte. Ohnehin spielte in jenen Jahren der Betriebssport vor allem in den zeitgenössischen Wachstumsbranchen eine bedeutende Rolle.

Der Arbeitersport, speziell der Arbeiterfußball, zog in der Zeit der Weimarer Republik Massen an. Der Arbeiter-Turn- und Sportbund organisierte einen regelmäßigen Spielbetrieb der Fußball-Mannschaften, den der DFB nach dem Ersten Weltkrieg als ernstzunehmende Konkurrenz ansah. Doch nicht nur der Sport, den die Arbeitersportler als Teil ihrer Emanzipation und Vorbereitung auf eine bessere Gesellschaft begriffen, stand für sie im Mittelpunkt. Neben der politischen Arbeit schätzten sie Geborgenheit im proletarischen Milieu, Bodenständigkeit und ein aktives Vereinsleben. Mit dem Beginn der NS-Diktatur wurden der Arbeitersport und seine Organisationen verboten. Auch „Fichte“ wurde aufgelöst und enteignet. Einige Aktive traten in bürgerliche Vereine ein, andere gründeten neue Gemeinschaften, die sich nach außen unpolitisch gaben. Nur wenige Sportler schlossen sich der Opposition gegen das Regime an. Willi Sänger, 1933 Vorsitzender des ASV Fichte im Berliner Südosten, ging in den Widerstand und wurde von den Nationalsozialisten am 21. Oktober 1944 ermordet.

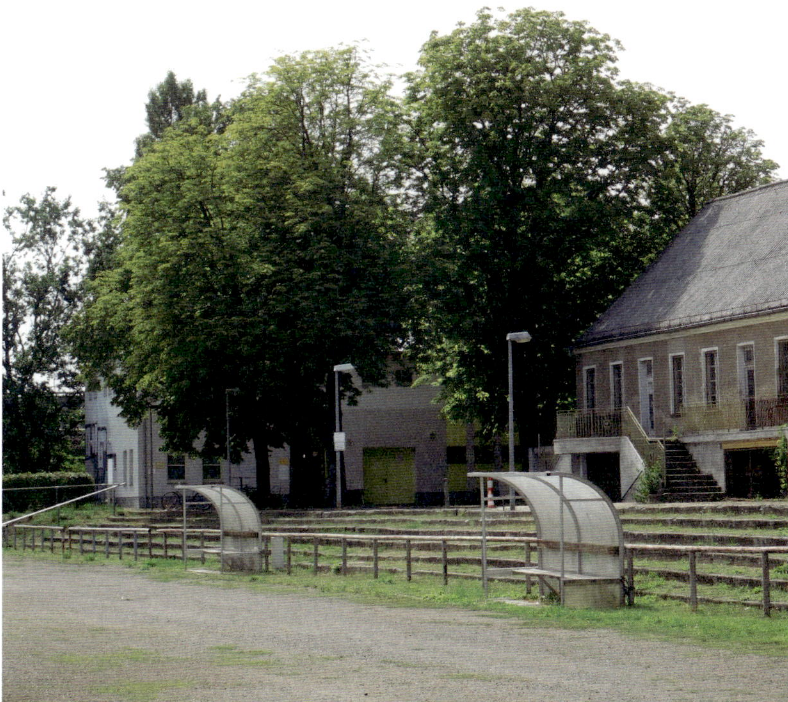

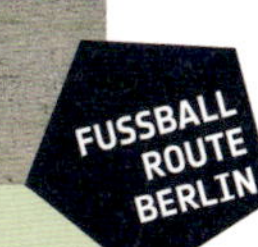

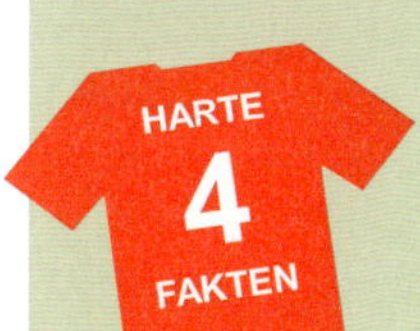

Adresse: Köpenicker Landstraße 186–218, 12437 Berlin

Mitglieder ASV Fichte: 10.000

Abteilungen: 48

Heute: je ein Kunst- & Naturrasen- sowie 1 nicht genutzter Schotterplatz plus 8 Tennisfelder

Stadion Altglienicke

Außenseiter im Sportsystem der DDR

Für viele Berliner ist Altglienicke Terra incognita. Der von Einfamilienhaussiedlungen geprägte Ortsteil erscheint dem Besucher weit ab vom Geschehen. Im Fußball spielt Altglienicke aber ordentlich mit und lässt zahlreiche Traditionsvereine der Stadt amateurhaft wirken. Der Fußball etablierte sich in Altglienicke 1909. Seine Entwicklung ist anfänglich gleichermaßen mit dem bürgerlichen wie mit dem Arbeitersport verbunden. Die Tradition des heutigen Regionalligisten VSG reicht im engeren Sinne bis in Nachkriegsjahre. 1949 gründeten Aktive den „Altglienicker Sportverein" (ASV) als lokale Sportorganisation. Diese war keinem Betrieb angegliedert, wie es sonst in der DDR üblich war.

Entgegen allen Forderungen gelang es den Verantwortlichen, über die gesamte DDR-Zeit die Unabhängigkeit des Vereins zu bewahren und ihrer Gründungsidee treu zu bleiben. Ihr Zugeständnis an die Vorgaben der SED bestand vor allem in der 1952 erfolgten Umbenennung – aus dem ASV wurde die „Volksport Gemeinschaft Altglienicke" (VSG). Das Stadion Altglienicke wurde unter großer Beteiligung der Sportler errichtet und 1951 als „Volksstadion" mit Aschenbahn und Tribünenrängen eröffnet. Nach mehreren Erweiterungen und einer umfassenden Sanierung erhielt es 2005 seine jetzige Gestalt.

Von den Ost-Berliner Amateur-Vereinen hat die VSG seit 1990 die wohl erstaunlichste Entwicklung vollzogen. Am Ende der ersten Saison des Gesamt-Berliner Spielbetriebs im Fußball, der nach dem Mauerfall und der Wiedervereinigung möglich wurde, stieg die Mannschaft in die Kreisliga A ab. Nach Jahren der sportlichen Bedeutungslosigkeit gelang seit dem Erreichen der Bezirksliga 2007 ein kontinuierlicher Aufstieg, der 2017 bis in die Regionalliga Nordost führte. Hier etablierte sich das Team als Spitzenmannschaft, die sich immer wieder berechtigte Hoffnungen auf den Aufstieg in die 3. Liga machen konnte. Da die Voraussetzungen in Altglienicke nicht gegeben sind, trägt die erste Mannschaft ihre Heimspiele im Jahn-Sportpark aus und präsentiert sich vor durchschnittlich ca. 600 Zuschauern inmitten der Großstadt.

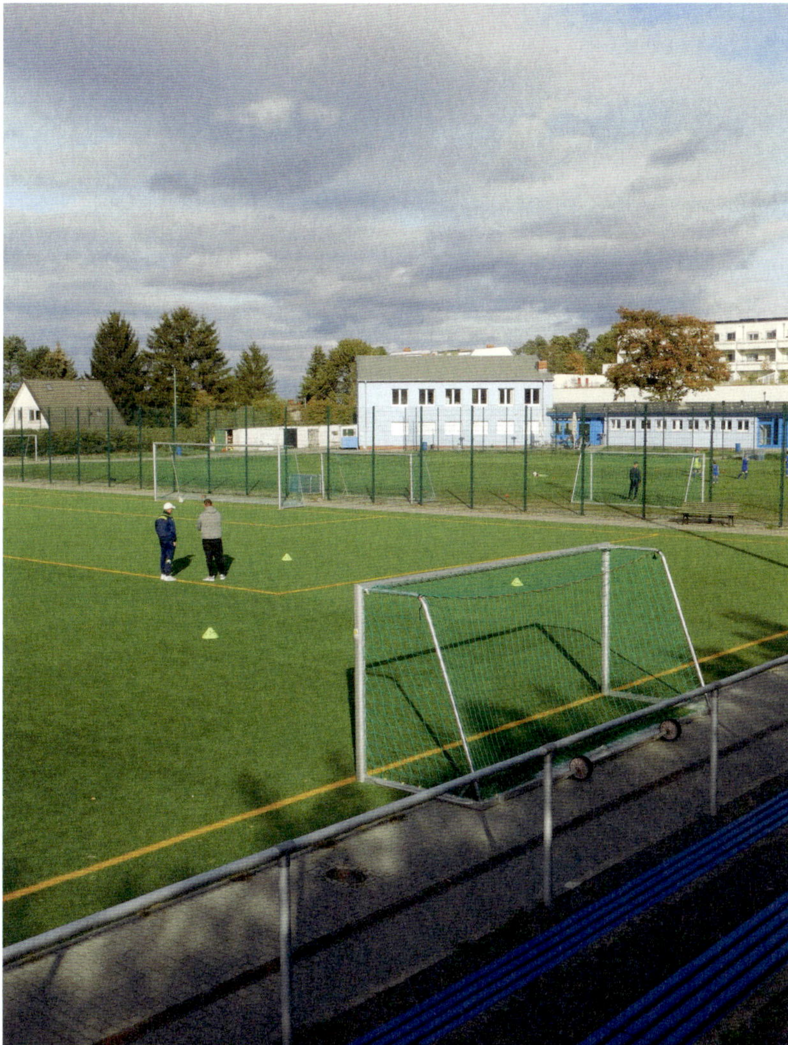

HARTE 4 FAKTEN

Adresse: Alter Schönefelder Weg 20, 12524 Berlin

Pokalsieg: 2020 Berliner Landespokal.

Ex-Profis: u.a. Francis Banecki, Lennart Hartmann, Chinedu Ede.

Promi- und Kultfaktor: Torsten Mattuschka als Co-Trainer des Vereins

Sportplatz Buntzelberg

„Heimkehrer" organisierten den Wiederanpfiff

1917, kurz vor dem Ende des Ersten Weltkriegs, gründeten Grünauer und Bohnsdorfer den Ballspiel-Club, wobei Bohnsdorf im Namen verschwiegen wurde, um nicht provinziell zu gelten. Den ursprünglichen Standort an der Uferbahn musste der Verein 1936 aufgeben und stattdessen die Anlage am Buntzelberg beziehen, die tatsächlich auf einer Schippe märkischen Sand liegt. Die Fußballer hatten damals den Bau der Regattastrecke für die Olympischen Spiele gestört, die im Berlin der NS-Zeit größte Priorität besaßen.

Nach dem Krieg rollte 1945 auch in Bohnsdorf bald wieder der Ball. Es kickte eine „Heimkehrer-Mannschaft", wie noch heute die Chronik verrät. Den Platz teilten sich die Fußballer des Grünauer BC mit den Kameraden aus Altglienicke und Mannschaften der sowjetischen Armee, die erst ab 1952 eine eigene Anlage nutzten. Sportlich erreichten die Grünauer einige Höhen im Jugendbereich und bei den Männern, die es bis in die DDR-Liga schafften.

1955 konnte die Renovierung des Sportplatzes gefeiert werden, von der das Platzhäuschen noch heute Bestand hat. Bei der Übergabe wurde große Politik im Kleinen praktiziert. Im August des Jahres hatte die DFB-Auswahl zu einem Freundschaftsspiel in Moskau gastiert, wobei sie von 1.500 mitreisenden Fans aus West- und Ostdeutschland begleitet wurde. Der Fußball-Diplomatie folgte die Adenauer-Reise in die Sowjetunion mit dem Ergebnis der gegenseitigen völkerrechtlichen Anerkennung sowie der Rückkehr der letzten deutschen Kriegsgefangenen. Als der aufgehübschte Buntzelberg freigegeben wurde, trat die Heimmannschaft gegen Hertha Zehlendorf aus West-Berlin an, was die DDR-Presse als „einen erneuten Baustein zur Einheit Deutschlands" wertete.

Doch Nachbarschaft kann auch Probleme bereiten, wie der Grünauer BC im Jahr seines 100. Jubiläums erfahren musste. Erstmals seit Jahrzehnten konnte der Verein keine A-Jugend melden, die komplett zur höherklassigen VSG Altglienicke einen Ortsteil weiter abgewandert war. Diese Lücke wurde inzwischen geschlossen und selbst das zwischenzeitlich verwaiste Casino empfängt wieder Gäste.

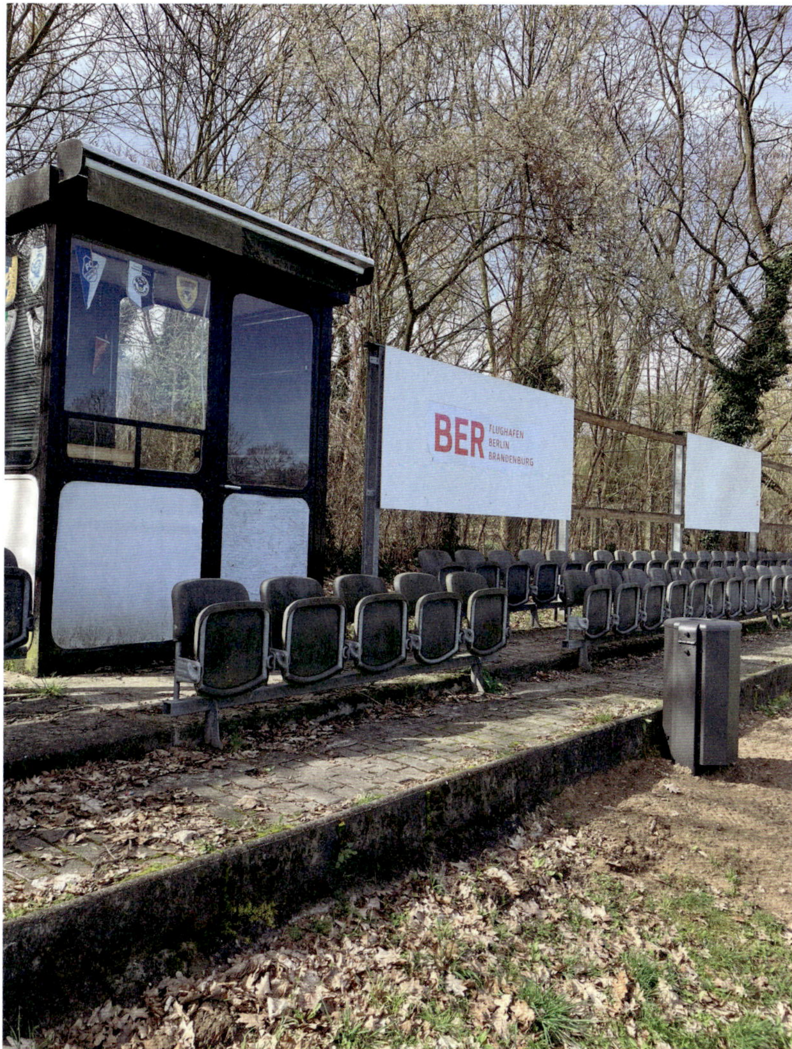

HARTE 4 FAKTEN

Adresse: Kirchsteig 101, 12524 Berlin

Jugend: 1947 Gründung einer Abteilung für Schüler, Jugend und Jungmänner

Sponsor I: 1962 staatliches Luftfahrtunternehmen der DDR; Verein wird zur BSG Lufthansa

Sponsor II: 2006 Baumarkt sponsert den Bau von zwei Kassenhäuschen

Kneipe „Abseitsfalle"

Auf einem blanken Tresen zwei Biere hingestellt

Könnte eine Kneipe sprechen, die „Abseitsfalle" hätte so einiges zu erzählen. Als der 1. FC Union in der zweiten Hälfte der 1990er-Jahre fast-mausetot war, ausschließlich negative Schlagzeilen machte und sogar der FC Bayern für ein Benefizspiel an die Alte Försterei kam, fassten sich die beiden Freunde Michael Frank und Volker Burwieck ein Herz. Im Verwaltungsgebäude des Vereins, gleich neben der damaligen Geschäftsstelle und dem Fanshop, eröffneten sie die „Abseitsfalle", die seither fester Anlaufpunkt für die Eisernen ist.

Im Laufe der Jahre schüttelte Union den Ruf des „unaufsteigbaren" Regionalligisten ab, rückte bis ins DFB-Pokalfinale vor und spielte im UEFA-Pokal, ging fast pleite, fiel erneut zurück in die Oberliga und etablierte sich ab 2008 wieder als Profiverein samt Bundesliga und internationalen Ausflügen nach Madrid, Neapel, Rotterdam und Haifa. Die „Abseitsfalle" war immer dabei und ist bei Heimspielen fester Treffpunkt für die eiserne Fanszene. Bis zu 1.000 Fans schauen hier vorbei, genießen ein Berliner und ‚ne Wurst. In Scharen stehen sie drinnen, draußen, belagern die Straße, quatschen, kieken und blödeln. Bei Auswärtsspielen bietet die „Falle" vielen Unionern die Möglichkeit, im Live-TV mitzufiebern. Aber auch Gästefans wurden hier in der Vergangenheit gern empfangen.

Nichtsdestotrotz ging es in dem Lokal auch mal handfest zu wie beispielsweise 2017, als Heimfans mit den Gästen der Queens Park Rangers aneinandergerieten. Genauso wurde sie allerdings auch schon Ziel von Attacken, etwa als Herthaner vor dem Hauptstadtderby die Fassade beschmierten. Inzwischen ist die Geschäftsstelle in den Stadionneubau umgezogen und Fanshops hat Union in der halben Stadt.

Die „Abseitsfalle" ist das Herz der Köpenicker geblieben, und vielleicht singt die rot-weiße Seele ja an einem späten Samstagabend so manches Mal den bekannten Silly-Klassiker etwas lauter mit: „Ick bin der letzte Kunde und immer noch nicht blau!"

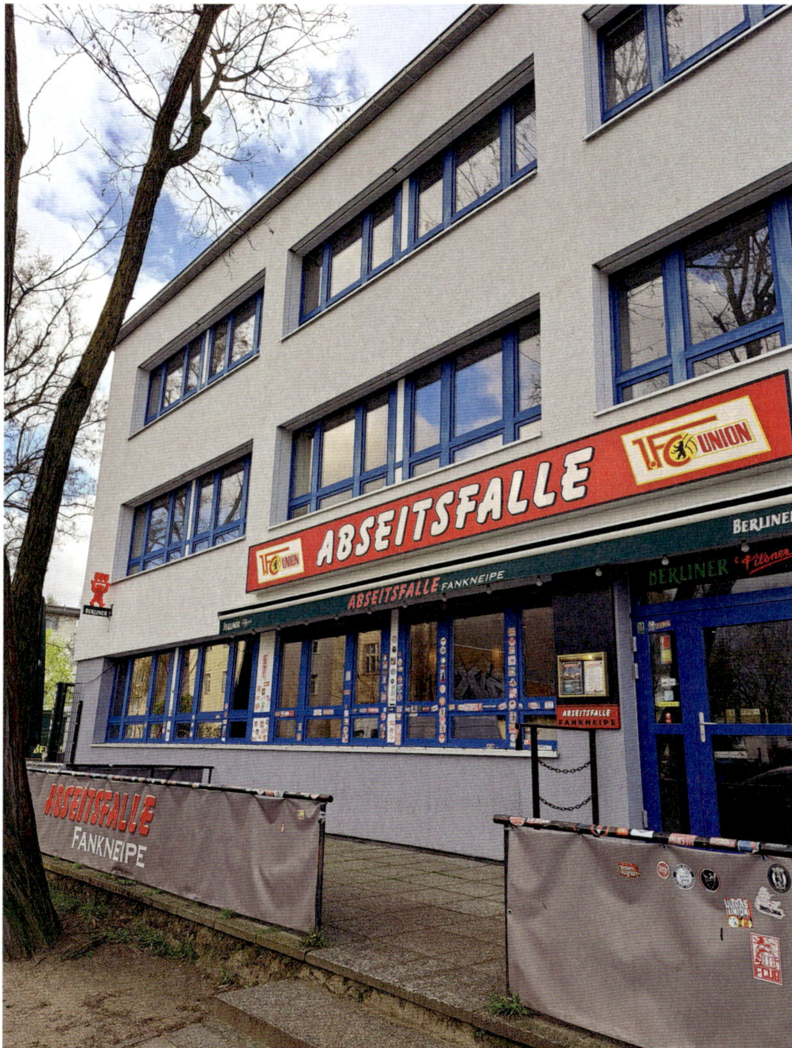

HARTE 4 FAKTEN

Adresse: Hämmerlingstraße 80–88, 12555 Berlin

Eröffnung: August 1997

Sitzplätze: 120

Öffnungszeiten: Di.–Do. und zu allen Spielen von Union

An der Alten Försterei I

Vertrieben nach Sadowa

Nach einigen Jahren des Fußballspiels auf den Badewiesen an der Spree auf Höhe Ostendstraße traf die Aktiven des jungen SC Union Oberschöneweide ein Schicksal, das viele Vereine Anfang des 20. Jahrhunderts im wachsenden Berlin und seiner Umgebung ereilte: Sie mussten der Stadtentwicklung und neuen Industriebauten weichen. Deshalb errichteten die Sportler im Jahre 1910 eine Anlage in der unweit gelegenen Wattstraße und wählten ein Vereinslokal an der Ecke zur heutigen Fritz-Kirsch-Zeile. Aber nach zehn Jahren war auch hier kein Bleiben, da das Gelände nun für Wohnhäuser „bebauungsreif" erklärt wurde. Die Unioner fühlten sich vertrieben! Sie flüchteten Richtung „Sadowa" und fanden einen Ort, an dem sie nicht nur heimisch wurden, sondern den sie heute einer Kultstätte gleichsetzen. Kurz vor dem Ortseingang von Köpenick, „An der Alten Försterei" und gegenüber dem Ausflugslokal mit Übernachtungsmöglichkeit „Sadowa", entstand das für 10.000 Zuschauer ausgelegte neue Stadion von Union Oberschöneweide, das 1920 mit einem Spiel gegen das damalige Spitzenteam des BFC Viktoria 1889 eingeweiht wurde.

Lange Jahre blieb es weit entfernt von der tobenden Berliner Innenstadt bei Union beschaulich, und der Verein schwankte zwischen kurzzeitigem Erfolg und häufigem Mittelmaß. Der Zweite Weltkrieg veränderte auch „An der Alten Försterei" das Leben der Sportler, die als Soldaten eingezogen wurden und zum Teil ihr Leben ließen. Er zerstörte aber auch die Idylle auf dem Gelände durch die Errichtung einer Stellung mit Fliegerabwehrkanonen. In den 1950er-Jahren wurde das Stadion für den Verein saniert. Als nach mehreren sportpolitisch begründeten Wechseln des Vereinsnamens 1966 der 1. FC Union gebildet und der Verein in das Oberhaus des DDR-Fußballs aufgestiegen war, verbesserte der Club die Trainingsbedingungen und die Tribünen. 1979 erreichte die „Alte Försterei", oftmals unter tatkräftiger Hilfe der Vereinsmitglieder, eine Kapazität von 25.000 Zuschauern. Schon in dieser Zeit herrschte in dem reinen Fußball-Stadion eine besondere Atmosphäre, die in Ost-Berlin und auf den Plätzen des DDR-Fußballs einmalig war.

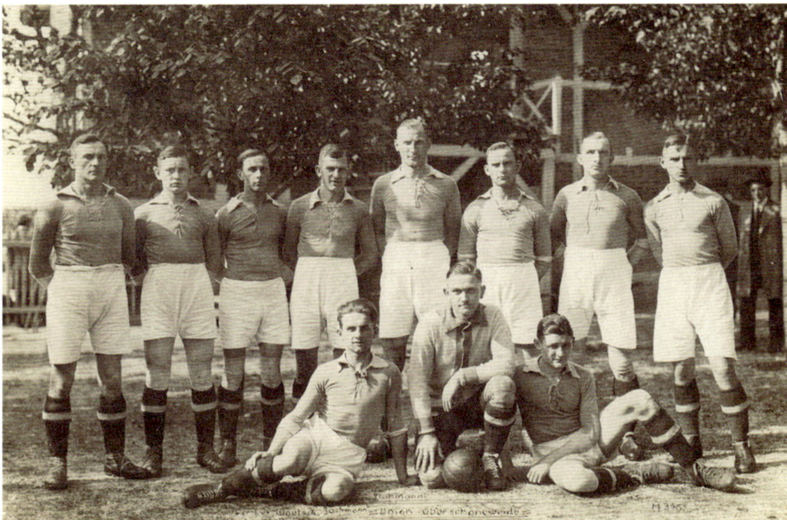

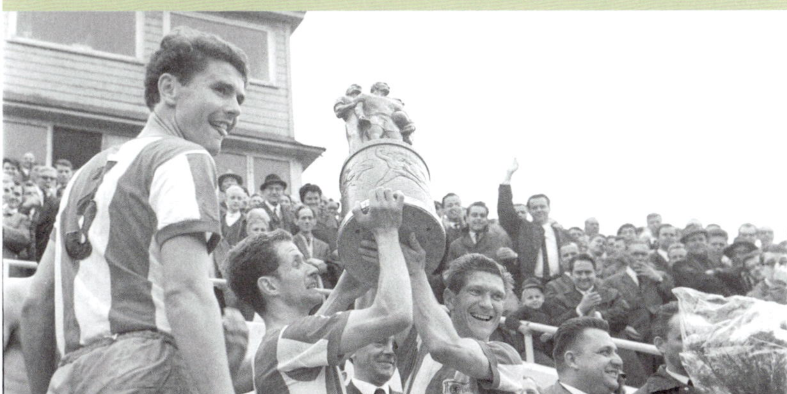

FUSSBALL ROUTE BERLIN

HARTE 4 FAKTEN

Adresse: An der Alten Försterei 263, 12555 Berlin

Berliner Meister: 1920, 1923, 1940, 1948

Endspiel um die „Viktoria“: 10.6.1923 Union OB gegen HSV 0:3

Früherer Spitzname: Blumentopp

An der Alten Försterei II

Das „Wohnzimmer" selbst gebaut

Die deutsche Wiedervereinigung führte auch beim 1. FC Union zu einem grundlegenden Umbruch. Nachdem das Gelände „An der Alten Försterei" in den Besitz der Stadt übergegangen war, entwickelte der Senat im Zuge der Olympia-Bewerbung für 2000 den Plan, an der Stelle ein neues Stadion zu errichten. Doch weder aus diesen hochfliegenden Ambitionen noch aus den Ideen der Clubführung des in den 1990er-Jahren kriselnden Vereins wurde Realität. Veränderungen konnten nur gering ausfallen, wodurch unter anderem die Anzeigetafel für den Spielstand mit Steckschildern bewahrt blieb.

Nach Aufstieg des Vereins in die Zweite Bundesliga 2001 wurde die Genehmigung für die Begegnungen in dieser Spielklasse nur vorläufig erteilt. Während der damalige Präsident auf einen Neubau setzte, gründeten Union-Fans die Initiative „proAF" zum Erhalt des Stadions. Über mehrere Etappen, in denen auch die Eigentumsrechte der „Alten Försterei" zugunsten des Vereins geklärt werden mussten, wurde die Entwicklung des Stadions in Angriff genommen. Die Aktion „Stadiongründer" gab ab 2005 den Fans die Möglichkeit, sich finanziell am Umbau zu beteiligen. Durch „Gründersteine", die im „Tunnel of Fame" unter der Anzeigetafel angebracht wurden, verewigten sich die Spender. Der 1. FC Union gewann 2009 die Meisterschaft der erstmals ausgespielten 3. Liga. Am 8. Juli gleichen Jahres konnte das Stadion „An der Alten Försterei" nach 13 Monaten Bauzeit, in denen rund 2.000 freiwillige Helfer fast 140.000 unentgeltliche Arbeitsstunden geleistet hatten, mit einem Freundschaftsspiel gegen Hertha BSC eingeweiht werden, die Kapazität lag nun bei fast 19.000 Zuschauern.

In einer zweiten Bauphase erweiterte der Club seine Heimspielstätte um die Haupttribüne mit 3.557 Plätzen. Auch hier wurden die Fans einbezogen und konnten eine „Alte-Försterei-Aktie" erwerben. Heute halten diese Besitzer rund 44 Prozent an der Stadionbetriebs AG. Die Aktionen um den Stadionbau brachten dem 1. FC Union, der 2019 in die 1. Bundesliga aufstieg, viel Aufmerksamkeit und Sympathie. Die Geschichte, dass die Fans an den Geschicken des Vereins beteiligt sind und ihre Fußball-Heimat weitgehend mitgestalten, beeindruckte nicht nur die Romantiker des Rasensports.

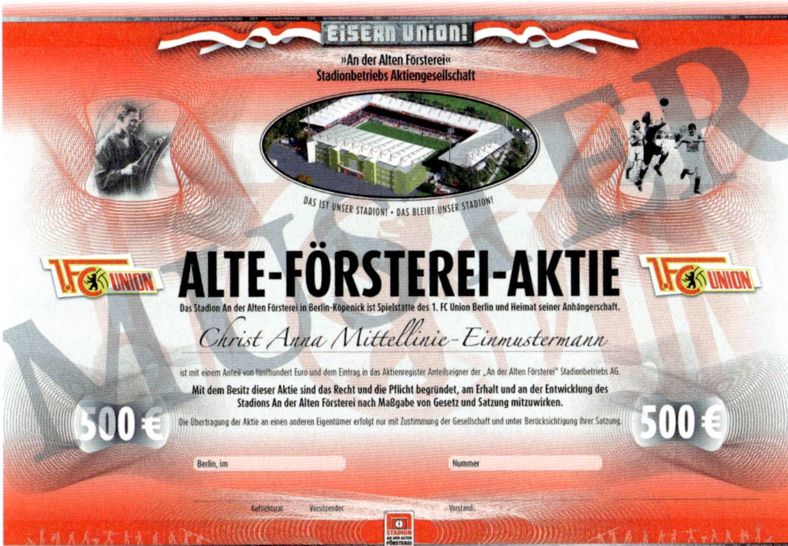

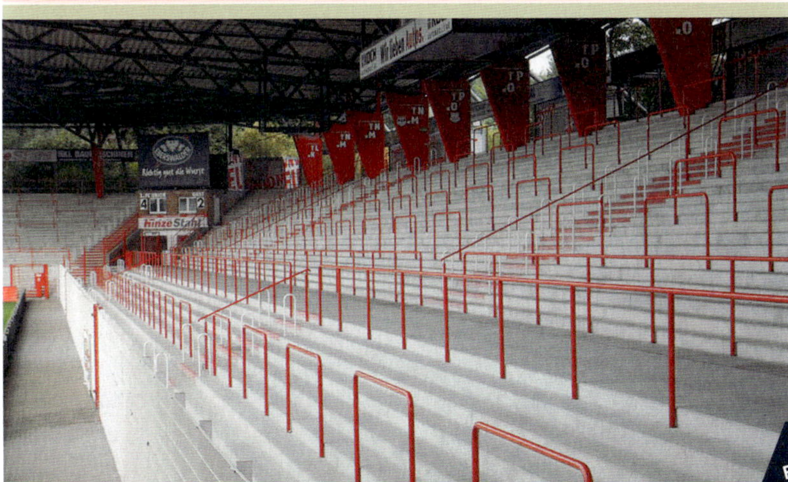

FUSSBALL ROUTE BERLIN

HARTE 4 FAKTEN

Adresse: An der Alten Försterei 263, 12555 Berlin

Symbolischer Preis: Union kauft das Stadion vom Senat für 1 Euro

Schippen fürs Finale: Februar 2001 befreien Fans den Platz für das DFB-Pokalhalbfinale gegen Mönchengladbach vom Schnee

1. Weihnachtssingen: 2003 mit 89 Mitgliedern des Fanclubs „Alt-Unioner"

Sportplatz am Wasserwerk

Wo JWD am schönsten ist

Zweifelsfrei gehört Friedrichshagen zu den schöneren Ortsteilen der Hauptstadt. Am Nordufer des Müggelsees gelegen, präsentiert man sich zwischen Spreetunnel und S-Bahnhof auf der Bölschestraße, dem Ku'damm des fernen Ostens, auch mal ganz mondän. Fußballerisch gibt der Friedrichshagener SV den Ton an. Seine Wurzeln reichen bis in das Jahr 1906 zurück, als die örtliche Sektion des ehemaligen BFC Viktoria 89 erstmals zu einem Fußballspiel gegen den FC Arminia-Urania antrat und mit 0:5 baden ging. In den nächsten Jahren entstanden weitere Klubs wie der SC Hohenzollern, den man beim heutigen FSV als Ursprungsverein von 1912 betrachtet. Schlagzeilen machte aber zunächst der FC Alemannia, der 1914 Groß-Berliner Meister im Arbeiter-Turnbund wurde, wohlgemerkt als Friedrichshagen noch sechs Jahre von der Eingemeindung nach Berlin entfernt war. Nach dem Ende des Deutschen Kaiserreichs wurde der SC Hohenzollern in SC Burgund umbenannt und avancierte zu einem wahren Publikumsliebling. Meist über 1.000 Fußballfreunde pilgerten zum Hirschgartendreieck, denn die heutige Heimat am Wasserwerk sollte erst Jahre später entstehen. Bis dahin arbeiteten sich die Burgunder aber noch in die damalige 2. Liga, die Bezirksklasse, vor.

Nach dem Zweiten Weltkrieg schließlich entstand nordwestlich des Wasserwerks der heutige Sportplatz, umgangssprachlich „Rote Erde" genannt. Die nunmehr als SG Friedrichshagen und – DDR-untypisch – ohne Trägerbetrieb antretenden Kicker erlebten ab 1966 ihre besten Zeiten, spielten einige Jahre in der drittklassigen Bezirksliga, wurden 1973 sogar Berliner Vizemeister hinter Einheit Pankow und stellten mit Peter Schmidt und Ilko Kowalczuk zwei Männer für die Berliner Stadtauswahl.

Nach der Wende erhielt der Klub seinen alten Namen zurück, während die Ortsrivalen von der ehemaligen BSG Turbine Wasserwerke nunmehr als Eintracht aufliefen. Im Jahr 2007 schließlich schlossen sich beide Vereine zum Friedrichshagener SV mit rund 500 Mitgliedern zusammen. Als FSV ging es zwar nie über die Bezirksliga hinaus. Dennoch konnte die Jugend in den letzten Jahren auftrumpfen und erreichte 2023 das Berliner U17-Pokalfinale, in dem sie sich allerdings dem 1. FC Union geschlagen geben musste.

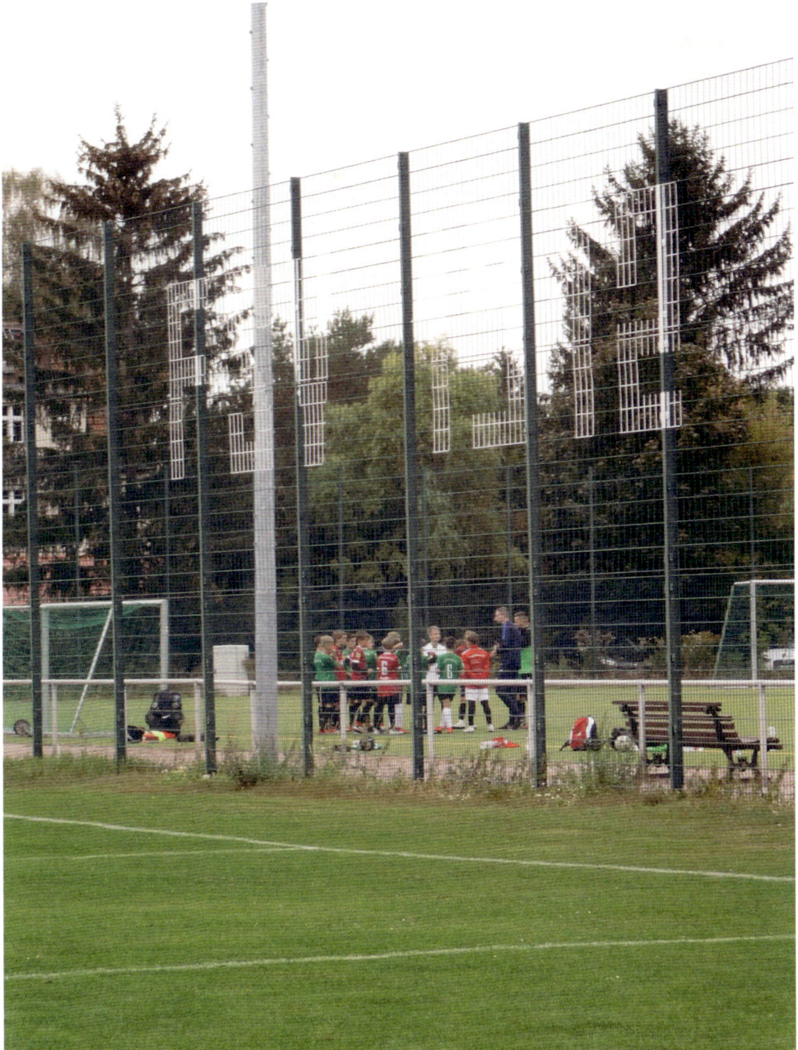

HARTE 4 FAKTEN

Adresse: Fürstenwalder Damm 570, 12587 Berlin

Zuschauerrekord: 2.800 gegen Lichtenberg 47 (0:5, 8. April 1966)

Vereinsfarben: Grün-Weiß-Rot-Schwarz

Ehem. Promi-Trainer: Heinz Kaulmann (DDR-Torschützenkönig 1957)

Sportplatz Am Rosenhag

Wo die Veilchen blühn

Gehört das noch zu Berlin? Natürlich, aber viele Meter sind es nicht, die Eintracht Mahlsdorf von der Stadtgrenze trennen. Kaum ein Sportplatz der Hauptstadt ist so nah an dem, was die Berliner mit „jwd" abkürzen: janz weit draußen. Bevor die Veilchen aus dem äußersten Osten an den Rosenhag durften, turnten und kickten sie 25 Jahre lang weiter südlich, zunächst nahe des Bahnhofs Mahlsdorf, dann bei der damaligen Gemeindeschule. Mit der Eingemeindung nach Berlin erhielten die Sportler eine Fläche im Norden des Stadtteils, die sie eigenhändig herrichteten und die seit 1921 nun ihre Heimat ist.

Inzwischen hatten sich die Eintracht und auch der FC Adler Mahlsdorf längst dem Arbeitersport angeschlossen, organisierten Spiel- und Wettkampfbetrieb sowie Sportfeste. Die nationalsozialistische Herrschaft allerdings beendete das eigenständige Vereinsleben, zwang den TV Eintracht schon 1933 zur Selbstauflösung, während die Adler noch bis 1938 bestehen blieben und sich dann in VfL Mahlsdorf umbenennen mussten. Und auch der Zweite Weltkrieg ging nicht spurlos am Rosenhag vorbei, eine Fliegerbombe zerstörte die Umkleidekabine.

Mit Kriegsende und dem beginnenden Neuaufbau kehrten die Mahlsdorfer zunächst zur Tradition zurück, gründeten aus der anfänglichen Sportgruppe 1949 die SG Eintracht Mahlsdorf und etablierten peu à peu den Breitensport. Als man bereits 400 Mitglieder zählte, folgte 1955 der Zusammenschluss mit der BSG Medizin Lichtenberg und damit die Eingliederung in das Sportsystem der DDR unter dem Dach des Gesundheitswesens. Die Betriebssportgemeinschaft wuchs bis 1990 auf weit über 1.000 Mitglieder und nahm nach der Wende den alten Namen wieder an. Sportlich erfolgreich wurde es für Eintracht Mahlsdorf allerdings erst nach dem Millennium, auf 17 Jahre in Berlins höchster Liga folgte 2021 der Aufstieg in die überregionale Oberliga Nordost. Jetzt empfängt man am Rosenhag unter anderem Klubs aus Rostock, Frankfurt und Schwerin und aus „janz weit draußen" wurde Fußball „janz weit oben" – zumindest ein bisschen.

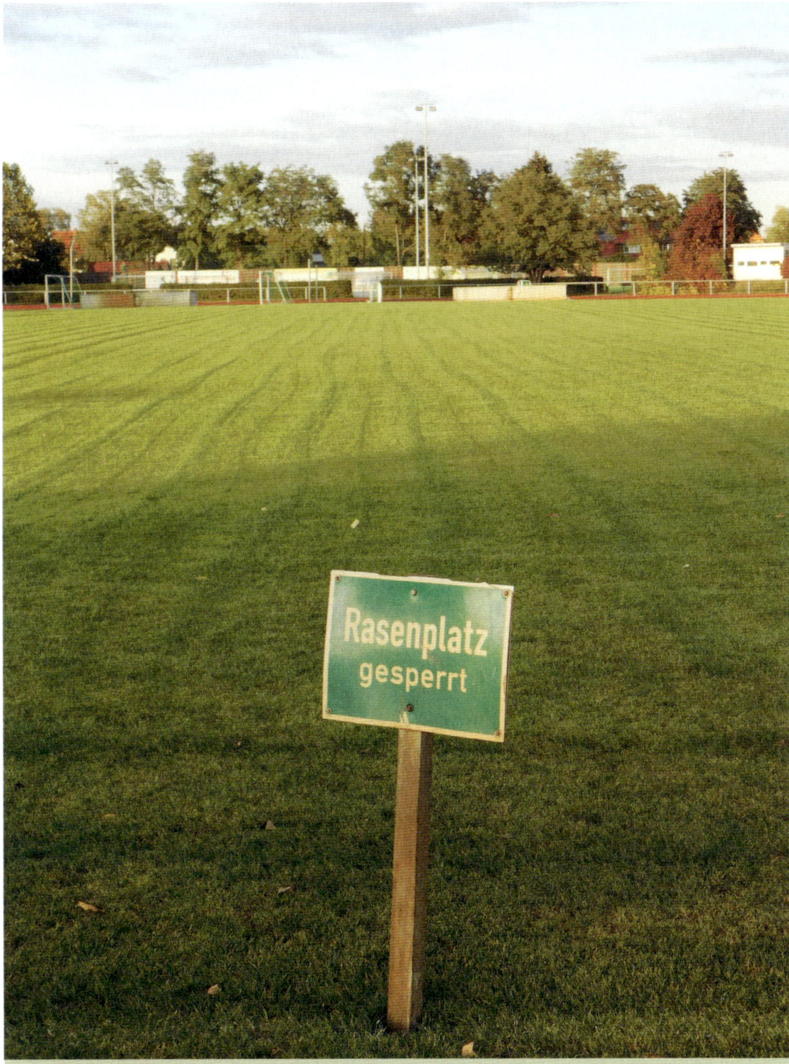

HARTE 4 FAKTEN

Adresse: Melanchthonstraße 52, 12623 Berlin

Luftlinie bis zum Stadtrand: 350 Meter

Senioren-Promi: Frank Schöbel (DDR-Schlager-Star; „Der Fußball ist rund wie die Welt")

Fauxpas: 1996 das 100. Vereinsjubiläum mit einem Spiel gegen Eintracht Frankfurt ein Jahr zu früh gefeiert

Sportplatz am Grabensprung

Huths Heimat

Gerade einmal zwanzig Minuten sind es vom Alexanderplatz mit der U-Bahn bis nach Biesdorf-Süd und doch fühlt sich hier alles viel mehr nach Vorstadt an. Die aneinandergereihten Einfamilienhäuser prägen das Bild des südlichen Ortsteils von Marzahn-Hellersdorf. Und mittendrin, gleich neben dem Baggersee, liegt die Heimat des VfB Fortuna. Die Grün-Weißen können auf eine lange Geschichte zurückblicken. Gegründet im Jahr 1905 als Turnverein Jahn, standen zunächst eher das Turnen und die Leichtathletik im Vordergrund. Erst in den 1930ern wurde Fußball populärer, denn nach der zwangsweisen Angliederung der Freien Turnerschaft wurde der Turnverein Jahn zum Zentrum des Biesdorfer Sports. Zu jener Zeit und noch bis Mitte der 1970er spielten die Biesdorfer rund 300 Meter weiter nördlich auf dem Sportplatz, den sie als Festung bezeichneten und auf dem sie 1963 Stadtmeister von Ost-Berlin wurden. Doch dann entschloss sich die Deutsche Reichsbahn, den Außenring von Berlin auszubauen, und der Platz musste für das Biesdorfer Kreuz weichen. Und so zog es die seit 1949 als Fortuna antretenden Sportler 1976 an den Grabensprung, wo man bis heute kickt.

Doch die Fortunen blieben nicht die einzigen. Ab Mitte der 1980er kickten auch die BSG Konsum und nach der Wende ihr Nachfolgeverein, der BSC Marzahn, südlich der Bundesstraße 1. Immerhin zwei Jahre hielt es den BSC, der im Januar 1995 mit dem BSV Spindlersfeld fusioniert war, in Berlins höchster Spielklasse. Doch dann kam es zur direkten Wachablösung, stiegen die Fortunen auf und können heute auf stolze neun Jahre in der Verbands- bzw. Berlin-Liga zurückblicken. Und wer meint, hier gäbe es doch weit und breit keine große Fußballgeschichte zu erzählen, der werfe einen Blick in das Jahr 1998. Damals machte sich der vierzehnjährige Robert Huth auf, wechselte zum 1. FC Union und bald weiter zum FC Chelsea, wurde dreimal englischer Meister und spielte 19-mal für die deutsche Nationalmannschaft. Den Grundstein für seine Erfolge legten sie hier, mitten in Biesdorf.

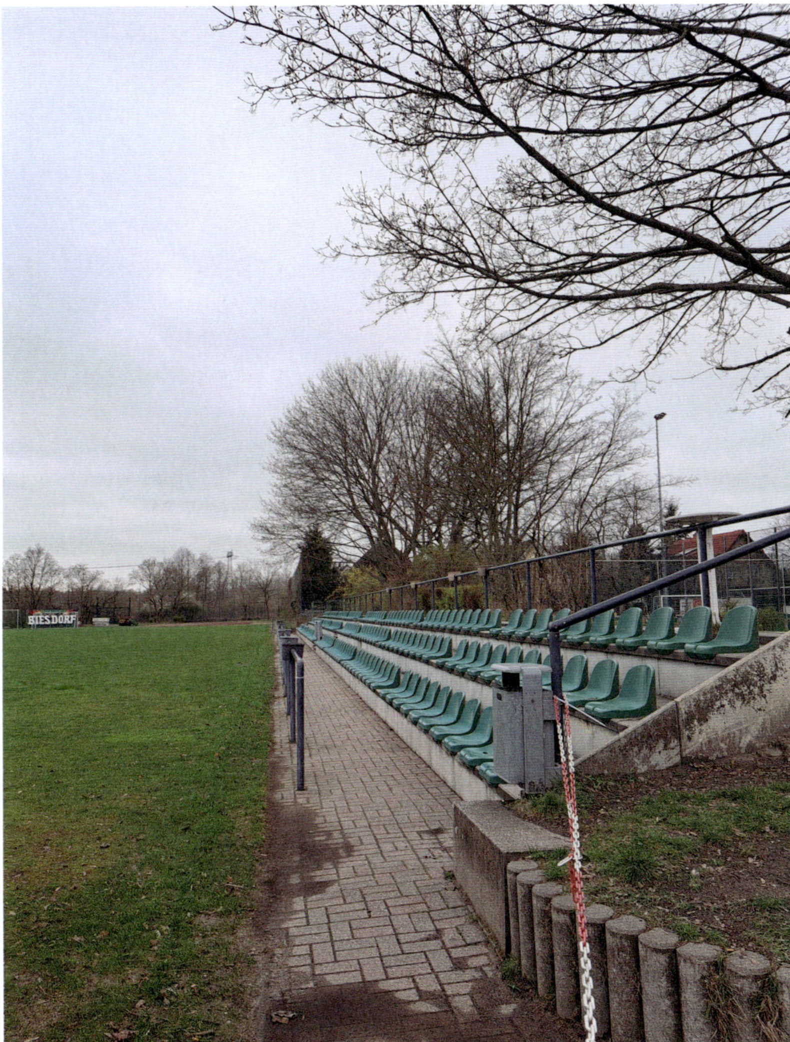

HARTE 4 FAKTEN

Adresse: Grabensprung 56, 12683 Berlin

Spitzname von Robert Huth in England: The Berlin Wall

Kapazität: 1.000 Zuschauer, inklusive 240 Sitzplätze

DDR-Trägerbetrieb von Fortuna: VEB Landbau

Sportplatz Schönagelstraße

Marzahn, mon Amour

Nahe der Kreuzung von Blumberger Damm und Landsberger Allee liegt der ganze Stolz des Berliner SC Marzahn. Seit nunmehr 1999 ist der Klub an der Schönagelstraße zu Hause, mit den Einfamilienhäusern im Rücken und den mächtigen Plattenbauten vor der Nase. Der Verein ging aus gleich zwei Betriebssportgemeinschaften hervor: aus der zeitweise in der DDR-Liga spielenden BSG Rotation Berlin, die ursprünglich im Spindlersfelder Ernst-Grube-Stadion beheimatet war, und der BSG Konsum, die als klassischer Breitensportverein auf verschiedenen Plätzen des heutigen Marzahn-Hellersdorfs spielte. Als der Rotation-Nachfolger BSV Spindlersfeld zu Beginn der 1990er-Jahre Konkurs anmelden musste, fusionierten die beiden Mannschaften im laufenden Spielbetrieb zum BSC Marzahn und provozierten mit dieser vermeintlichen Wettbewerbsverzerrung allerhand Konkurrenten. In der Folge sah sich der Berliner Fußball-Verband gezwungen, Vereinsfusionen, die zum unterjährigen Ausfall in einer Liga führen, zu untersagen.

Spielte der neue Verein anfangs noch in der Verbandsliga, damals immerhin die vierthöchste Liga Deutschlands, versanken die Männer bald in den sportlichen Niederungen. Dafür schlug ab der zweiten Hälfte der 2000er-Jahre die Stunde der Frauen. Diese wurden 2009 Berliner Meister und stiegen in die drittklassige Regionalliga Nordost auf, in der sie sich zehn Spielzeiten halten konnten. Kurioserweise wurden die Marzahnerinnen sogar einmal Tabellenletzte, hielten aber aufgrund des Rückzugs der TeBe-Frauen die Liga. Dem gegenüber steht mit dem dritten Tabellenplatz die Bestleistung in der Saison 2016/17. Im Jahr 2019 schließlich endete die Zeit in der Regionalliga, und nach einem weiteren Jahr in der Verbandsliga löste sich die Frauen-Mannschaft auf. Was wie ein typischer Verlauf einer zeitweise erfolgreichen Frauen-Mannschaft aussieht, erfuhr glücklicherweise nach nur kurzer Zeit eine Fortsetzung: Seit 2021 treten die Marzahnerinnen wieder im Spielbetrieb an.

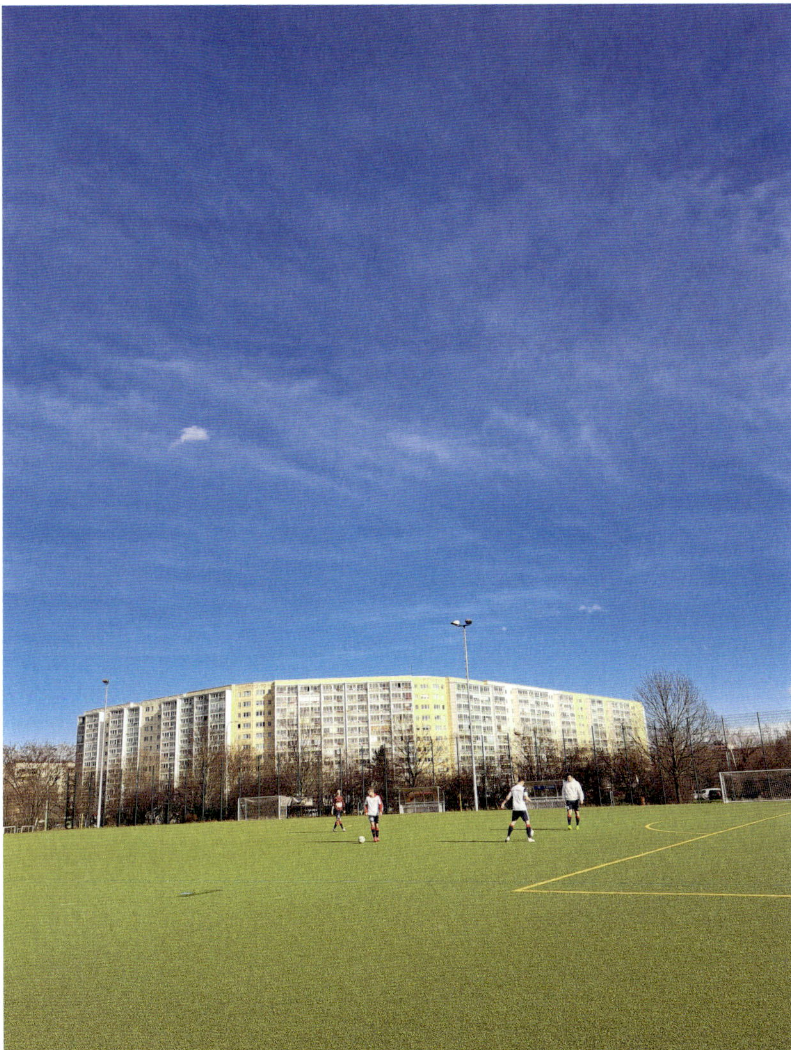

HARTE 4 FAKTEN

Adresse: Schönagelstraße 70, 12685 Berlin

Vereinsfarben: Blau-Weiß

Regionalliga-Siege: 68 in 210 Spielen

Nationalspielerinnen: Christina Kokoviadou, Adela Ratu, Barbara Kopácsi

Rudolf-Virchow-Sportpark

Budenzauber mit den Talenten von morgen

Was im ersten Moment nach einer größeren Schulturnhalle aussieht und – zugegeben – etwas überraschend im Portfolio der Berliner Fußballerinnerungen auftaucht, war ab den 2000er-Jahren immerhin ganze sechzehn Mal Austragungsort des größten deutschen Jugendturniers. Im Rudolf-Virchow-Sportpark, gelegen im äußersten Nordosten von Marzahn, lud der RBC Berlin ab 2004 jährlich zum Range-Bau-Cup der B-Junioren ein. Der Initiator, Ronny Range, war einst selbst Torwart in der zweitklassigen DDR-Liga und später in der drittklassigen Oberliga Nordost, spielte für Post Neubrandenburg und unter anderem auch den SV Lichtenberg 47.

Als Trainer seines Sohnes Leroy beim 1. FC Marzahn fasste er sich getreu dem Motto „Das können wir auch und wir können das größer" ein Herz und stemmte bis 2020 jedes Jahr ein Hallenturnier für rund 300 Jugendliche aus allen Teilen der Republik. Das Ziel: Kleinen Vereinen die Chance geben, sich gegen die großen zu beweisen! Neben den Lokalmatadoren von Union, Hertha und TeBe traten stets auch die Bezirksmeister von Marzahn-Hellersdorf an, nahmen es mit den Nachwuchsleistungszentren von Hansa Rostock, dem 1. FC Nürnberg oder den Roten Bullen aus Leipzig und Salzburg auf.

Das Turnier war aber nicht nur ideal, um den grauen Winter zu überbrücken. Auch Talent-Scouts nutzten die Gelegenheit, um begabte Nachwuchsspieler zu entdecken. Die Rundum-Bande sorgte für schnelles Tempo und besten Budenzauber. Manches Mal wurde es auch auf den Rängen etwas lauter, wenn Union, der BFC Dynamo oder Hansa im Turnier weit vorrücken konnten.

Seit der Corona-Pandemie nun ruht der Ball am Blumberger Damm, geblieben sind aber einige schöne Erinnerungen und die Hoffnung, dass es bald wieder heiße Sohlen gibt!

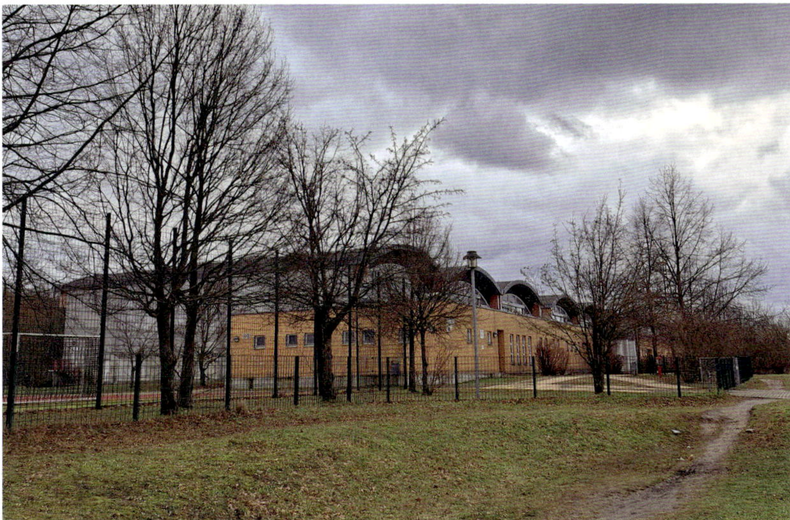

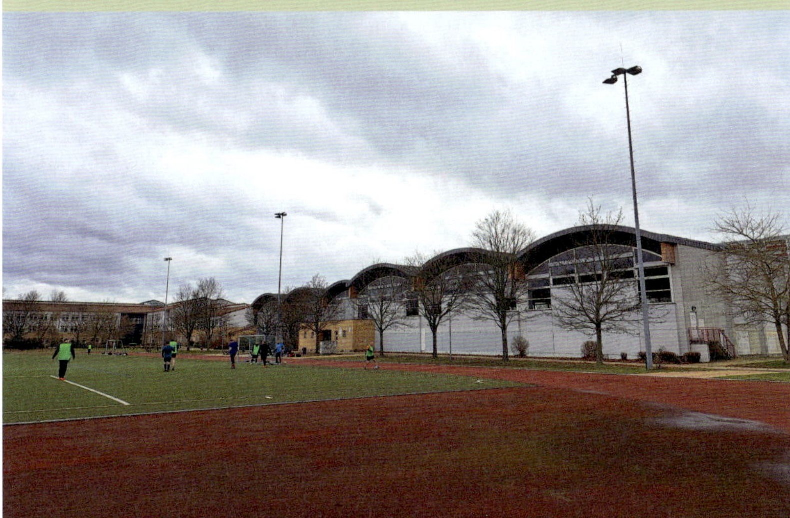

HARTE 4 FAKTEN

Adresse: Blumberger Damm 300, 12687 Berlin

Erster Sieger: Empor Berlin

Weiteste Anreise: Stadtauswahl Kairo

Rekordsieger: 1. FC Nürnberg, RedBull Salzburg, RasenBallsport Leipzig (je 2x)

Stadion im Sportforum Hohenschönhausen

Siebzigjähriges Sportimperium im Nordosten

Ein bisschen ist hier die Zeit stehen geblieben. Wer das Stadion auf Europas größtem Sportgelände betritt, der taucht nicht nur tief ein in die Geschichte des SC und BFC Dynamo. Der Besucher begibt sich in eine Zeit, als hochklassiger Fußball noch vom Wetter geprägt wurde und die Zuschauer jenseits der Ehrenloge klatschnass werden konnten. Die Erdwälle wurden in den letzten Jahren von Fans aufpoliert und für die Regionalliga fit gemacht. Und wie bei so ziemlich jedem Stadion in Berlin gab es auch hier einmal hochfliegende Pläne: Mitte der 1960er-Jahre wollte man den Berliner Erstligisten eine deutlich größere Betonschüssel mit zwei Rängen bauen. Als aber die Armee-Mannschaft des FC Vorwärts nach Frankfurt delegiert wurde und der BFC in den Jahn-Sportpark zog, gab es für den Neubau keinen Bedarf mehr. 1972 immerhin kam das Sportforum noch zu seinem ganz großen Moment: Der BFC startete im UEFA-Pokal und im Achtelfinale gab sich der FC Liverpool die Ehre. 20.000 Zuschauer sahen ein 0:0, wofür extra die Ränge erweitert wurden. Zur letzten internationalen Begegnung gastierte 1986 hier Bröndby Kopenhagen im Landesmeister-Cup und wieder gab es ein Unentschieden. Doch trotz des 1:1 schied der damalige Stasi-Klub aus.

Der BFC Dynamo hielt sich, als FC Berlin spielend, in den 1990er-Jahren noch drittklassig, doch rutschte er nach Beginn des neuen Jahrtausends erst in die Insolvenz und dann bis in die Verbandsliga ab. Das letzte – wenn auch zweifelhafte – Highlight erlebte das Sportforum am 13. Mai 2006. In der Oberliga kam es zum Ostberliner Derby, bei dem eine ungute Melange aus Hooligans und „erlebnisorientierten" Fußball-Fans über die Zäune zum Gästeblock stürmte und damit für einen Spielabbruch sorgte. Union gewann am grünen Tisch 2:0 und kehrte in die Regionalliga zurück. Diese erreichten die Hausherren erst 2014 wieder, mussten dafür jedoch in den Jahn-Sportpark übersiedeln. Nach zähem Ringen wurde es 2021 möglich, der BFC spielte endlich wieder in Hohenschönhausen und lud hier zwei Jahre später sogar zum DFB-Pokal gegen den VfB Stuttgart (0:6).

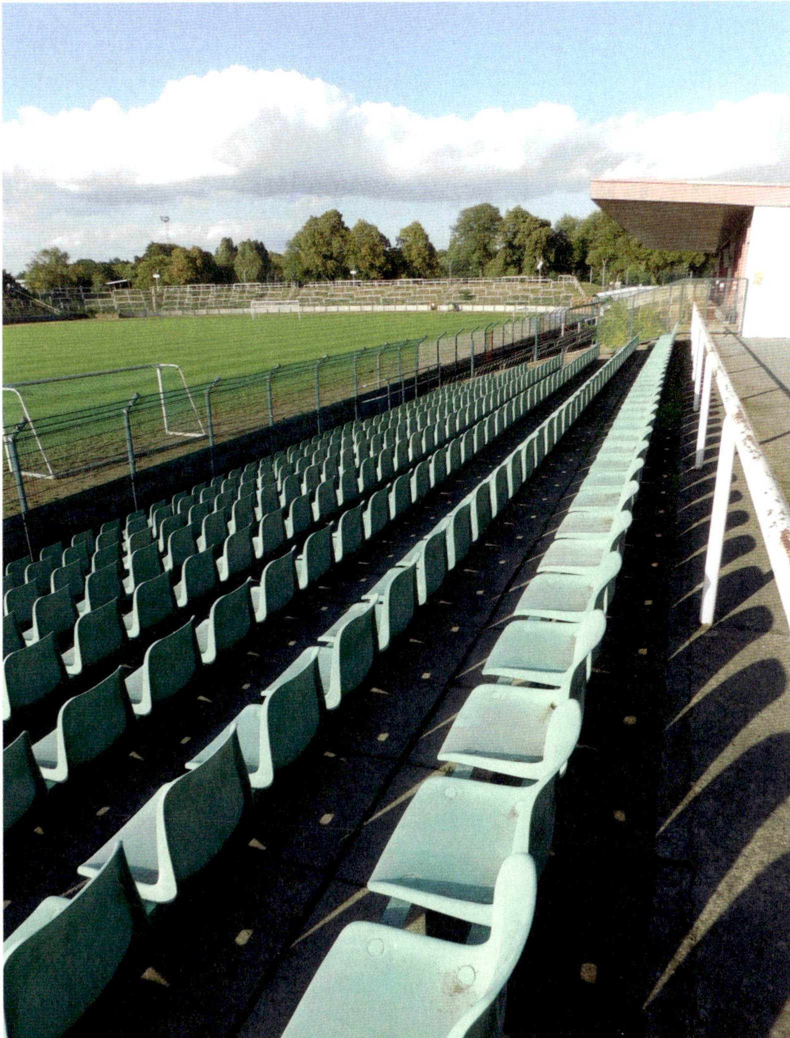

HARTE 4 FAKTEN

Adresse: Weißenseer Weg 51–55, 13053 Berlin

Ursprünglich geplante Kapazität: 30.000 Z. (heute nur noch 7.800)

Mitgliedsnummer Erich Mielke: 379

Sportforum Hohenschönhausen: 35 Sportstätten für über 30 Vereine

Stadion Buschallee

Der ganze Bezirk war auf den Beinen

Zur Einweihung der „Kampfbahn am Faulen See“ als Teil eines Erholungsparks zog im August 1923 ein Festzug der Weißenseer Schulen und Sportvereine von der Prenzlauer Promenade zur neu errichten Sportanlage. Auf ihrem vier Kilometer langen Weg marschierte die Kolonne mit Kapelle durch die zentralen Straßen des Bezirks, der erst seit kurzer Zeit Teil von Groß-Berlin war. Die Eröffnungsrede hielt der Berliner Oberbürgermeister Gustav Böß, der den Sport und insbesondere den Stadionbau in seiner Amtszeit entschlossen förderte. In seiner Zeit als OB entstanden wichtige Orte des Berliner Fußballs wie beispielsweise das Poststadion. 1937 zog der traditionsreiche Weißenseer FC auf das Gelände und blieb bis zum heutigen Tag an diesem Standort.

1951 wurden auf der gründlich überholten und in „Stadion Buschallee“ umbenannten Anlage im Rahmen der III. Weltfestspiele der Jugend vor 4.000 Zuschauern Begegnungen einer „Weltmeisterschaft der Studenten“ ausgetragen. Der Magistrat hielt die Sportanlage auch nach diesem mehr politischen als sportlichen Ereignis für so bedeutsam, dass er sie als erste in Ost-Berlin überhaupt mit einer Beleuchtungsanlage ausstattete. Die eingesessenen Kicker gingen ihrem Sport von 1956 bis 1990 unter dem Namen BSG Einheit nach. Erst sieben Jahre nach der Wiedervereinigung und einigen Wirren, wie sie viele Fußball-Vereine in den „neuen Bundesländern“ durchlebten, konstituierten sie sich mit Bezug auf ihre Tradition als „Weißenseer FC“ neu. Einige der heutigen etwa 500 Mitglieder waren deshalb, ohne je aus ihrer Sportgemeinschaft ausgetreten zu sein, bereits Angehörige von vier Vereinen.

Im Stadion Buschallee treffen die Sportler regelmäßig auf ihre – historisch betrachtet – legitimen Brüder und Schwestern aus der Familie der Ballsportarten, die Aktiven des Rugby Klub 03 Berlin. Der größte Berliner Verein dieser Sportart gehörte unter dem Namen BSG Post Berlin zu den stärksten des kleinen Verbandes in der DDR und ist seit Mitte der 1970er-Jahre an der Buschallee beheimatet.

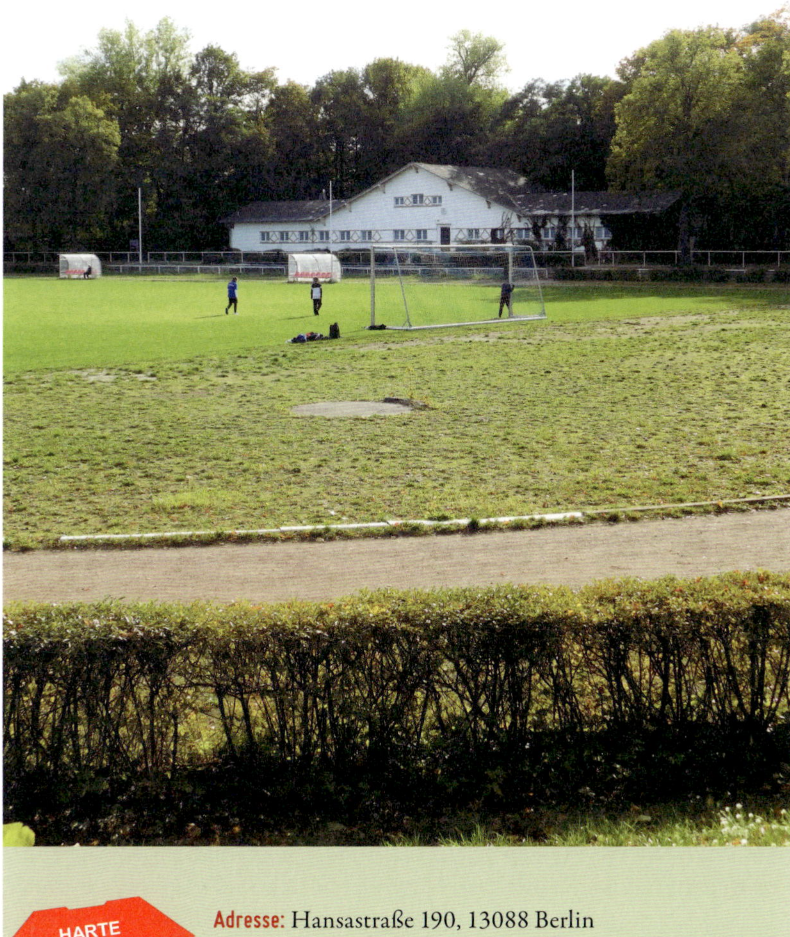

HARTE 4 FAKTEN

Adresse: Hansastraße 190, 13088 Berlin
Gesamtfläche: 15,6 Hektar
Offizielle Zuschauerkapazität: 3.000
Fußballplätze: 5 Groß- und 2 Kleinfelder

Helmut-Faeder-Sportplatz

Heimkehr eines lange verlorenen Sohns

Im September 2015 stieg in Französisch Buchholz im Norden Berlins, wo die Stadt ihren Charakter als Metropole verloren hat und es kleinstädtisch bis ländlich anmutet, ein Volksfest. Der ansässige Fußball-Verein – der SV Buchholz, dessen Geschichte bis in das Jahr 1911 zurückgeht – feierte seinen Aufstieg in die Bezirksliga und vor allem die Namensgebung seiner Sportanlage nach Helmut Faeder.

Faeder wurde 1935 in Buchholz geboren und begann als Elfjähriger im Verein Fußball zu spielen. 1953 schloss er sich Hertha BSC an. Als 1963 die Bundesliga gegründet wurde, zählte er zum Aufgebot der „Alten Dame". Im ersten Jahr schoss er im Oberhaus des deutschen Fußballs in 27 Partien neun Tore und avancierte zum besten Torschützen seines Teams. Nach dem Zwangsabstieg 1965 blieb Faeder noch zwei Jahre bei Hertha BSC und ließ dann seine Karriere bei der „kleinen" Hertha in Zehlendorf ausklingen. Der Mauerbau 1961 machte den Buchholzer aus dem Ost-Teil der Stadt endgültig zum West-Berliner, denn an eine Rückkehr war für ihn seit diesem Zeitpunkt nicht mehr zu denken. Im Anschluss an seine Laufbahn als Profi baute er einen florierenden Obst- und Gemüsehandel auf.

Nach dem Mauerfall – der wohl auch für Faeder ein persönlich empfundener Glücksfall der Geschichte war – zog es ihn nach Buchholz zurück. In seiner alten Heimat engagierte er sich beim SV, setzte sich in der Kinder- und Jugendarbeit ein und leistete viel Überzeugungsarbeit für die Bildung eines Frauenfußball-Teams. Nach Helmut Faeders Tod 2014 entstand bei Verantwortlichen von Hertha BSC und dem SV Buchholz die Idee, den bis dahin namenlosen Sportplatz nach ihm zu benennen. Im Jahr 2015, als viele Flüchtlinge aus Kriegs- und Krisengebieten nach Deutschland kamen, organisierten die Buchholzer anlässlich der feierlichen Namensgebung nicht nur ein zünftiges Ortsfest, sondern auch ein interkulturelles Fußballspiel, bei dem junge Kicker des SV gegen ein Team von Flüchtlingskindern aus dem Projekt „Champions ohne Grenzen" spielten. Höhepunkt für die Besucher des Festes war dann aber doch die Begegnung der Auswahl des SV gegen das Traditionsteam von Hertha BSC mit manchem Star vergangener Jahre.

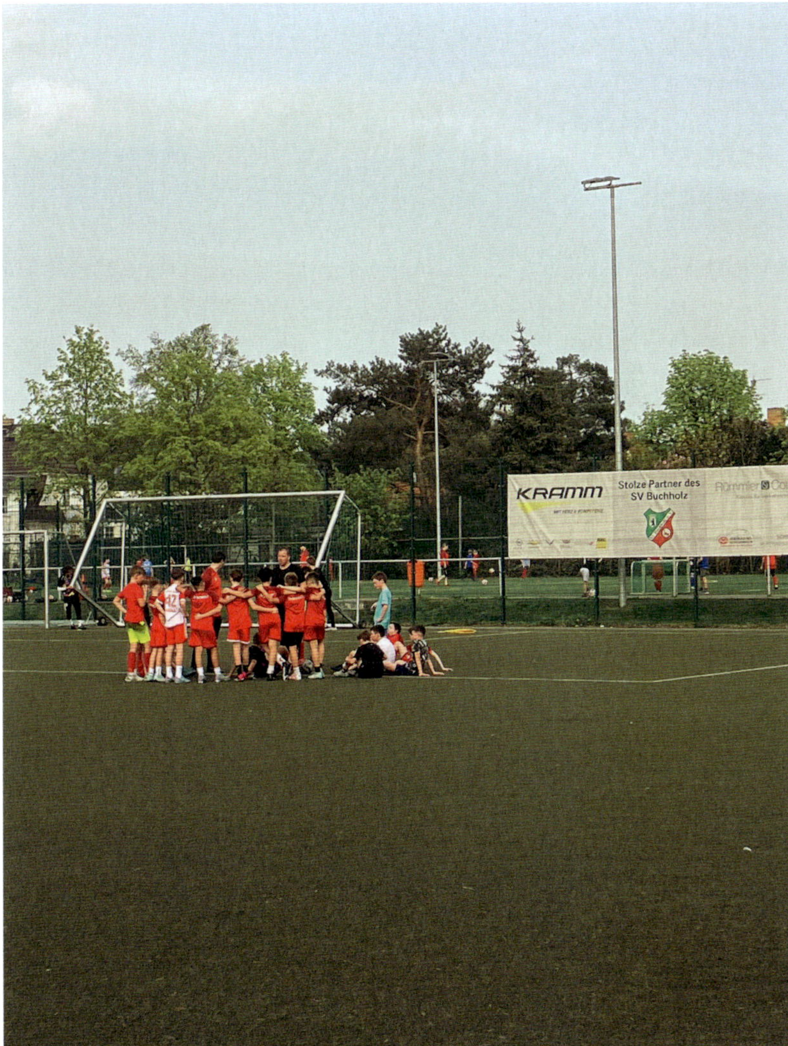

HARTE 4 FAKTEN

Adresse: Chamissostraße 9-11, 13127 Berlin
Faeder I: 1 Länderspiel (1958 gegen Ägypten)
Faeder II: bei Hertha Zehlendorf Kollege von Uwe Kliemann
Faeder III: Spitzname „Der Dicke“

Paul-Zobel-Sportplatz

Deutsche Wiedervereinigung

Die Berliner Schützengilde erwarb 1892 den Schlosspark Schönhausen und errichtete eine großzügige Anlage, die sich zu einem Ausflugsziel der Großstädter entwickelte. Es lag nahe, dass sich auch die Fußball-Pioniere dieses Gebiet erschlossen und ihrem Spiel nachgingen. Der hier ansässige Verein für Bewegungsspiele Pankow 1893, Gründungsmitglied des DFB, entwickelte sich in den frühen Jahren sehr erfolgreich. Neben den Bauten der Schützengilde weihte der Verein anlässlich seines 40. Jubiläums seinen neu hergerichteten Platz ein. Um dem Publikum gute Sicht und standesgemäße Unterhaltung zu bieten, zimmerte der VfB eine respektable Holztribüne im Bauhaus-Stil, die im Zweiten Weltkrieg durch eine Bombe zerstört wurde.

1948 wurde der VfB als einer der ersten Sportvereine im sowjetischen Sektor Berlins wieder zugelassen. Doch schon wenig später zerbrach die 1. Mannschaft, da sich der Teil nach der Einführung der DM im Zuge der Währungsunion in den Westteil Berlins absetzte. Als der Berliner Verband 1950 das Vertragsspieler-System einführte, zog die DDR-Sportführung die Ostberliner Vereine aus der Stadtliga zurück und gliederte sie in die eigene Oberliga ein.

1951 musste sich der Verein auf staatlichen Druck in BSG Einheit umbenennen. Auch deshalb spaltete ein Teil der Mitglieder sich kurz darauf ab und gründete im nur wenige hundert Meter entfernten Reinickendorf den VfB zu Pankow. Der Kontakt zwischen den Vereinen wurde fortan immer loser, obwohl er durch die offene Grenze zwischen Ost- und West-Berlin bis zum Mauerbau 1961 möglich gewesen wäre. Doch einige private Bindungen blieben bestehen.

Als die Mauer im November 1989 fiel, feierten Mitglieder aus Ost und West gemeinsam. Das war der erste Schritt zur Wiedervereinigung, die nach längeren Verhandlungen auch vollzogen wurde. Am 14. Mai 1991 wurde die Vereinigung unter dem Namen „VfB/Einheit zu Pankow“ beschlossen. Dieser Prozess war im deutschen Fußball einmalig.

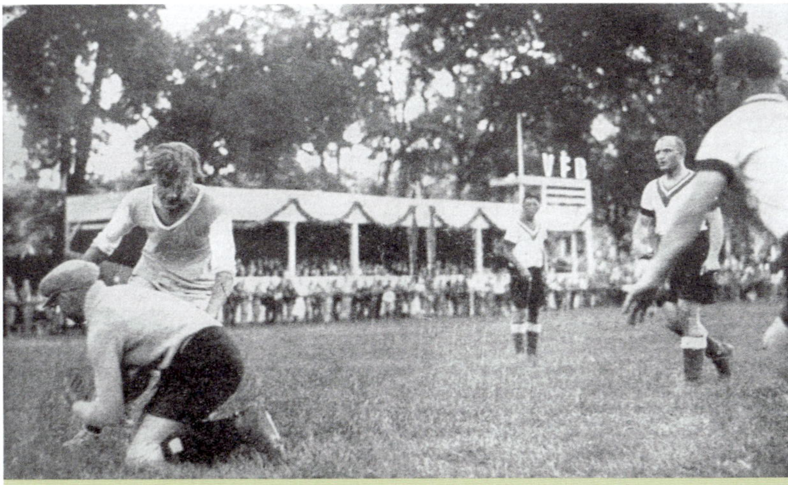

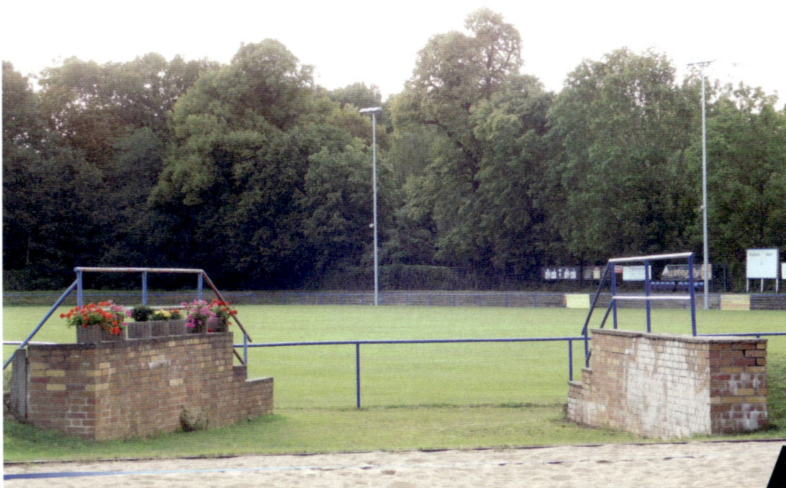

FUSSBALL ROUTE BERLIN

HARTE 4 FAKTEN

Adresse: Hermann-Hesse-Straße 80, 13156 Berlin

Paul Zobel I: Arbeitersportler, Kommunist und Widerstandskämpfer

Paul Zobel II: starb an Folgen einer Folterung März '45 im KZ Dachau

Einheit Pankow: 1952 FDGB-Pokalfinalist

Kissingenstadion

Fortuna und anderes Glück in Pankow

Wenn sich die Sonne dem Horizont nähert, entfaltet das Kissingenstadion seine ganze Schönheit. Ob auf den Rängen oder auf dem Platz, die letzten Sonnenstrahlen blinzeln ein letztes Mal über die Dächer der Forchheimer Straße und tauchen die Szenerie in Abendrot. Schon seit den 1920er-Jahren wurde der Platz im Pankower Kissingenviertel bespielt und fristete doch zumeist ein ruhigeres Dasein. Im Arbeitersport allerdings gelang hier Großes: Im Jahr 1928 gewann der Hausherr, der Pankower SC Adler 08, die Deutsche Meisterschaft des ATSB.

Erst nach dem Zweiten Weltkrieg, als Berlin Massen an Schutt zu räumen hatte, wurde der Platz zum Stadion ausgebaut. An der Südseite entstanden Ränge mit fünfzehn Stufen, die heute – um Geländer und Wellenbrecher ergänzt – für die Größe des Stadions ein passables Bild abgeben. Grund für den Ausbau waren die 1951 in Ost-Berlin ausgetragenen Weltjugendspiele. Mit dem internationalen Treffen, zu dem offiziell 26.000 Menschen aus 104 Ländern anreisten, wollte die junge DDR internationales Prestige gewinnen. Die folgenden Provokationen beidseitig der Sektorengrenze gipfelten schließlich in FDJ-Demonstrationen im Westteil der Stadt samt Ausschreitungen in Wedding, Kreuzberg und Neukölln.

Es brauchte dann ganze 71 Jahre, ehe die Scheinwerfer das Kissingenstadion wieder ins Rampenlicht rückten. Felix Kroos, ehemaliger Bundesligaprofi, verloste im Podcast mit seinem Bruder Toni ein Spiel für einen Amateurverein. Den Zuschlag erhielt aus 14 Bewerbungen der Bezirksligist Fortuna Pankow, für den der gebürtige Greifswalder im Mai 2022 die Schuhe gegen Schwarz-Weiß Spandau schnüren sollte. Vor bis zu 1.500 Zuschauern, einer Prise Pyrotechnik und den gelb-schwarzen Fahnen der Heimfans mussten sich die Pankower 0:3 geschlagen geben, doch erlebte der kleine Stadtteilverein wohl das Highlight und womöglich einzige Spiel seiner Vereinsgeschichte, das per Live-Stream übertragen wurde. 8.000 Zuschauer finden im Kissingenstadion Platz, doch meist sind Leichtathleten die einzigen Gäste, die ihre Bahnen um das satte Grün drehen. Umso mehr strahlen die wenigen, besonderen Momente, wenn es heißt: Anpfiff in Pankow!

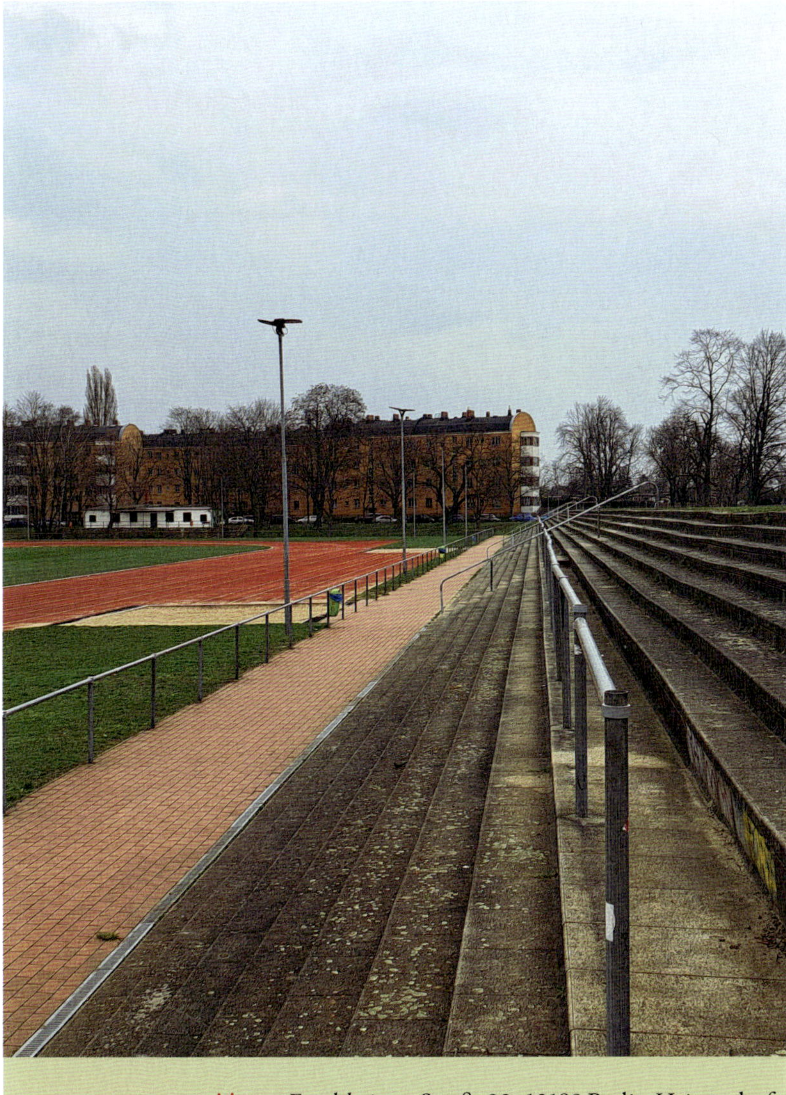

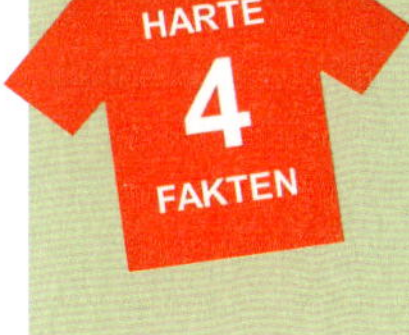

Adresse: Forchheimer Straße 22, 13189 Berlin-Heinersdorf

Endspiel ATSB 1928: SC Adler Pankow – FT Frankfurt-Westend 5:4

Weltjugendspiele 1951: Motto „Für Frieden und Freundschaft – gegen Atomwaffen"

Podcast Felix und Toni Kroos: „Einfach mal luppen"

Sportplatz Ofener Straße

Freiwillige und erzwungene Fusionen

Neben dem Schillerpark liegt die Spielstätte des Weddinger FC Corso 99/Vineta. Seine Entwicklung spiegelt die Entwicklung kleinerer Berliner Fußballvereine wider und belegt ihr stetiges Bemühen, durch Zusammenschlüsse Kräfte zu bündeln.

1899 im Prenzlauer Berg als BSC Corso gegründet, konnte der Verein schon bald Erfolge erzielen. Unmittelbar nach dem Ersten Weltkrieg vollzog Corso für einige Monate die Fusion mit Wacker 04 aus Tegel. Nach dem Zweiten Weltkrieg wiederum fanden sich die Kicker von Corso in der kommunalen Sportgemeinschaft Prenzlauer Berg Nord zusammen, die sich später unter altem Namen als Verein konstituierte. Obwohl eine große Zahl der Mitglieder in Ost-Berlin lebte, zogen die Fußballer nach West-Berlin um, denn nur so konnten sie dem zunehmenden politischen Druck in der DDR ausweichen. Der Bau der Berliner Mauer 1961 traf Corso 99 besonders schwer, da der Verein zerrissen wurde und zahlreiche Kicker verlor.

Eine weitere historische Wurzel hat der heutige Kiez-Klub im 1905 gegündeten SC Hakoah Berlin, der sich 1929 mit dem ebenfalls jüdischen Bar Kochba Berlin zusammenschloss. Hakoah wurde in der NS-Diktatur verboten. Nach dem Zusammenbruch des Regimes und der Befreiung sammelten sich jüdische Aktive erneut und ließen ihren ehemaligen Verein 1946 wiederentstehen.

Hakoah entwickelte anfangs eine erfolgreiche Jugendarbeit, geriet aber schon bald aufgrund personeller und finanzieller Probleme in Schwierigkeiten. Deshalb vollzog Hakoah 1953 unter dem Namen Vineta 05 einen Neustart. Die Vereine Corso 99 und Vineta 05 fusionierten dann zwanzig Jahre später zum SV Corso 99/Vineta. Doch damit ist die Geschichte keineswegs abgeschlossen: 1996 beschlossen die Sportler von Corso/Vineta und dem Weddinger FC 08, der ebenfalls eine Fusions-Geschichte hinter sich hatte, zusammen den Weddinger FC Corso 99/Vineta zu bilden und die Zukunft gemeinsam zu gestalten. Der Verein spielt aktuell in der Kreisklasse C, der elften Liga.

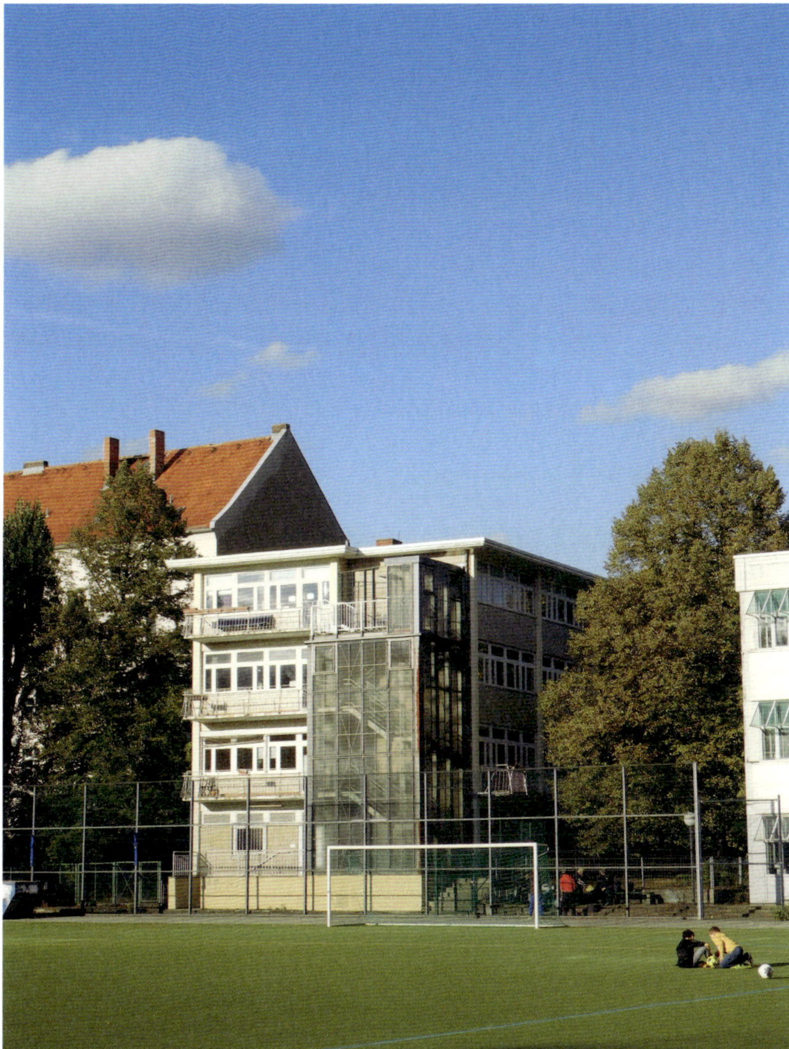

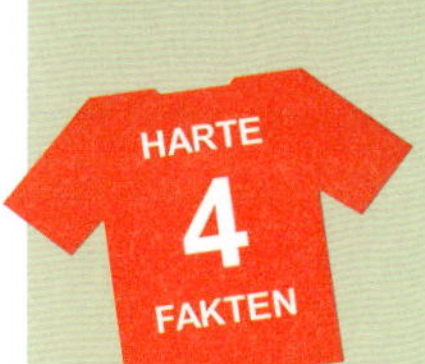

Adresse: Ofener Straße 55, 13349 Berlin

Hakoah I: 1933 vom Spielbetrieb ausgeschlossen; 1938 verboten

Hakoah II: 1934 und 1938 als Bar Kochba-Hakoah deutscher Meister des Makkabi-Kreises

Hakoah III: 1947 und 1951 Teilnahme an der Berliner Amateurliga

Stadion Rehberge

Grüne Lunge vom Wedding

Der Volkspark Rehberge ist heute als eines der größten Naherholungsgebiete Berlins bekannt. Diesen Ruf hat er sich in den letzten hundert Jahren redlich verdient und wie so oft, gehörte zur Stadtplanung damals auch ein Bewegungsangebot für die Bevölkerung, hier in Form des Stadions Rehberge. Der Volkspark steht aber nicht nur für die Gestaltung der Stadt, sondern durch seine Vorgeschichte schon vor hundert Jahren exemplarisch für die Folgen von Umweltzerstörung. Als ehemaliger Teil der Jungfernheide bzw. südlicher Auswuchs des Tegeler Forsts holzten die unter Armut und Mangel leidenden Berliner die Waldfläche nach dem Ersten Weltkrieg zu großen Teilen ab und verfeuerten sie in den Öfen der Mietskasernen. In der Folge entstand hier eine wüstenähnliche Fläche, deren Sand und Staub in die Wohnungen und Viertel des Wedding flog. Der Magistrat sah sich zum Handeln gezwungen, renaturierte das Gelände und konzipierte den viel geschätzten Volkspark, der die Stadtbewohner seitdem zum Flanieren, Picknicken und Sporttreiben einlädt.

Wer im Herbst ein Spiel des 1945 gegründeten BSC Rehberge besucht, der darf sich nicht nur der ganzen Leidenschaft des Amateurfußballs erfreuen, die neben einem herzerwärmenden Stadionsprecher und selbstgemachten Bouletten ein gemütliches Beisammensein bietet. Der Naturfreund blickt auch auf eine herrliche Kulisse bunter Bäume mit Gekicke im Vordergrund, als hätte ein farbenfreudiger Landschaftsmaler höchstselbst Hand angelegt.

Fußballerischer Höhepunkt der Anlage war ein Vergleich zum 700. Jubiläum der Stadt Berlin: Am 17. August 1937 siegte Berlin-Meister Hertha BSC gegen eine Wedding-Auswahl vor 15.000 Zuschauern mit 8:1. Der absolute Besucherrekord wurde aber von den Arbeitersportlern aufgestellt: Angeblich 150.000 Sportler kamen im Volkspark zusammen, als der ATSB am 24. August 1929 zum Reichsarbeiter-Sporttag aufrief. Und auch am Folgetag, als die Kommunisten zur Konkurrenzveranstaltung, dem Roten Arbeiter-Sport- und Kulturtag, aufriefen, sollen es noch mal 100.000 Menschen gewesen sein.

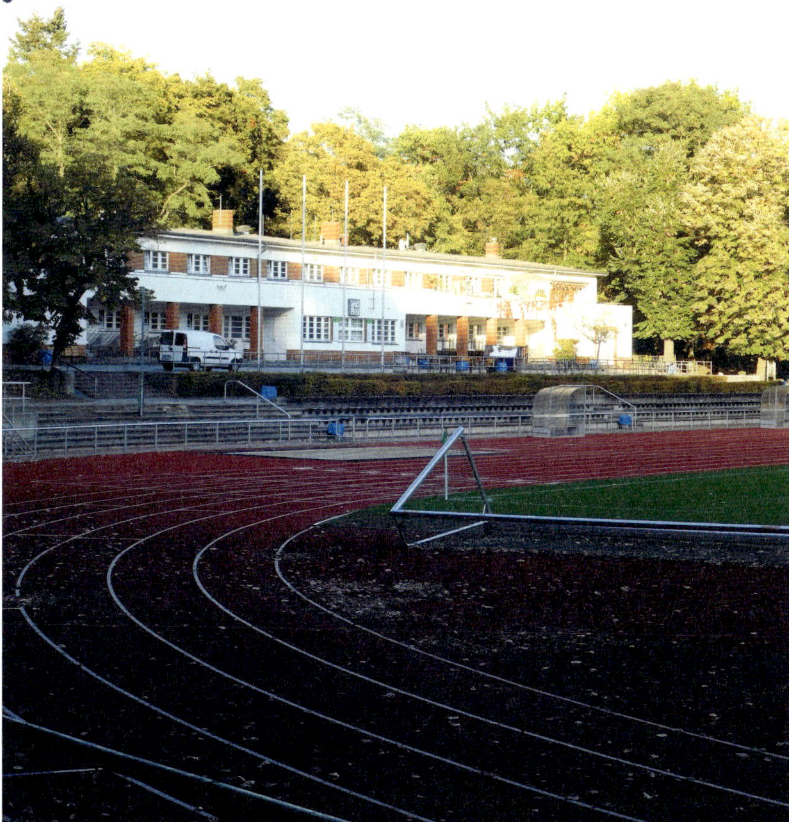

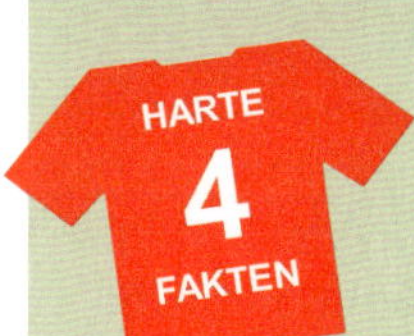

Adresse: Afrikanische Straße 45, 13351 Berlin

Frühere Heimvereine: Berliner Sportfreunde, Gehörlosen-Sportverein, SC Minerva 93

Erfolge BSC Rehberge: 1954 und 1955 4. Platz in der Amateurliga Berlin

Sonstige Sportarten BSC Rehberge: u.a. Cricket und Lacrosse

(Ehem.) Hertha-Stadion „Plumpe"

Die legendäre „Plumpe"

Wer heute zwischen den Betonbauten steht, kann kaum erahnen, dass an diesem Ort einst Fußballgeschichte geschrieben wurde. Fast vier Jahrzehnte befand sich an dieser Stelle das Stadion am Gesundbrunnen. Die „Plumpe", wie es der Volksmund wegen der nahegelegenen Heilquelle im Luisenbad nannte, war einer der magischen Orte des Berliner Rasensports. Hertha BSC hatte hier seine Heimat, als der Verein als nationales Spitzenteam nach vier erfolglosen Final-Teilnahmen 1930 und 1931 endlich Deutsche Meisterschaften errang. Der Stadionbau begann 1923 und die Arena fasste nach Fertigstellung offiziell 35.000 Zuschauer. Seine Besonderheiten waren die Tribünen hinter den Toren. Die steilen Wälle direkt am Spielfeldrand wurden „Uhrenberg" und „Zauberberg" genannt, wobei die Herthaner auf letzteren stürmend die meisten Tore erzielten. 1936 war die Spielstätte einer der Austragungsorte des Olympischen Fußball-Turniers.

Hertha war in der Gegend um das Stadion fest verwurzelt. Viele ihrer Anhänger lebten in den Wohnblocks des proletarisch geprägten Wedding. Die Arbeiter der nahegelegenen Großbetriebe suchten Unterhaltung beim Sport und feuerten ihre Idole leidenschaftlich an. In der Gartenstadt Atlantic, fußläufig zwei Minuten zum Stadion, lebte der Hertha-Star Johannes „Hanne" Sobek. Nach dem Zweiten Weltkrieg war die Plumpe völlig zerstört. Mit großem Enthusiasmus gelang den Vereinsmitgliedern der Wiederaufbau. Auch Ost-Berliner pilgerten weiterhin zum Gesundbrunnen im Westteil der Stadt, was erst der Mauerbau 1961 abrupt beendete. Hertha BSC spielte bis zur Gründung der Bundesliga 1963 in der Plumpe. Der Umzug ins Olympiastadion war erforderlich, da das Stadion am Gesundbrunnen den neuen Anforderungen nicht entsprach.

In der Folge des Bundesliga-Skandals 1971 – 15 Berliner Profis hatten sich bestechen lassen –, verkaufte der Verein das Areal, um Schulden auszugleichen. Hertha BSC verlor damit nicht nur einen Fußballplatz und seine einstige Fußball-Heimat, sondern auch einen legendären Ort und einen Teil seiner Identität.

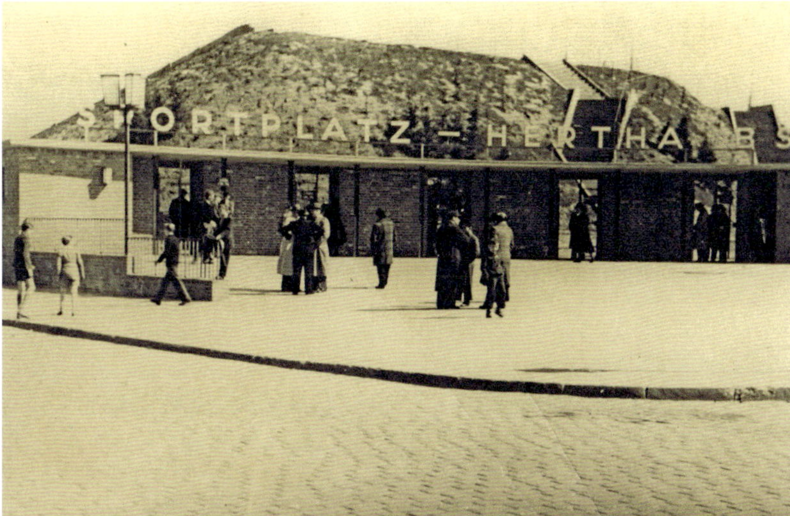

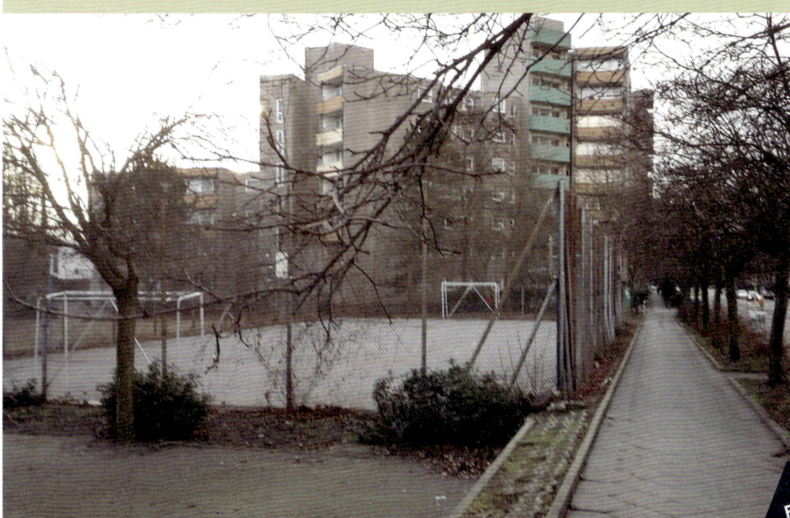

FUSSBALL ROUTE BERLIN

HARTE 4 FAKTEN

Adresse: Behmstraße 38, 13357 Berlin

Legendär: vom „Zauberberg“ konnte parallel zum NNW-Platz geguckt werden

Heute: Plattenbauten mit 440 Wohnungen

Letzte Erinnerung: vier Fußballspieler-Skulpturen von Michael Schoenholtz

NNW-Platz

Gastwirt Schebera schaffte beste Bedingungen

Ob der Gastwirt Joseph Schebera jemals in seinem Leben selbst Fußball spielte, ist unbekannt. Er erkannte im Sport jedoch eine Möglichkeit, Geld zu verdienen, und brachte ihn auf diese Weise voran. 1900 mietete er Grundstücke am Gesundbrunnen, auf denen er Fußballplätze sowie einen Ausschank errichtete. Beides nutzten die Fußballpioniere des Berliner Nordens reichlich. Rapide 93 wurde hier als erster Verein sesshaft, BFC Hertha sollte bereits 1904 den Standort übernehmen.

Der große Vorteil des „Schebera-Platzes" war, dass die Sportanlage allen Notwendigkeiten ihrer Zeit gerecht wurde und alle damals denkbaren Annehmlichkeiten bot. Die Sportler konnten vom Vereinsheim – ihrer Umkleide – direkt auf den Platz laufen und unmittelbar nach den Übungen oder Spielen in der Wirtschaft einkehren. Wichtig war darüber hinaus die blickdichte Umzäunung des Geländes, die an Spieltagen den Verkauf von Eintrittskarten ermöglichte und den Vereinen Einnahmen bescherte. Schebera baute die Anlage über Jahre weiter aus, sodass 1913 für Preise zwischen 3 Mark und 40 Pfennigen 6.000 Begeisterte den englischen Meister Sunderland FC bewundern konnten, der einer Berliner Mannschaft keine Chance ließ. 1919 siedelte nach zahlreichen vorherigen Standorten die SV Norden-Nordwest auf den „Schebera-Platz" um, der seitdem NNW-Platz heißt.

Der Verein, der in seinen frühen Jahren Erfolge wie die Teilnahme an der Endrunde um die Deutsche Meisterschaft 1906 feierte und Nationalspieler hervorbrachte, ist noch immer an diesem Standort beheimatet. Gegenwärtig spielt die 1. Mannschaft von NNW in der Kreisklasse C. Der Verein hat seinen früheren Glanz verloren, ist aber noch immer im Kiez. Auf dem einstmals bedeutenden Berliner Fußballplatz an der Behmstraße geht es heute ruhig zu, nichts erinnert mehr an fesselnde Begegnungen und beachtlichem Zuschauerzustrom. Auf den Kunstrasenflächen trainieren überwiegend Kinder aus der Wohngegend, die durch einen hohen Anteil von Berlinerinnen und Berlinern mit Migrationsbiografien gekennzeichnet ist. Den kleinen Kickern ist die große Vergangenheit des Ortes egal. Sie leben in der Gegenwart und träumen von ihrer eigenen Zukunft als Fußballstar in einer Arena von Weltrang.

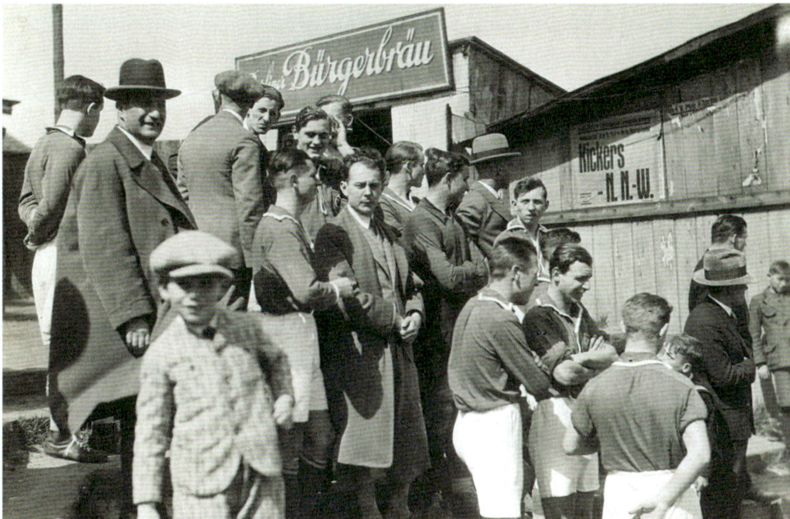

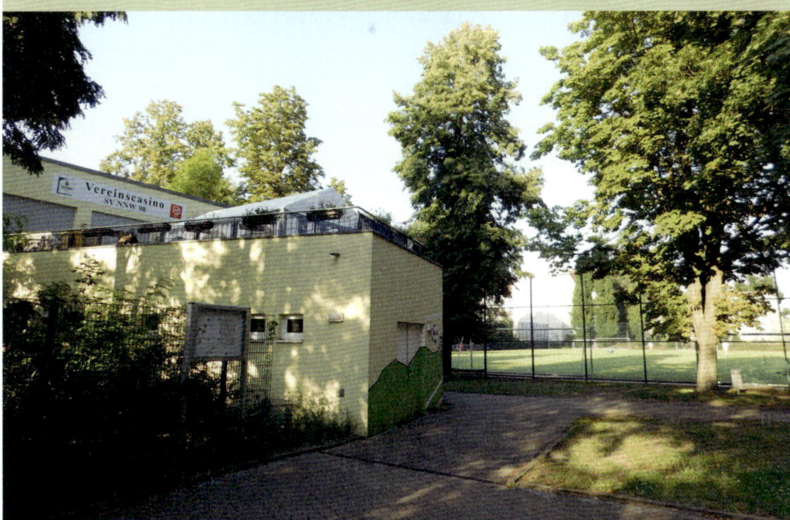

HARTE 4 FAKTEN

Adresse: Behmstraße 27–31, 13357 Berlin

Bedeutendes Spiel I: 1910 Hertha – Southend United 3:1

Bedeutendes Spiel II: 1917 Endspiel Kronprinzenpokal Norddeutschland – Süddeutschland 2:1

Bedeutendes Spiel III: 1931 Endspiel Kampfgemeinschaft für Rote Sporteinheit Dresdner SV - Sparta Lichtenberg 3:2

Kneipe „Bierbrunnen an der Plumpe“

Kühle Blonde, wo einst Hertha zu Hause war

In der Zeit, als noch nicht in jedem Wohnzimmer ein Fernseher stand und die Menschen zu fünft, sechst oder mit noch mehr Personen auf engstem Raum in den landläufig „Mietskasernen“ genannten Häusern der Hauptstadt wohnten, waren die Lokale, die wir heute als Alt-Berliner Kneipen kennen, zentrale Orte gesellschaftlichen Lebens. Hierhin entflohen viele, denen die eigenen vier Wände zu eng wurden und die bei Würfel- oder Kartenspielen etwas Zerstreuung nach der Arbeit suchten.

Ein solches Überbleibsel aus vergangenen Zeiten ist die Kneipe „Bierbrunnen an der Plumpe“ gegenüber des Gesundbrunnen Centers. Auch wenn der Bierbrunnen genau genommen erst in den 1990er-Jahren eröffnete, erzählt das Lokal die Geschichten des Gesundbrunnen-Viertels, wo einst Hertha BSC spielte und seine größten Triumphe feierte. Die Wände zieren Bilder aus alten Hertha-Zeiten, als die Zuschauermassen zur Plumpe pilgerten, nur rund 300 Meter von der Kneipe entfernt. Im Inneren des Ladens warten nicht nur kalte Getränke und Spielautomaten auf die Besucher, es empfängt sie ein großer runder, geradezu majestätischer Tresen, von dem aus die Wirtin, Andrea Klyszcz, alles im Blick behält. In einem Nebenraum kann geraucht werden, sodass der geneigte rauchfreie Gast neben alkoholbedingten Kopfschmerzen am nächsten Morgen nicht auch noch einen halben Aschenbecher aus der Kehle husten muss.

Im Bierbrunnen ist eines klar: Von hier kommt die Hertha und hier wollen sie auch nur zur Hertha. Fußballübertragungen sucht man allerdings vergeblich, viel zu teuer sind inzwischen die Übertragungsrechte für viele Kneipenbetreiber. Dafür lädt der Bierbrunnen ein, mit Freunden und flüchtigen Bekannten zu fachsimpeln und sich über die immer schneller werdende Welt da draußen, auf der Straße und in den Stadien, auszulassen. Während der Kiez in den letzten Jahren sein Gesicht veränderte, scheint die Welt innerhalb des Bierbrunnens auf eine besondere Weise stehengeblieben zu sein. Gemütlich und knorke, so könnte diese Kneipe ohne große Worte für sich werben.

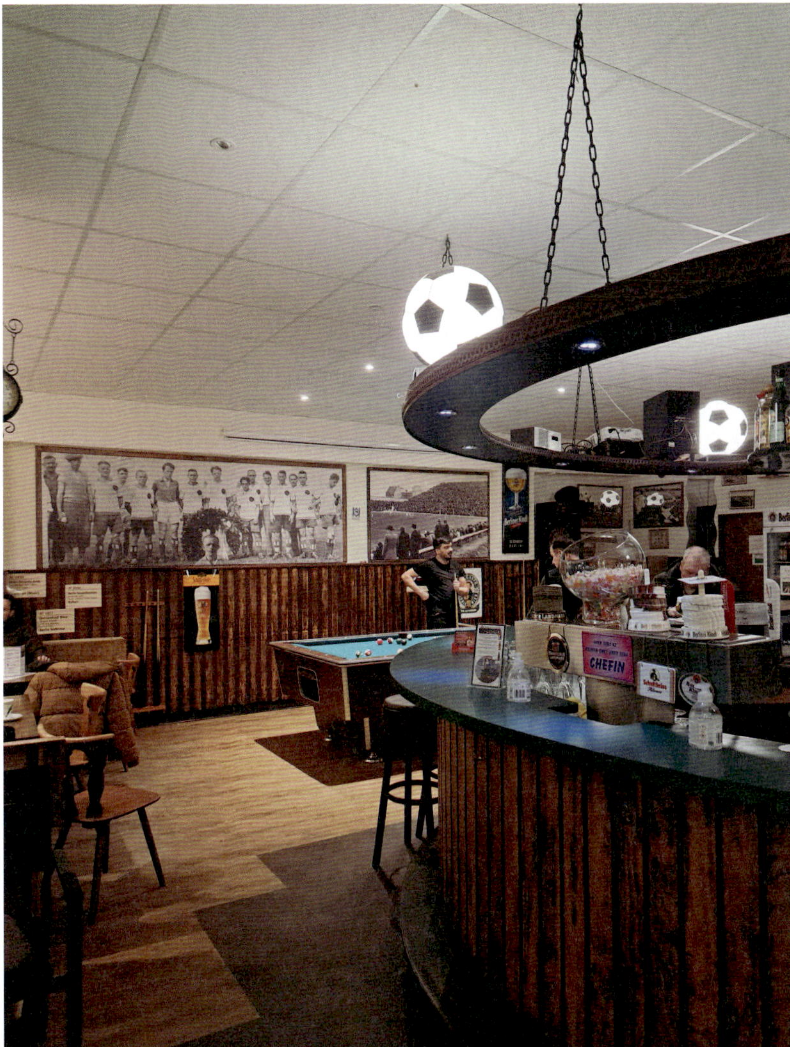

HARTE 4 FAKTEN

Adresse: Behmstraße 3, 13357 Berlin

Öffnungszeiten: 9.00–7.00 Uhr

Siegel: offizielle Herthakneipe

Treue: Wirtin hat vor der Übernahme bereits jahrelang im „Bierbrunnen“ bedient

Hanne-Sobek-Sportanlage

Bezirksderbys vor großem Publikum

Der 1950 an der Osloer Straße errichtete „Sportring Wedding" war in den 1950er- und 1960er-Jahren immer wieder Schauplatz von Spitzenbegegnungen des Berliner Fußballs und Ort zahlreicher Derbys auf Bezirksebene. Das lange Zeit auch „Oskarplatz" genannten Stadion bot mit seinen zwei Rasenplätzen beste Bedingungen. Traditionsreiche Vereine des Nordens wie der BFC Alemannia 90, Wacker 04, SV Norden-Nordwest, Reinickendorfer Füchse oder VfL Nord und BFC Nordstern sowie Rapide Wedding spielten in Zeiten, als die TV-Präsenz des Fußballs noch nicht den Sport bestimmte, vor großem Publikum.

Die Sportanlage war lange Zeit Heimstätte des BFC Meteor 06. Der Verein, der bis in die Regionalliga vordrang, zog nach dem Krieg einige Jahrzehnte viele Jungen aus den geburtenstarken Jahrgängen im Arbeiterbezirk Wedding an, die im Fußball ihre wichtigste Freizeitbeschäftigung hatten. Einer von ihnen war der spätere Weltmeister und Weltstar Thomas Häßler, der bei Meteor das Fußballspielen erlernte. Von 1986 bis 1988 kickte hier auch Hertha BSC, als die Mannschaft in die Amateur-Oberliga abgestiegen und das Olympiastadion zu groß für die spärlichen Zuschauerzahlen war.

Zehn Jahre nach seinem Tod 1989 benannte der Bezirk Wedding die Sportanlage nach einem seiner ehemaligen Einwohner und größten Berliner Fußballer: Johannes „Hanne" Sobek. Der zweifache Deutsche Meister, mehrfache National- und Stadtauswahlspieler, Trainer und Funktionär sowie gelegentlich als Rundfunkreporter arbeitende Sobek leistete Hervorragendes und genoss weit über seinen Verein Hertha BSC hinaus großes Ansehen.

Nach dem Hertha-Idol Sobek wurde 2006 auch die Fläche vor dem Bahnhof Gesundbrunnen benannt, der als Platz nicht erkennbar ist und mehr als Bus-Haltestelle und Taxi-Stand wahrgenommen wird. Mit der Würdigung ihrer Sportler über den unmittelbaren Moment des Sieges hinaus tut sich die Stadt Berlin schwer. Sie gedenkt nur selten ihrer Töchter und Söhne sowie der vielen heimisch Gewordenen, die als Athleten zu Vorbildern ganzer Generationen wurden.

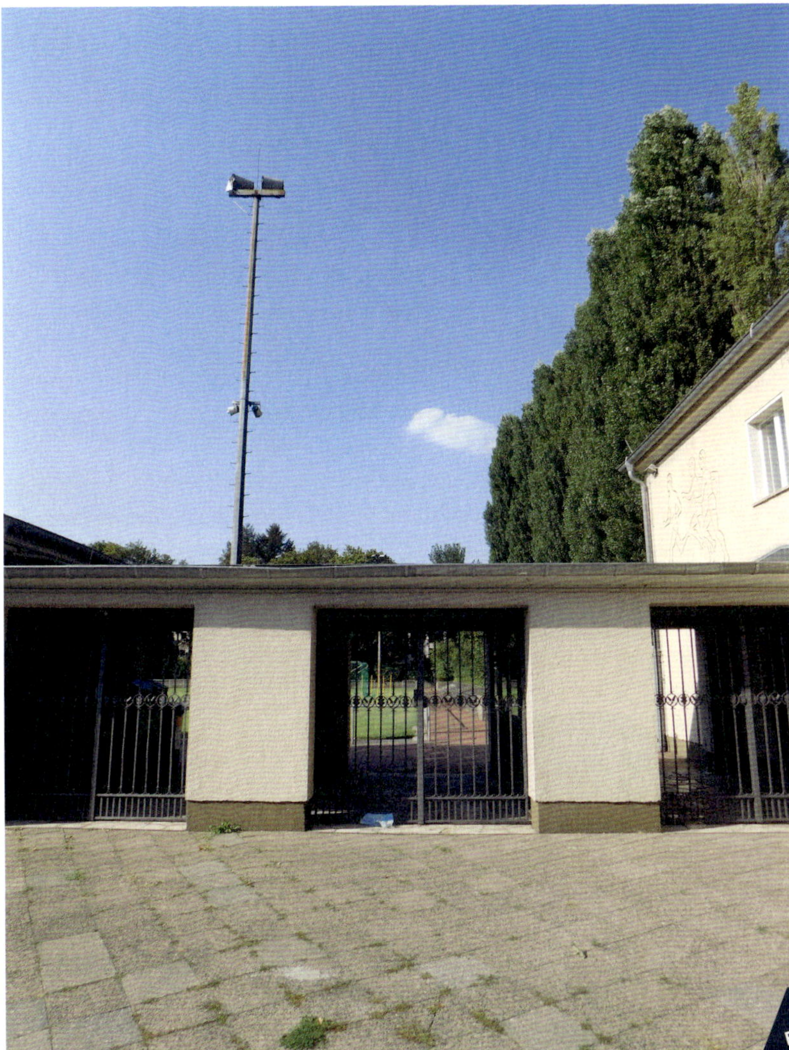

FUSSBALL ROUTE BERLIN

HARTE 4 FAKTEN

Adresse: Osloer Straße 42, 13359 Berlin

Sobek I: 10 Länderspiele

Sobek II: Trainer bei SC Union Oberschöneweide, SC Union 06 Berlin, Berliner Stadtauswahl, Viktoria 89, Hertha BSC

Thomas Häßler: 101 Länderspiele, Weltmeister 1990, Europameister 1996

Sportplatz Ollenhauer Ritze

Kontinuität in Blau und Gelb

Der Sportplatz Ollenhauer Ritze inmitten des Kienhorstparks ist die Heimstätte des BFC Alemannia 1890. Die Farben des Nord-Berliner Vereins sind traditionell blau-gelb, und entsprechend farbig präsentiert sich der Platz: Der gepflegte Kunstrasen ist mit leuchtend gelben Linien und ebensolchen Eckfahnen markiert, die Geländer außen und selbst die Mülltonnen sind selbstverständlich blau. Der BFC Alemannia 1890, der seit 1912 mit Unterbrechungen auf dem Sportplatz an der Veltener Straße (wie die Ollenhauerstraße früher hieß) zuhause ist, wurde als SV Jugendlust 1890 gegründet und wenig später in BTuFC Allemannia 90 (damals noch mit zwei „l") umbenannt.

Seine zweifellos beste Zeit hatte der BFC Alemannia 90 (nun mit einem „l") in den 1920er-Jahren, als die Mannschaft 1924 Berliner Meister wurde. In Reihen der Blau-Gelben stand seit 1920 nämlich ein gewisser Johannes „Hanne" Sobek, der 1923 als Nationalspieler berufen wurde und nach seinem Wechsel zu Hertha BSC 1925 zum Star avancierte. Der letzte größere Erfolg des Vereins war der Einzug ins Finale um die Deutsche Amateurmeisterschaft 1957, das vor gigantischen 80.000 Zuschauern in Hannover gegen den VfL Benrath mit 2:4 verloren ging.

Eine Besonderheit ist sicherlich, dass über drei Generationen hinweg die Kapinskys die Geschicke des BFC Alemannia 1890 leiteten. Schon Vater Erich hatte den Verein über mehr als 25 Jahre geführt und war von 1930 bis zu seinem Tod 1958 Ehrenvorsitzender. Sohn Willy trat dessen Erbe an und fungierte ab 1961 als langjähriger Vereinsvorsitzender, später als Vorsitzender der Fußballabteilung und schließlich als Ehrenpräsident der Blau-Gelben, bis er 2009 starb. Auch Enkel Heiner folgte den Fußstapfen seiner Vorfahren, indem er in den 1960er- und 1970er-Jahren die erste Herren-Mannschaft als Kapitän sowie als Mittelfeld-Stratege und Vollstrecker lenkte. Als er im Frühjahr 2020 verstarb, war er der letzte Kapinsky bei Alemannia 90. Dass Vater, Sohn und Enkel über beinahe ein Jahrhundert hinweg einen Verein derart prägten, dürfte – nicht nur im Berliner Fußball – eine Seltenheit sein.

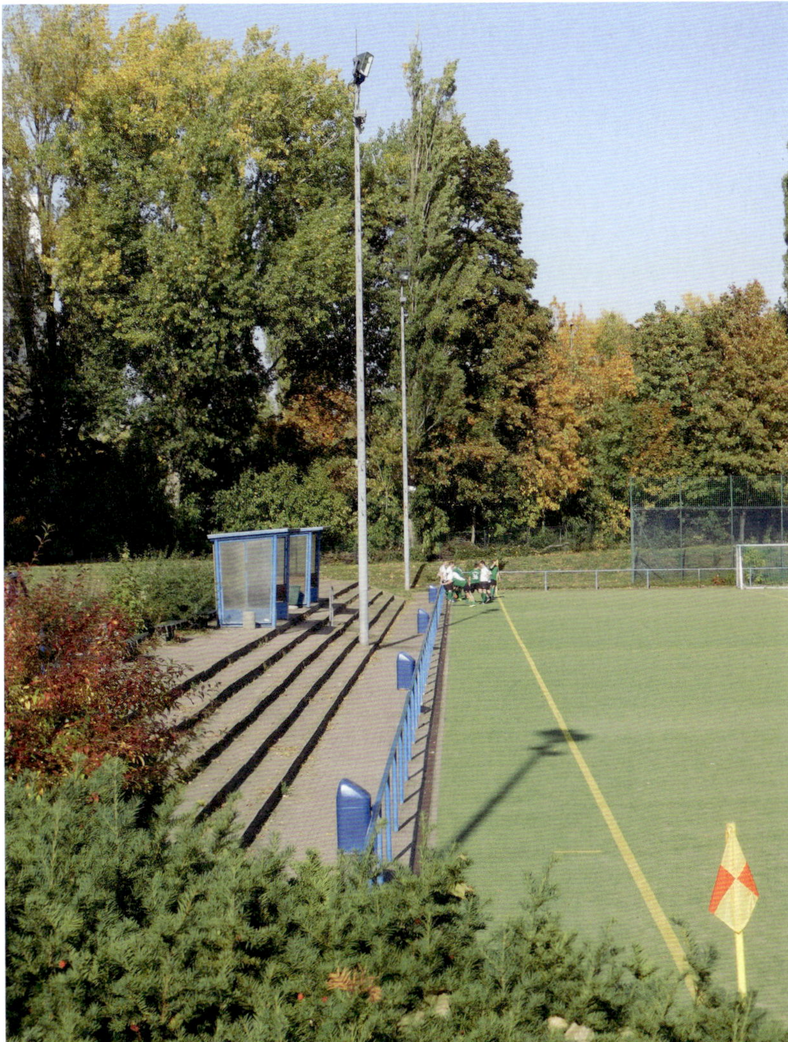

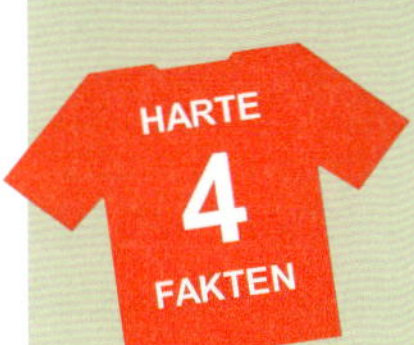

Adresse: Ollenhauerstraße 64E, 13403 Berlin

Vize-Alemannen: 1949 und 2005 im Berliner Pokalfinale jeweils TeBe unterlegen

Frisches Blut: 1994 traten Mitglieder des aufgelösten Rivalen Wacker 04 Alemannia bei

Einflussreicher Funktionär: Bernd Schultz; seit 2004 Präsident des BFV

Wackerplatz

Nur Erinnerungen geblieben

Die Geschichte des Wackerplatzes ist eine traurige, denn so idyllisch die Spielstätte inmitten von Laubenkolonien gelegen ist und so ambitioniert die Anlage wirkt, so steht sie für die einstigen Erfolge und den späteren Niedergang eines traditionsreichen Berliner Vereins, der insgesamt vier Spielzeiten der 2. Bundesliga angehörte: des SC Wacker 04. Die Gründung des Sport-Clubs reicht, wie der Vereinsname anzeigt, bis ins Jahr 1904 zurück, die Entwicklung führte über verschiedene Fusionen bis zur Wiedergründung im Jahr 1949.

Die angestammte Spielstätte am Wackerweg wurde im Zweiten Weltkrieg nicht so stark zerstört wie viele andere in der Stadt, und in den 1950er-Jahren bauten die Mitglieder die Anlage weiter aus. Wegen der guten Pflege „Schmuckkästchen" genannt, war der Wackerplatz der ganze Stolz der Vereinsführung. Allerdings erwies sich die Heimspielstätte selbst in Zweitligazeiten als deutlich zu groß für die tatsächliche Zuschauergunst. Der SC Wacker 04 gehörte 1974 zu den Gründungsmitgliedern der 2. Bundesliga und spielte insgesamt vier Jahre in der zweithöchsten deutschen Spielklasse, die Besucherzahlen stiegen jedoch selten über wenige Tausend. Zwar rangierte die Mannschaft in der Nordstaffel der bis 1981 noch zweigleisigen Liga zumeist im Mittelfeld der Tabelle, sorgte aber hin und wieder für Überraschungen und konnte beispielsweise zwei Mal Borussia Dortmund besiegen. Nach dem zweiten Abstieg 1979 war Wacker 04 nur noch unterklassig aktiv.

Da der Verein sich durch den betriebenen Aufwand erheblich verschuldet hatte, kam es in der Folge zu finanziellen Engpässen und 1994 letztlich zur Auflösung des Vereins. Die Mitglieder traten daraufhin dem langjährigen Kiezrivalen BFC Alemannia 90 bei. Als Zugeständnis an Wacker traten die Fußballer der Alemannia zunächst als SG Wacker/Alemannia und ab 1998 als BFC Alemannia 90-Wacker an. Seit 2013 spielte der Nordberliner Traditionsverein jedoch wieder unter seinem alten Namen. Von Wacker 04 sind nur noch der Name des Platzes und einige Erinnerungen geblieben.

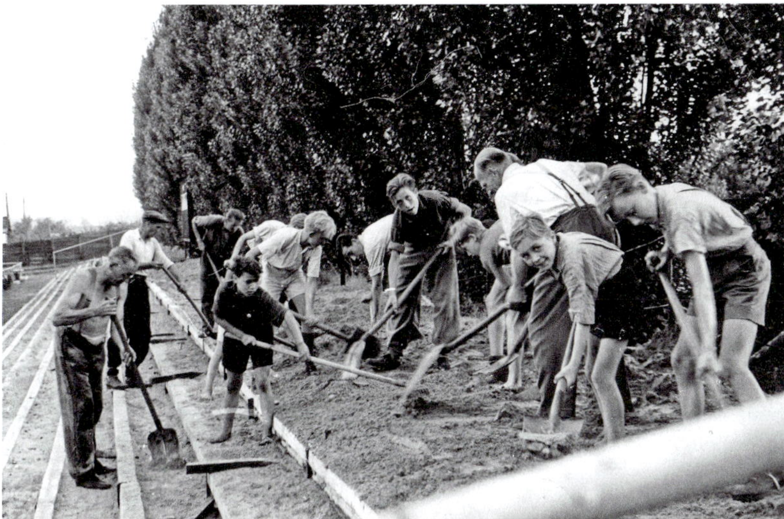

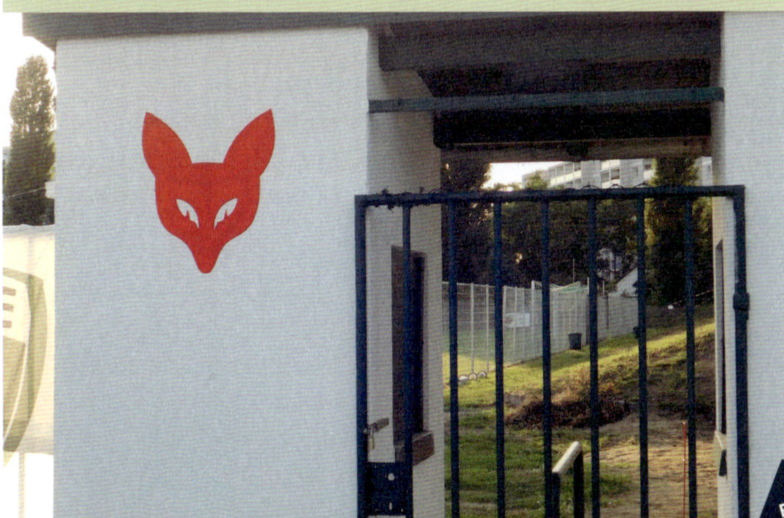

FUSSBALL ROUTE BERLIN

HARTE 4 FAKTEN

Adresse: Wackerweg 26, 13403 Berlin

Erfolge: Berliner Meister 1972, 1978; Berliner Pokalsieger 1950, 1968, 1972

Prominente Trainer: Pál Czernai, Georg Gawliczek, Klaus Basikow

Heutiger Nutzer: Füchse Berlin Reinickendorf

Sportplatz Freiheitsweg

Neue Spieler braucht das Land

Die Geschichte der Reinickendorfer Füchse reicht bis ins Jahr 1891 zurück, was den Verein im Fußball zu einem der ältesten in der Stadt macht. Ursprünglich als MTV Reinickendorf gegründet und später in TSV Dorner umbenannt, erfolgte 1937 die Vereinigung mit dem RFC Halley-Concordia, der seinerseits verschiedene Vorgänger hat, zu TuRa Reinickendorf.

Über die Jahrzehnte entstand so ein Großverein, der mehrere Abteilungen umfasst und weit über Berlin hinaus für seine herausragende Kinder- und Jugendarbeit bekannt ist. Die Liste der Talente und späteren Weltklasse-Spieler, die die Reinickendorfer Füchse hervorgebracht haben oder die zwischenzeitlich dort Station gemacht haben, ist lang: Beispielsweise gehört der Welt- und Europameister Thomas Häßler dazu oder Kevin-Prince Boateng, ghanaischer Nationalspieler und Profi u.a. bei Borussia Dortmund, AC Mailand, Schalke 04 oder Eintracht Frankfurt. Die beiden Beispiele illustrieren jedoch auch ein Problem des Berliner Fußballs, denn die vielversprechenden Spieler hält es zumeist nicht lange in der Stadt, weil sie anderswo bessere sportliche und finanzielle Perspektiven sehen.

Daneben hat der Fußball in den verschiedenen Altersklassen nicht nur bei den Reinickendorfer Füchsen immer auch eine wichtige gesellschaftliche Funktion, da die jungen Menschen auf und neben dem Platz das soziale Miteinander üben. Insbesondere den Nachwuchs-Trainern und den vielen ehrenamtlichen Helfern kommt hierbei eine wichtige Aufgabe zu, denn sie leisten einen erheblichen Beitrag für die Integration und den Zusammenhalt der Gesellschaft. Wie überhaupt im Berliner Fußball, spielen auch bei den Reinickendorfer Füchsen zahlreiche Jungen und Mädchen mit unterschiedlicher Herkunft, Kultur oder Religion.

Über die Grenzen Berlins hinaus bekannt ist die Handballabteilung des Vereins, die als „Füchse Berlin“ national und international für Furore sorgt. Seit 2012 heißt auch der Gesamtverein „Füchse Berlin Reinickendorf“. Präsident ist seit 2005 der Reinickendorfer Unternehmer, frühere Bürgermeister-Kandidat und ehemalige Bundestagsabgeordnete Frank Steffel.

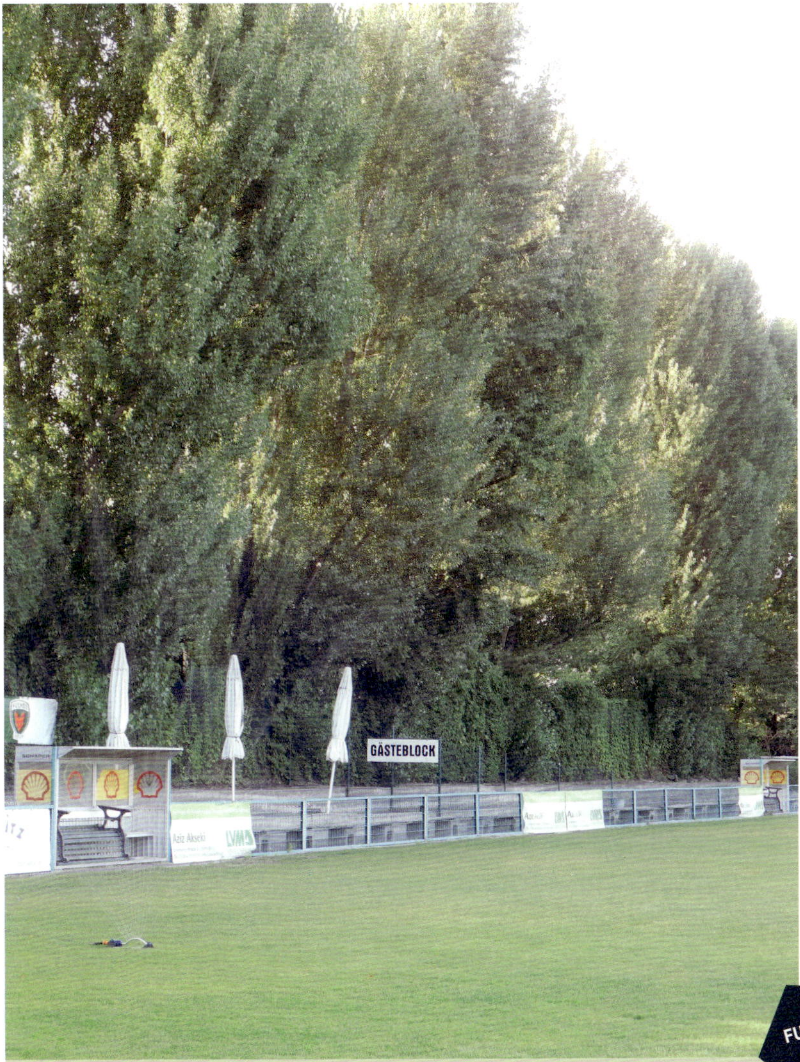

FUSSBALL ROUTE BERLIN

HARTE 4 FAKTEN

Adresse: Freiheitsweg 20, 13407 Berlin-Reinickendorf

Weitere bekannte Spieler: Änis Ben-Hatira, Ashkan Dejagah, „Zecke" Neuendorf

Bekannte Trainer: Gerd Achterberg, Christian Backs

Größte Erfolge: Berliner Pokalsieger 1997 und 2003

Stadion Wittenau

Der Sanierungsfall von Reinickendorf

Es ist nicht so, als hätte es je die ganz großen Triumphe in Wittenau gegeben, aber wer das Stadion betritt, ist unweigerlich versucht, sich in eine Zeit zurückzudenken, in der hier mutmaßlich große Schlachten geschlagen wurden. Doch trotz der Kapazität von 6.000 Zuschauern bleibt all das ein Gedankenspiel, denn der Heimverein, der 1910 gegründete Wittenauer SC Concordia, kann lediglich auf zwei Spielzeiten in der Amateurliga Berlins zurückblicken – immerhin zweitklassig, aber das war Mitte der 1950er-Jahre und ist auch schon ziemlich lange her. Daneben finden sich Einträge aus dem Jahr 1990. Damals spielten die Reinickendorfer Füchse als Meister der West-Berliner Oberliga in der Aufstiegsrunde zur 2. Bundesliga im Wittenauer Stadion drei der vier Heimspiele. Kamen zum einzigen Sieg der Füchse in dieser Relegation gegen den VfB Oldenburg (1:0) fast 1.500 Zuschauer, fiel das Interesse der Berliner in den nächsten Spielen deutlich ab. Gegen Wuppertal (0:1) zahlten immerhin noch 1100 Fußballfreunde ihren Eintritt, aber gegen den TSV Havelse (2:3) waren es nur noch magere 390 Enthusiasten.

Ansonsten wirkt in Wittenau vieles wie im Dornröschenschlaf, hoffen die Ränge jeden Sommer, vom kniehohen Gras befreit zu werden und wartet die Aschenbahn darauf, durch Tartan ersetzt und für die Zukunft fit gemacht zu werden. Es ist ein Stadion wie in alten Zeiten und wie für Fußballromantiker gemacht. Passend dazu gibt es das Schultheiss in der altbekannten 0,33er-Bombe gleich neben dem Spielfeldrand.

Wer sich über das Stadion Wittenau informieren will, muss allerdings lange suchen, denn nur wenige Informationen fanden den Weg an die Öffentlichkeit. Das alte Stadion ist ein Sanierungsfall und wird seit einigen Jahren Stück für Stück hergerichtet. Zu hoffen ist, dass der gemütliche Charme erhalten werden kann, wenngleich Erneuerungen dringend notwendig sind. Und vielleicht wird diesem Geheimtipp im Berliner Norden dann ja auch einmal ein wenig mehr Leben eingehaucht. Zu wünschen ist es dem WSC Concordia allemal, und dann ist für den Landesligisten auch die Berlin-Liga nicht mehr weit!

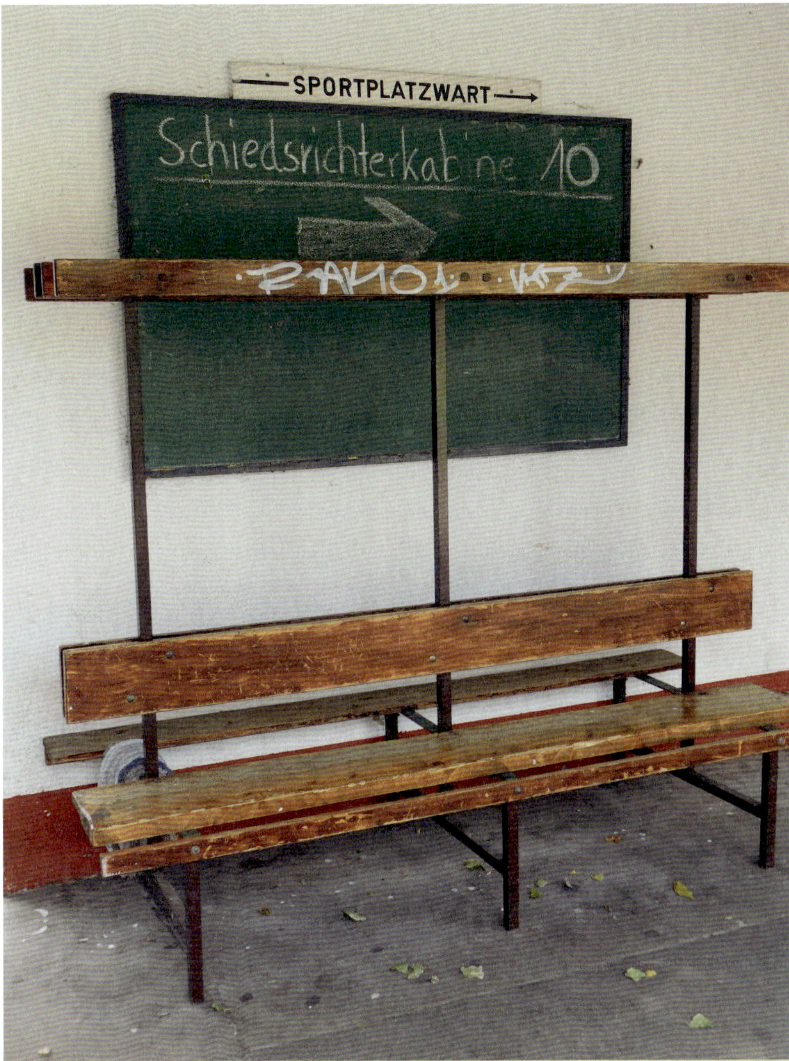

HARTE 4 FAKTEN

Adresse: Göschenstraße 9–28, 13437 Berlin

Fahrstuhlmannschaft: zwischen Bezirks- und Landesliga.

Finalort: mehrfach Ort des Endspiels der Berliner Senioren-Meisterschaft

Vorläuferbau: in den 1920er-Jahren im heutigen Volkspark Wittenau/Göschenpark östlich des Stadions

Poloplatz

Die Nordlichter unter Berlins Fußballern

Es passt ins Bild, dass der Frohnauer SC nicht auf dem „Waldsportplatz" spielt oder die Anlage nicht nach einem altverdienten Sportler benannt ist, sondern schlicht Poloplatz heißt und sich damit von anderen Spielstätten deutlich abhebt. Polo, das Spiel zu Pferde mit dem Touch von Oberschicht, passt zu Frohnau, wo alles etwas mehr schnieke aussieht, als man es in Berlin kennt. Doch mit Polo hat der Platz nicht mehr viel gemeinsam, lediglich ein Reitverein samt ehemaligem Poloplatz befindet sich nördlich der Fußballanlage. Gleich daneben ist der Verein Deutscher Schäferhunde beheimatet. Passend dazu spielt der Frohnauer SC denn auch in preußischen Farben: schwarz und weiß.

Nirgends kann man in Berlin nördlicher Fußball spielen als hier in Frohnau, das während der Teilung der Stadt wie ein Keil in den DDR-Bezirk Potsdam ragte. Und als gäbe es da einen Zusammenhang, erlebte der FSC mit dem Niedergang des real existierenden Sozialismus auch seine erfolgreichsten Jahre, spielte im Wendejahr 1989/90 erstmals in der drittklassigen Oberliga Berlin, wurde im ersten Jahr der Verbandsliga prompt Berliner Meister und stieg in die Oberliga Nordost auf. Mit dem 1. FC Magdeburg, dem Halleschen FC, Energie Cottbus und Union Berlin kamen große Namen an den Poloplatz und nahmen – bis auf das Remis des HFC – alle Punkte mit, die es zu vergeben gab. Immerhin gegen Anhalt Dessau und den SV Merseburg durften die Nordberliner im Spätsommer 1993 Heimsiege feiern. Ihr bester Drittligatorschütze wurde mit fünf Treffern Sven Malmström. Danach wurden die Frohnauer zum Dauerbrenner der Berlin-Liga und werden zur Spielzeit 2024/25 ihre insgesamt zwanzigste Saison im Berliner Oberhaus absolvieren.

Auch wenn sie zwischenzeitlich bis in die achtklassige Bezirksliga abrutschten, sind die Nordberliner zur festen Landmarke im Hauptstadtfußball geworden. 2022 knüpften sie sogar fast mal kurz an die alten Zeiten an, standen wenige Spieltage vor Saisonschluss auf dem Aufstiegsplatz zur Oberliga und wurden letztlich Vizemeister hinter TuS Makkabi.

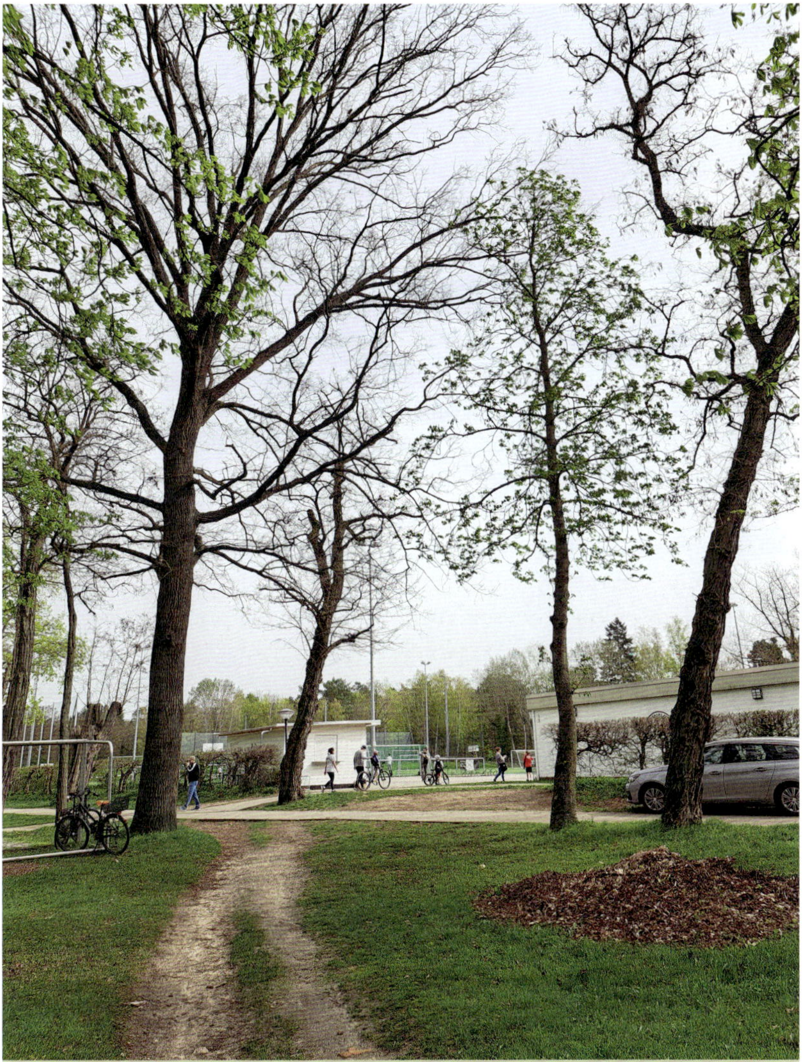

Adresse: Schönfließer Straße 13–19, 13465 Berlin

Gründung: 1946 als Sportgruppe Frohnau, 1950 Umbenennung

Spielstätten: Stadion mit Laufbahn, Kunstrasen- und Kleinfeldplatz

ÖPNV: eine Viertelstunde Fußweg zum S-Bahnhof Frohnau

Hermsdorf 076

Sportplatz Seebadstraße

Kunstrasen im Grünen

Der Weg von der S-Bahn zum Sportplatz des VfB Hermsdorf ist geprägt von Einfamilienhäusern und schicken Stadtvillen. Hier kennt man sich. Hat man die Berliner Straße, wie hier die B96 heißt, überquert, geht es am Bezirksmuseum von Reinickendorf und dem historischen Ortskern vorbei, dann einmal links herum und schon steht man in der Seebadstraße. Der Ort Hermsdorf kam erst 1920 zu Berlin, als sich die Metropole allerhand Städte und Dörfer einverleibte. Entsprechend hieß auch der älteste Vorläufer der Bewegungsspieler, gegründet 1899, noch „Deutscher Turnverein Theodor Körner Hermsdorf in der Mark", fokussierte sich seinerzeit aber auf die turnerische Körperertüchtigung. Organisiert Fußball gespielt wurde im damals noch Niederbarnimer Ort erst ab 1916, als sich der eigentlich auf Tennis ausgerichtete Hermsdorfer SC öffnete.

Nach der Umbenennung 1919 ging man schließlich als „Verein für Bewegungsspiele" auf Torejagd, bis heute nur unterbrochen von zwei Jahren nach dem Zweiten Weltkrieg, als auf alliierten Befehl hin zeitweise alle deutschen Vereine aufgelöst wurden. Seine größten Zeiten erlebte der VfB in den 1950er- und 60er-Jahren, als die Nordberliner insgesamt zwölf Jahre zweitklassig – erst in der Amateur- und später in der Regionalliga Berlin – spielten.

Nachdem sie anschließend für viele Jahre in den Niederungen des Berliner Fußballs kickten, gelang 1998 die langersehnte Rückkehr in die höchste Liga der Hauptstadt, die mittlerweile nur noch fünft- und später sogar sechstklassig war. Dieser gehörten die Hermsdorfer in der Folge für 18 Jahre an und erwarben sich den Ruf als die „Dinos" der Spielklasse, ehe es sie 2016 doch erwischte und der Gang in die Landesliga angetreten werden musste. Ihre beste Platzierung in all den Jahren war ein 3. Platz in der Spielzeit 2000/01. Aber auch in anderen Wettbewerben mischten sie kräftig mit, wurden 2004 und 2010 Berliner Hallenmeister und drangen im Landespokal 2008 bis ins Finale vor, wo sie sich Tennis Borussia mit 0:2 geschlagen geben mussten.

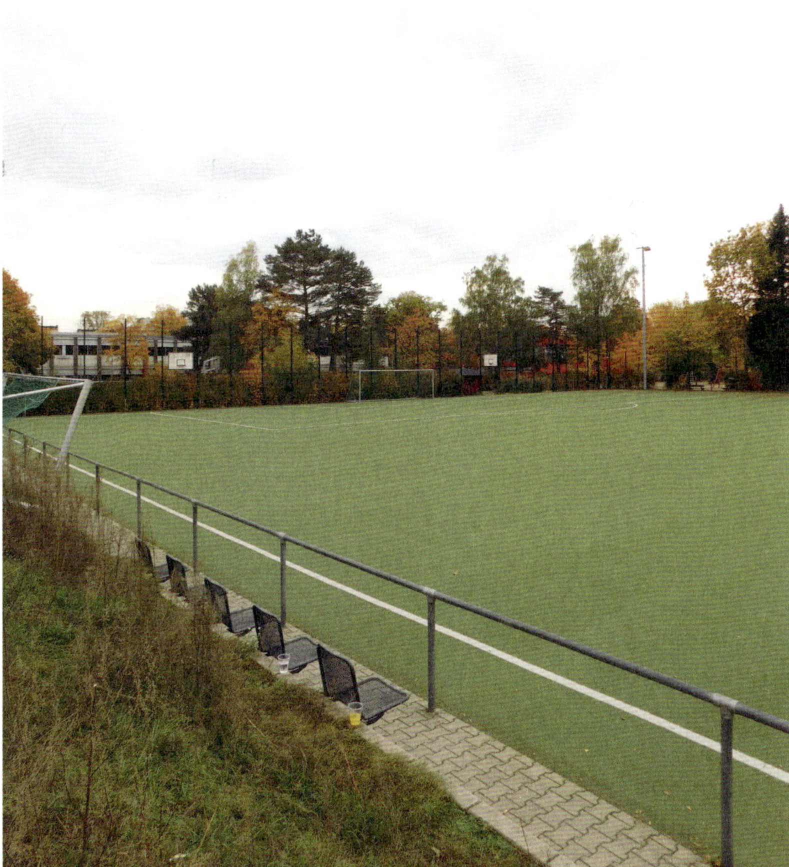

HARTE 4 FAKTEN

Adresse: Seebadstraße 38–42, 13467 Berlin

Kapazität: 1.500 Zuschauer

Vereinsfarben: rot-weiß

Erfolgreichster Spross: Desirée Schumann; 2010 und 2015 Champions League-Siegerin mit Turbine Potsdam und 1. FFC Frankfurt

Sportplatz Schluchseestraße

Alles begann mit einer Wette

Mit seiner sechs Jahre in der 2. Fußball-Bundesliga spielenden Frauenmannschaft war der 1. FC Lübars eine Zeit lang auch über die Stadtgrenzen hinaus bekannt. Der 1962 gegründete Verein spielt seit 1979 auf dem Sportplatz an der Schluchseestraße im Norden von Berlin, am äußersten Rand des Westteils der Stadt und unweit des Märkischen Viertels gelegen. Bereits 1969 von Marion Wusterhausen gegründet, als der Frauenfußball in Mitgliedsvereinen des DFB noch offiziell verboten war, feierte vor allem die Damenfußballabteilung des Vereins Erfolge.

Dabei hatte alles mit einer Wette begonnen: Die Männer des 1. FC Lübars wollten nicht glauben, dass die fußballbegeisterten Frauen im Verein es schaffen würden, eine komplette Mannschaft zusammenzubekommen und ein Fußballspiel zu bestreiten, und boten 50 D-Mark für den Fall, dass sie es doch zustande brächten. Das Spiel fand statt, die Männer mussten zahlen. Ein Jahr später, am 31. Oktober 1970, fiel das DFB-Verbot.

Als 1973 die erste offizielle Berliner Meisterschaft ausgetragen wurde, wurde Marion Wusterhausen mit 15 Treffern Torschützenkönigin. In den folgenden Jahren entstand beim 1. FC Lübars eine der erfolgreichsten Frauenfußball-Abteilungen Berlins, wobei sich Marion Wusterhausen auch außerhalb des Platzes zu einem Aktivposten entwickelte. Die Frauenfußball-Mannschaft des Vereins spielte in all den Jahren nie unterhalb der höchsten Berliner Liga. 1993 wurde das Team sogar Meister der Oberliga Nordost, scheiterte jedoch in den Qualifikationsspielen zum Aufstieg in die Bundesliga. In der 2004 eingeführten 2. Frauen-Bundesliga Nord belegte der 1. FC Lübars 2015 den ersten Platz, verzichtete aber aus wirtschaftlichen Gründen auf den Aufstieg.

Infolge finanzieller Schwierigkeiten zog der Verein die Frauenfußball-Mannschaft 2016 gänzlich vom Spielbetrieb zurück. Die Zeiten des Aufbruchs, der Euphorie und der Erfolge sind zwar offenkundig vorbei, aber die Leistungen des 1. FC Lübars und von Marion Wusterhausen verdienen auch 50 Jahren später noch Respekt und Anerkennung.

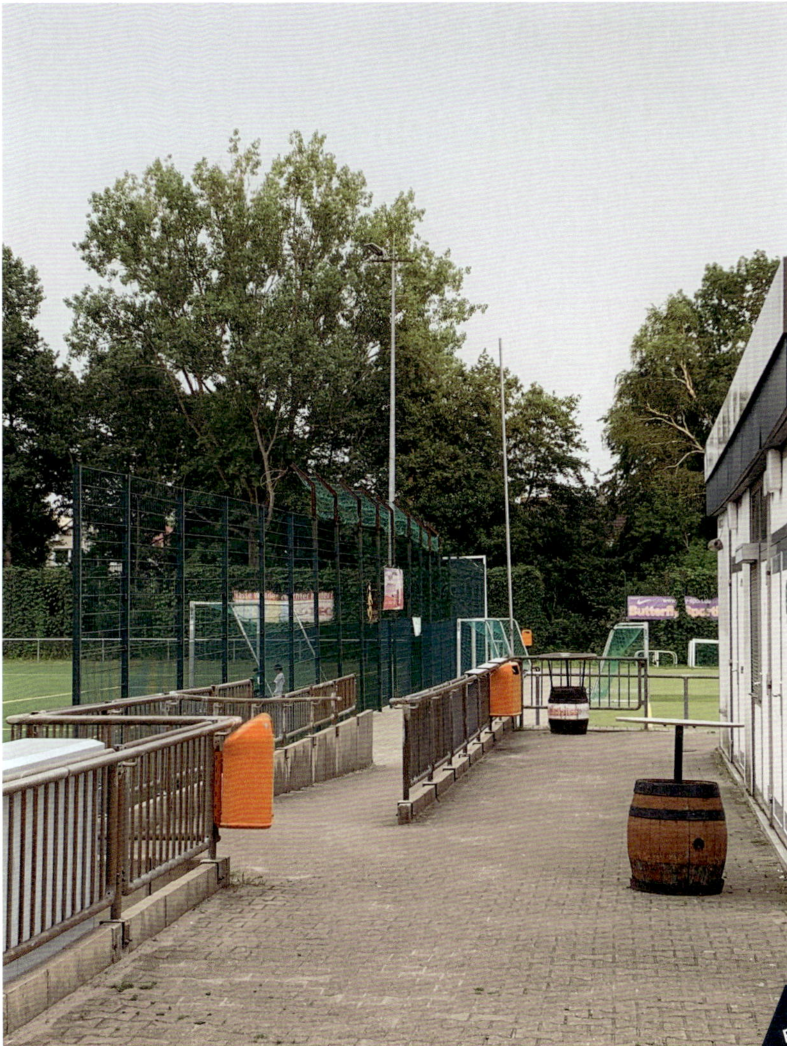

FUSSBALL ROUTE BERLIN

HARTE 4 FAKTEN

Adresse: Schluchseestraße 68, 13469 Berlin

Erfolge: Meister der 2. Bundesliga Nord 2015

Frühere Spielerin: Aylin Yaren
(19 Länderspiele für die Türkei)

Leiterin der Frauenfußball-Abteilung: Maja Bogs
(DDR-Nationalspielerin)

Heiligensee 078

Sportplatz Elchdamm

Wo die Elche zuhause sind

Wenn man sich auf den Weg zum Sportplatz Elchdamm macht, hat man das Gefühl, sich auf einem Schulausflug oder einem Wandertag zu befinden. Vom U-Bahnhof Alt-Tegel, dem nördlichen Endbahnhof der Linie 6, führt der Weg mit dem Bus durch ausgedehnte Waldgebiete und Einfamilienhaus-Siedlungen, bis man schließlich im äußersten Nordwesten der Stadt angekommen ist, unweit des Heiligensees und der Havel, die hier einst die Grenze zwischen West-Berlin und der DDR markierte. Die idyllisch am Waldrand gelegene Anlage empfängt einen freundlich; die Kabine des Stadionsprechers, die ein wenig an einen Hochsitz erinnert, und das kleine „Kaffeehäuschen" versprühen ländlichen Charme. Hier gibt es alles, was man für ein entspanntes Fußball-Erlebnis braucht: einen gepflegten Kunstrasenplatz mit Flutlichtanlage, eine kleine, überdachte Trainerbank für Gäste und das Heimteam, einen Getränkeausschank und an Spieltagen einen Grillstand, der leckere Bratwurst bereithält.

Dabei ist der 2002 aus der Fusion der beiden Nord-Berliner Traditionsvereine SC Tegel und SC Heiligensee hervorgegangene Nordberliner SC, der hier zuhause ist, zwar in unteren Ligen aktiv, kann aber auf eine ruhmreiche Vergangenheit verweisen. Immerhin war einer der Vorgängervereine mal Deutscher Meister! Zwar nur Deutscher Amateurmeister, aber das ist doch auch schon mal was. Im Jahr 1962 war das, als der SC Tegel im Endspiel vor 12.000 Zuschauern in Wuppertal den TuRa Bonn mit 1:0 besiegte.

Auch einen hervorragenden Torwart hat der Nordberliner SC hervorgebracht, nämlich Richard Golz, der mit Unterbrechung insgesamt vier Spielzeiten bei den Junioren des SC Tegel verbrachte und später in 450 Bundesliga-Partien beim Hamburger SV und beim SC Freiburg im Kasten stand. Insbesondere im Breisgau zählte „Richie" zu den Lieblingsspielern der Fans und wurde 2000 sogar zum Sportler des Jahres der Stadt Freiburg gewählt. Nicht zuletzt deshalb ist Golz sicherlich der prominenteste Fußballer, den der SC hervorgebracht hat. Der Verein versteht sich als Talentschmiede und ist zurecht stolz darauf.

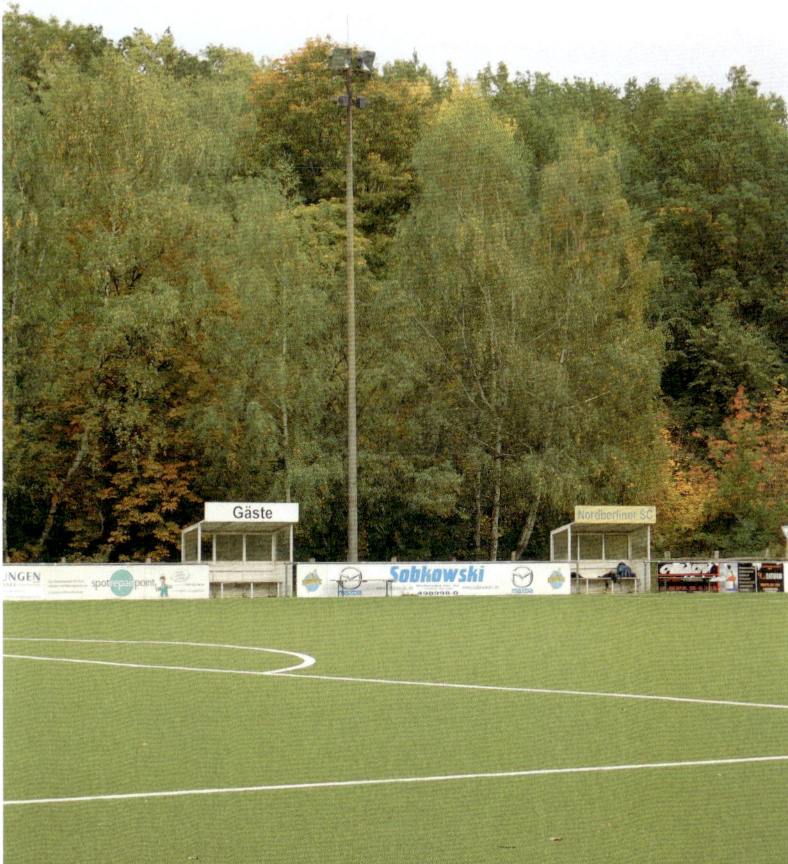

HARTE 4 FAKTEN

Adresse: Elchdamm 171, 13503 Berlin

Zuschauerkapazität: 1.500

Weiterer Berliner Verein Golz: Wacker 04

Weitere prominente Ex-Spieler: Thomas Herbst, Oliver Schröder, Pascal Bieler, Francis Banecki, Pierre Dickert

Stadion Neuendorfer Straße

Tasmania der 2. Bundesliga

Wenn die Medien besondere Bundesliga-Rekorde erzählen oder vermeintliche Fußballkenner glänzen wollen, wird oftmals die Geschichte von Tasmania 1900 erzählt. Der Verein belegt nach seiner einjährigen Bundesliga-Zugehörigkeit 1965/66 den letzten Platz der Ewigen Erstliga-Tabelle. Nur wenige Fußballbegeisterte kennen hingegen die Geschichte des Spandauer Sport-Vereins 1894 (SSV), die sich zehn Jahre später abspielte. Vor Beginn der zweiten Saison der 2. Bundesliga Nord schafften die Spandauer überraschend den Aufstieg und vertraten Berlin neben Tennis Borussia und Wacker 04 im deutschen Unterhaus des professionellen Fußballs. Die Heimspiele trug der Verein in seinem engen Stadion in Alt-Spandau aus, das Zeitgenossen als „Bruchbude" bezeichneten.

Da jegliche Voraussetzungen für dieses sportliche Abenteuer fehlten, scheiterte der SSV von Beginn an. Gleich in der ersten Begegnung der Saison gingen die Spandauer vor heimischer Kulisse gegen die SG Union Solingen mit 2:7 unter. Es folgte Niederlage auf Niederlage. Am Ende der Saison wies die Tabelle 8:68 Punkte und eine Tordifferenz von minus 82 Toren auf.

Nach dem herben Aufschlag in der Fußball-Realität folgte ein zwei Jahrzehnte währender Überlebenskampf in der Drittklassigkeit. Der SSV lief in der Amateur-Oberliga Berlin bzw. der Regionalliga Nordost auf, verlor jedoch unaufhörlich an sportlicher Leistungskraft und Ansehen. Der Lizenzentzug 1999 führte ins endgültige Chaos. In der Oberliga-Saison 2008/09 kam es zu einem Spielabbruch, weil der Verein keine acht Spieler stellen konnte. Die Insolvenz 2014 wurde zum absoluten Tiefpunkt des fünfmaligen Berliner Pokalsiegers. Der SSV musste vom Spielbetrieb abgemeldet werden und ist seitdem Geschichte. Seit 2022 ist erneut ein Spandauer SV im Berliner Fußball-Verband organisiert, der aus dem Türkspor Futbol Kulübü hervorging und sich erst seit kurzer Zeit auf die Tradition des „alten" SSV beruft. Vorerst konzentrieren sich die Verantwortlichen auf die Nachwuchsarbeit.

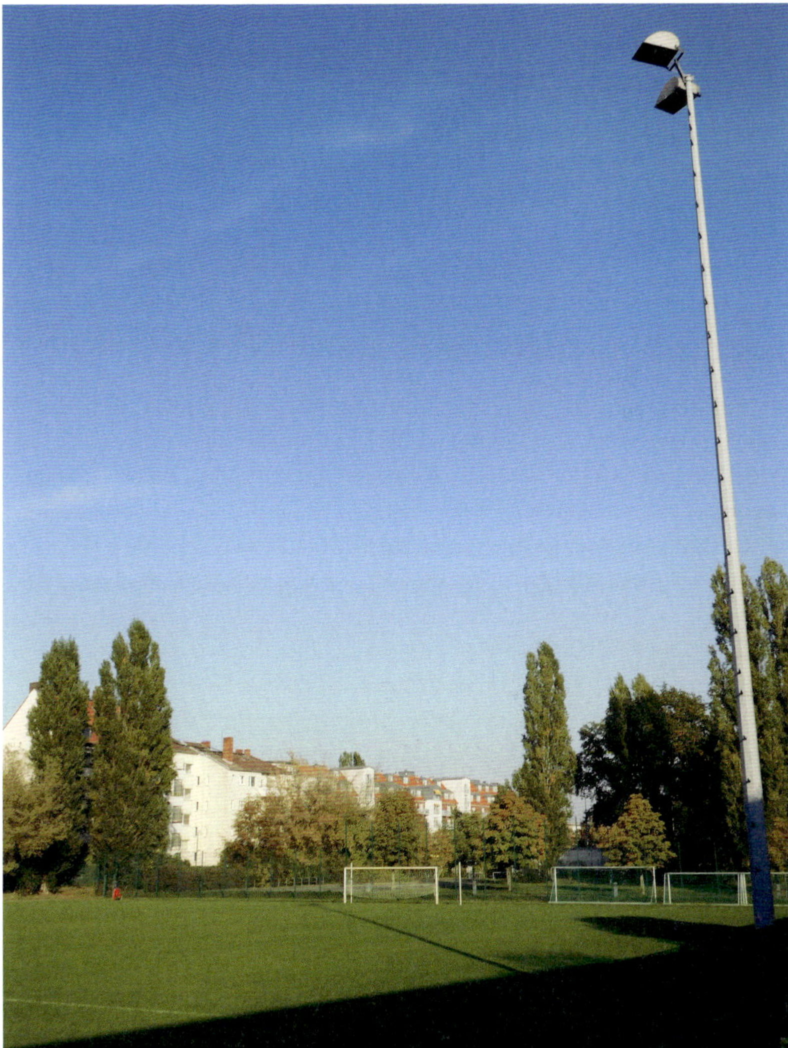

HARTE 4 FAKTEN

Adresse: Neuendorfer Straße 63A, 13585 Berlin

Berliner Vize-Meister: 1928 hinter Hertha BSC

2. Liga Nord 1975/76: Aufsteiger TeBe und Borussia Dortmund; Torschützenkönig: Norbert Stolzenburg (TeBe)

Treue: Nur zwei SSV-Spieler verließen nach dem Abstieg 1976 den Verein

Sportanlage Staaken-West

Schon immer mehr als Fußball

Als mehrere junge Männer um den Jura-Studenten Jürgen Pufahl die Initiative ergriffen, die Spandauer Kickers 1975 e.V. zu gründen, war ihr Tatendrang eine Abkehr von selbsterlebten, verkrusteten Vereinsstrukturen. Die Gemeinschaft engagierter Sportler fand schnell Zulauf, insbesondere von Kindern und Jugendlichen, wodurch die Arbeit ständig anwuchs. Pufahl musste seine Ausbildung an der Universität zeitweilig sogar ruhen lassen, um den Verein auf einen sicheren Weg zu bringen. Die Spandauer Kickers versuchten von Beginn an, Fußball nicht nur als Sport, sondern auch als gesellschaftliche Aufgabe zu leben. Im Zusammenhalt sahen sie mehr als ein Erfolgsrezept für das Kicken, Fairness wollten sie nicht nur auf dem Rasen. Deshalb führte „SpaKi" mit Selbstverständlichkeit Maßnahmen durch, für die heute aufwändige Kampagnen geführt werden: Integration, Antidiskriminierung, Kinderschutz und vieles mehr.

Der Verein wuchs über die Jahre zum zweitgrößten Fußballverein des Bezirks und ist wegen seiner familiären Atmosphäre weithin geschätzt. Die Spandauer Kickers hatten am Fehrbelliner Tor ihren ersten Standort und fanden 1995 auf der Sportanlage Staaken-West ihre Heimat. Diese verfügt über ein Stadion mit Naturrasen, zwei Kunstrasenplätze und ein DFB-Minispielfeld. Das Areal bietet Chancen zur Weiterentwicklung, was erforderlich ist, denn bei SpaKi stehen bis zu 200 Kinder auf der Warteliste, um im Verein kicken zu können.

Die Sportanlage der Spandauer Kickers war nicht zu allen Zeiten Teil von Berlin. Die Geschichte von West-Staaken verlief zwischen 1945 und 1990 tragisch, denn der ursprüngliche Berliner Ortsteil wurde nach dem Zweiten Weltkrieg von den Alliierten geteilt. Der Westen wurde dem Osten und der Osten dem Westen zugeschlagen, damit die sowjetischen Streitkräfte den damaligen Flugplatz komplett nutzen konnten. Bei SpaKi rollt der Ball auf historischem Grund, der Grundzüge des 20. Jahrhunderts im Konkreten abbildet. Eine Besonderheit, die aufgrund der Geschichte Berlins viele Vereine aufweisen.

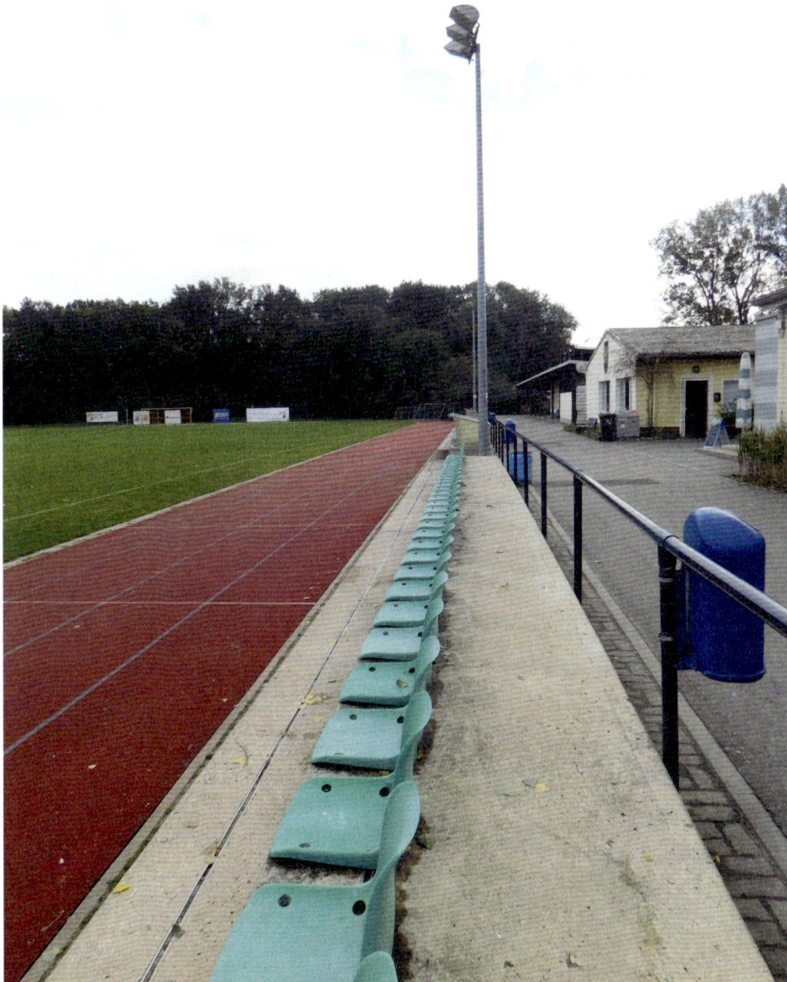

HARTE 4 FAKTEN

Adresse: Brunsbütteler Damm 441, 13591 Berlin

Treue: Jürgen Pufahl ist seit Gründung ununterbrochen Vereinspräsident

Ligen: 1. Herren: Berlin-Liga;
Frauen: 11er Frauen Berlin-Liga.

Besondere Sportart: Walking Fußball (für Herzinfarkt-, Schlaganfall- und Kniepatienten)

Sportpark Staaken

Von Staaken aus auf die große Bühne

Unmittelbar vor dem Ersten Weltkrieg wuchs der Ort Staaken, der 1920 Teil Groß-Berlins wurde, durch die sogenannte Gartenstadt deutlich. In die Siedlung – sie galt in der Zeit der Weimarer Republik als Vorbild sozialen Wohnungsbaus – zogen vor allem Arbeiter. 1919 gründeten begeisterte Rasensportler den Sport-Club Staaken. Sie entsprachen damit dem auch anderenorts enorm gestiegenen Interesse am Fußball, der damals eine regelrechte Gründungswelle von Vereinen erlebte.

Einer der größten Fußballer Berlins trat 1924 im Alter von elf Jahren dem SC bei, erlernte in Staaken das Kicken und verließ den Verein erst 1936. Hans „Hanne" Berndt entwickelte sich danach bei Tennis Borussia zu einem umjubelten Stürmer, den man heute „Unterschiedsspieler" nennen würde. Er schoss über 1.000 Tore in offiziellen Spielen, wurde drei Mal in die DFB-Auswahl sowie 62-mal in die Berliner Stadtauswahl berufen. Für Berndt bot sich durch die Leistungen im Sport die Möglichkeit sozialen Aufstiegs und großer Bekanntheit weit über seinen Geburtsort hinaus.

Die Kicker aus Staaken erlebten nach dem Zweiten Weltkrieg erfolgreiche Jahre und spielten bis 1948 in Berlins höchster Spielklasse. Zwischen 1965 und 1971 gehörten sie der West-Berliner Regionalliga an. Nach längeren Jahren in unteren Spielklassen stieg der SC Staaken 2011 in die Berlin-Liga auf und errang 2017 die Meisterschaft. Seit diesem Erfolg ist der Verein Teilnehmer der Oberliga Nordost, in der er auf weitere Berliner Vertreter trifft, die insgesamt die Qualität der Staffel bestimmen.

Der SC Staaken war in jüngster Vergangenheit der Ausbildungsverein mehrerer Spieler, die über Hertha BSC den Weg in den professionellen Fußball schafften. Auch deshalb wurde der Verein mehrfach mit dem Gütesiegel der Berliner Fußball-Verbandes ausgezeichnet. Der BFV drückt damit seine Anerkennung für die Leistungen der Staakener in der Aus- und Weiterbildung der Vereinsmitglieder, der Talentförderung sowie dem Schiedsrichterwesen aus und würdigt das gesellschaftliche Engagement.

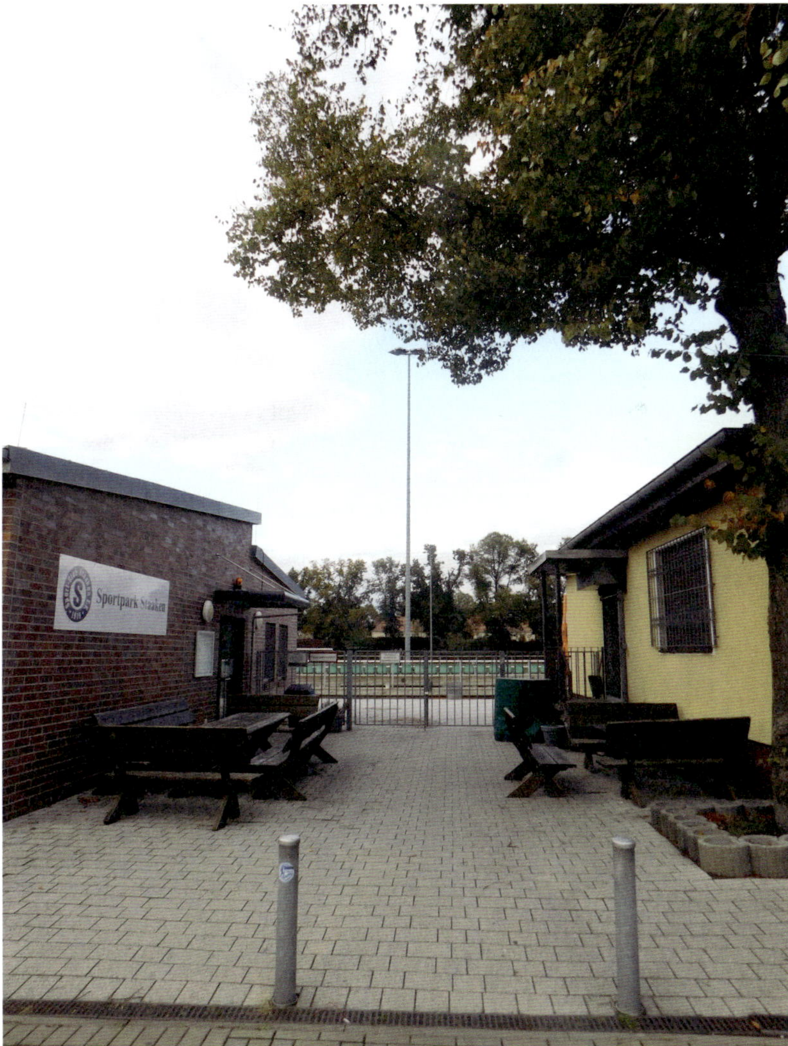

HARTE 4 FAKTEN

Adresse: Eichholzbahn 114, 13591 Berlin

Kapazität Kunstrasenplatz: 1.500 Zuschauer.

Weibliche Kickerinnen: sechs Mädchen- und Juniorinnen-Teams

„Hanne" Berndt: war Inhaber eines florierenden Sportgeschäfts in der Nähe des Kudamms

Sportanlage Jungfernheide

Für die Meister unter den Fans

Mitten im Park der Jungfernheide gelegen, darf sich der SC Westend 01 wohl über eine der am meisten im Grünen gelegenen Sportanlagen der Stadt freuen. Ganze fünf Fußballplätze befinden sich im Westen des Volksparks, der vor rund hundert Jahren angelegt wurde und neben den Westendlern für einige Zeit auch die SV Dresdenia beheimatete, die als Betriebssportgruppe für viele Jahre zur Dresdner Bank gehörte, ehe eben jene selbst verschwand und die Fußballer 2004 zu den Platznachbarn übertraten.

Der SC Westend jedenfalls hat seine besten Zeiten lange hinter sich: Anfang der 1950er spielte der SC zwei Jahre erstklassig in der West-Berliner Vertragsliga, nachdem sich mit Union Oberschöneweide und dem VfB Pankow die beiden Ost-Berliner Vertreter in die DDR-Oberliga verabschiedet hatten. 1956 organisierte man sogar das erste Berliner Frauen-Fußballspiel der Nachkriegszeit – mangels gegnerischer Alternativen gegen die Handballerinnen vom CFC Hertha. 1973 schließlich gelang den Herren noch die Rückkehr in die zweitklassige Regionalliga, doch seit den 1980er-Jahren kicken die Nord-Charlottenburger nun in den Niederungen des Berliner Fußballs.

Stattdessen kehren seit drei Jahrzehnten bundesweite Kicker in der Jungfernheide ein. Im Vorfeld des DFB-Pokalfinales treffen sich die sozialpädagogischen Fanprojekte und spielen hier ihre Art der Deutschen Meisterschaft aus. Mit zwölf Teams im Jahr 1992 gestartet und seit 1995 fast immer auch mit einem Mädchenwettbewerb, gehen hier einige Dutzend Fanmannschaften unter der Schirmherrschaft des DFB an den Start und beweisen – auch wenn sie sich an Spieltagen eher rivalisierend gegenüberstehen –, dass Fußball verbindet und Konflikte überwindet. Sie lernen hier, dass die vermeintlichen Feinde vom anderen Verein ganz ähnliche Interessen haben wie sie. Suppe wird eben nicht so heiß gegessen, wie sie gekocht wird, und so ist das Fanfinale, an dem bislang über 10.000 Jugendliche teilnahmen, eine echte Erfolgsgeschichte.

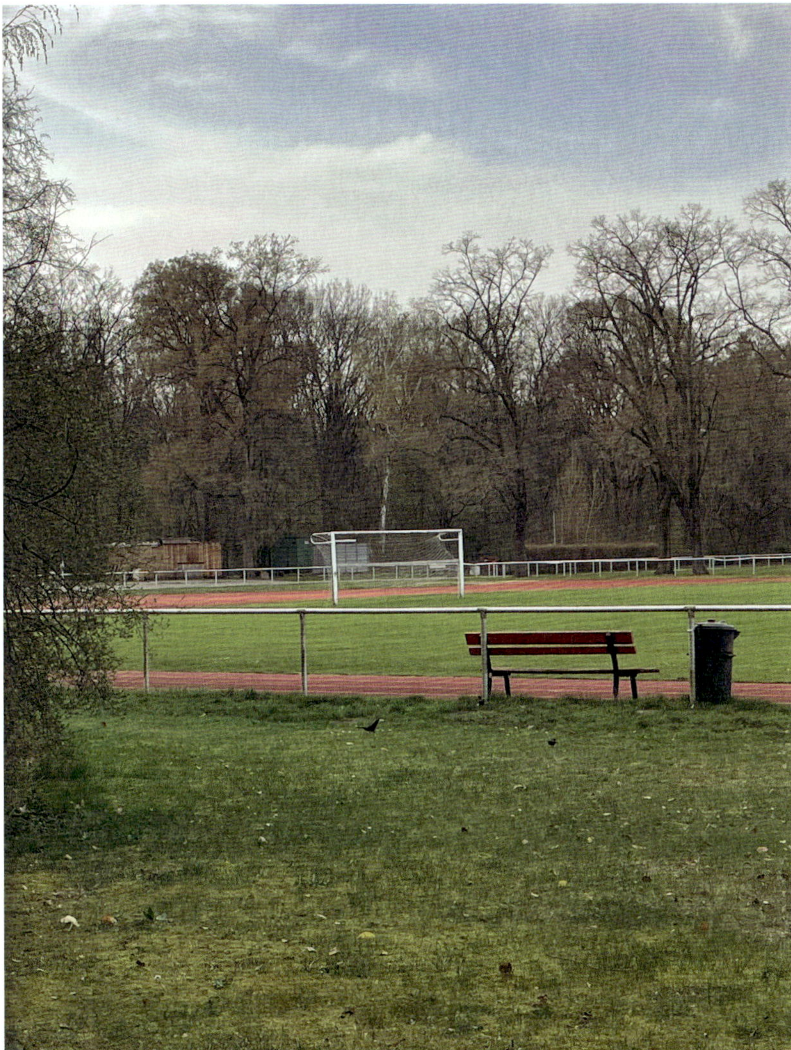

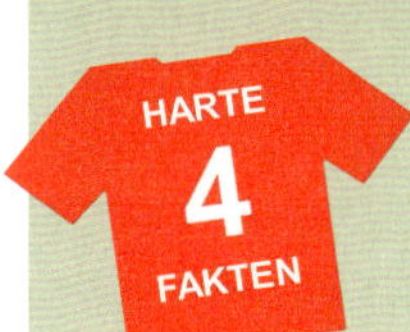

Adresse: Jungfernheideweg 70, 13629 Berlin

Sportanlage: 5 Naturrasenplätze, 1 Kunstrasenplatz, 4 Laufbahnen, diverse Leichtathletikanlagen

SC Westend 01 Sprösslinge: u.a. Holger Gehrke und Daniel Scheinhardt

Rekordsieger: Fanprojekt Leipzig (11 Siege, davon 8 der Mädchen)

Sportpark Westend

Höhenluft und Kartenhaus

Wenn es so etwas wie den Berliner Traum gibt, ist es im Fußball mit Sicherheit die Losung, die neue Nummer 3 der Stadt werden zu wollen. Der einst von italienischen Gastarbeitern gegründete Club Italia sang dieses Lied seit den 2000er-Jahren gleich zweimal und kam doch nie über die Berlin-Liga hinaus. Beim ersten Anlauf nutzte der „Pizza-Papst" genannte Sponsor immerhin seine Kontakte und holte Fredi Bobic in den Vorstand. Die ausgegebene Devise war vollmundig: „Wir wollen in die Bundesliga!" Doch das Unterfangen endete desaströs mit sechs Punkten, dem letzten Tabellenplatz und einem Negativrekord von minus 207 Toren.

Nur drei Jahre später stand ein neuer Geldgeber auf der Matte. Dessen Träume hatten es in sich und trafen bei Club Italia auf offene Ohren. Die Italiener hatten nämlich unlängst erfolglos eine Fusion mit dem Berliner AK angestrebt und Thomas Häßler als Trainer verpflichtet. Nun sprach man im Westend vom Vorbild RasenBallsport Leipzig, einem glamourösen Stadionneubau und einer erfolgreichen Nachwuchsabteilung. Manch einer träumte sogar von der Champions League. Alles sollte sexyer sein, als es in Berlin sonst abgeht. Der neue Vereinsname Berlin United sollte die ganze Hauptstadtregion adressieren und das Gerangel der alten Traditionsvereine hinter sich lassen, stand aber schon nach drei Jahren für ein Kartenhaus, das nach einer Saison in der Berlin-Liga und dem Ausbleiben der bei Immobiliengeschäften erwirtschafteten Gelder vollends in sich zusammenbrach.

Dass der Name Club Italia dennoch nicht verschwunden ist, liegt an der früheren zweiten Mannschaft, die sich 2018 vom neuen Konstrukt Berlin United abwandte. In Kooperation mit dem Ost-Berliner BSV Akademie der Wissenschaften realisierten sie den Neuaufbau ihres Vereins, der seit einigen Jahren in den unteren Spielklassen antritt, allerdings ins östliche Spandau umzog. Vom Traum des Profifußballs ist man nun noch weiter entfernt denn je. Schlagzeilen machen sie wieder nur, wenn andere Clubs Spieler aus Italien verpflichten und der Boulevard ein paar Meinungen von Exilanten sucht. Erhalten geblieben ist dafür aber ein klangvoller Name!

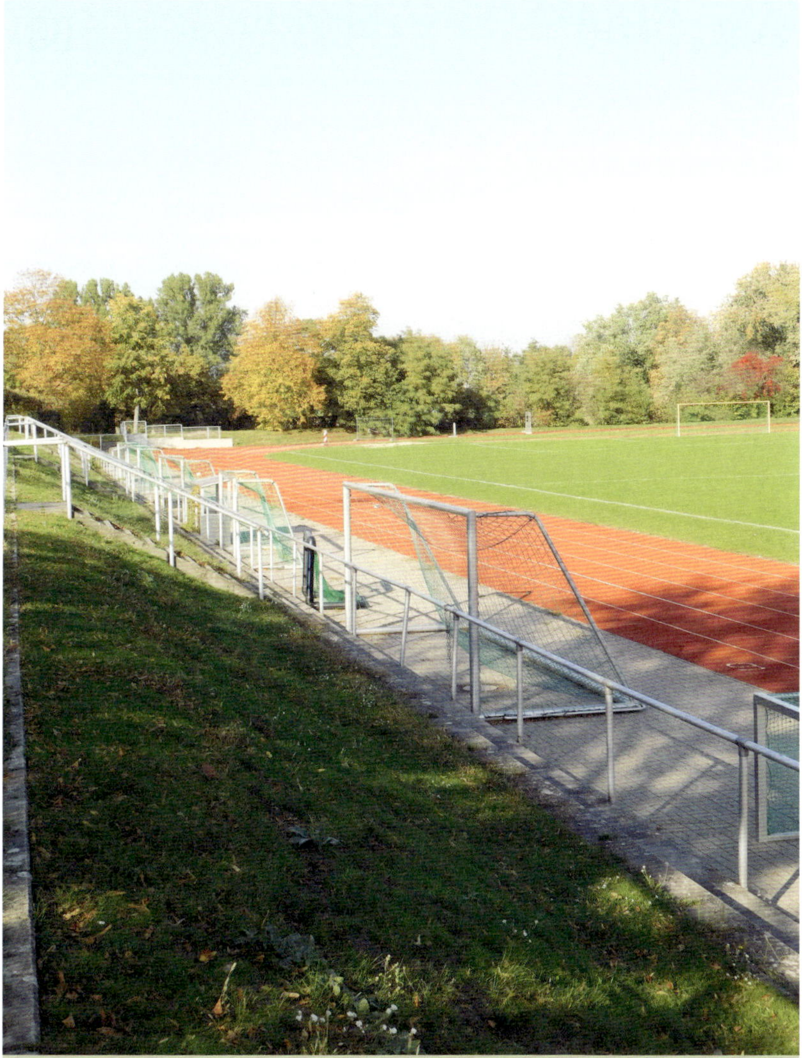

HARTE 4 FAKTEN

Adresse: Spandauer Damm 150, 14050 Berlin
Eröffnung der Sportanlage: 28. 8. 1910
Anzahl der Plätze: 1 Stadion und 5 Nebenplätze
Erstgründung Club Italia: 1980

Fußball-Akademie von Hertha BSC

Talente entwickeln – Zukunft sichern

Als die hochfliegenden Pläne vom „Big City Club“ eines windigen Investors und eines unfähigen Vereinspräsidiums offensichtlich gescheitert waren und der Klub am Abgrund stand, entschlossen sich die Mitglieder von Hertha BSC, einen Präsidenten zu wählen, der mutig neue Ziele vorgab und zugleich naheliegende Wege einschlug. Der Vollblut-Herthaner Kay Bernstein, der im Januar 2024 nach kurzer Amtszeit viel zu jung verstarb, proklamierte den „Berliner Weg“. Fortan sollte der Profi-Kader konsequent mit Fußballern aus dem eigenen Nachwuchs bestückt werden, um den Verein sportlich konkurrenz- und vor allem zukunftsfähig zu machen.

Hertha BSC gründete 2000 eine eigene Fußball-Akademie, noch bevor der DFB sein Projekt der Nachwuchsleistungsförderung anschob und die DFL das Betreiben von Leistungszentren für Talente vorschrieb. Bisher gelang es den Berlinern 94 Spieler so auszubilden, dass ihr Karriereweg in die 1. und 2. Bundesliga oder die internationalen Profiligen führte. Stellvertretend für diese sei Jerôme Boateng, Weltmeister von 2014, genannt.

Der entscheidende Faktor, hochgesteckte Ziele zu erreichen, waren von Beginn an die qualifizierten Trainer – nicht selten ehemalige Profis von Hertha BSC –, die in enger Zusammenarbeit mit Sportwissenschaftlern und Lehrern eine fußballerisch und pädagogisch anspruchsvolle sowie altersgerechte Talentausbildung praktizierten und ständig zeitgemäß weiterentwickelten.

Das Motto der Hertha-Akademie „Dein Talent bringt dich zu uns, dein Charakter bestimmt deine Zukunft“ offenbart, dass mehr als Kicken vermittelt werden soll. Die Verantwortlichen stellen sich den Aufgaben, die Persönlichkeit eines jeden Einzelnen zu entwickeln sowie Werte wie gegenseitigen Respekt, Toleranz, Fair Play, Disziplin, Teamgeist und Leidenschaft zu vermitteln. Wichtig ist dabei, dass nicht nur das Training organisiert wird, sondern auch Schulbesuch und Ausbildung sowie in einigen Fällen die Unterbringung in einem Internat mit familiärer Atmosphäre.

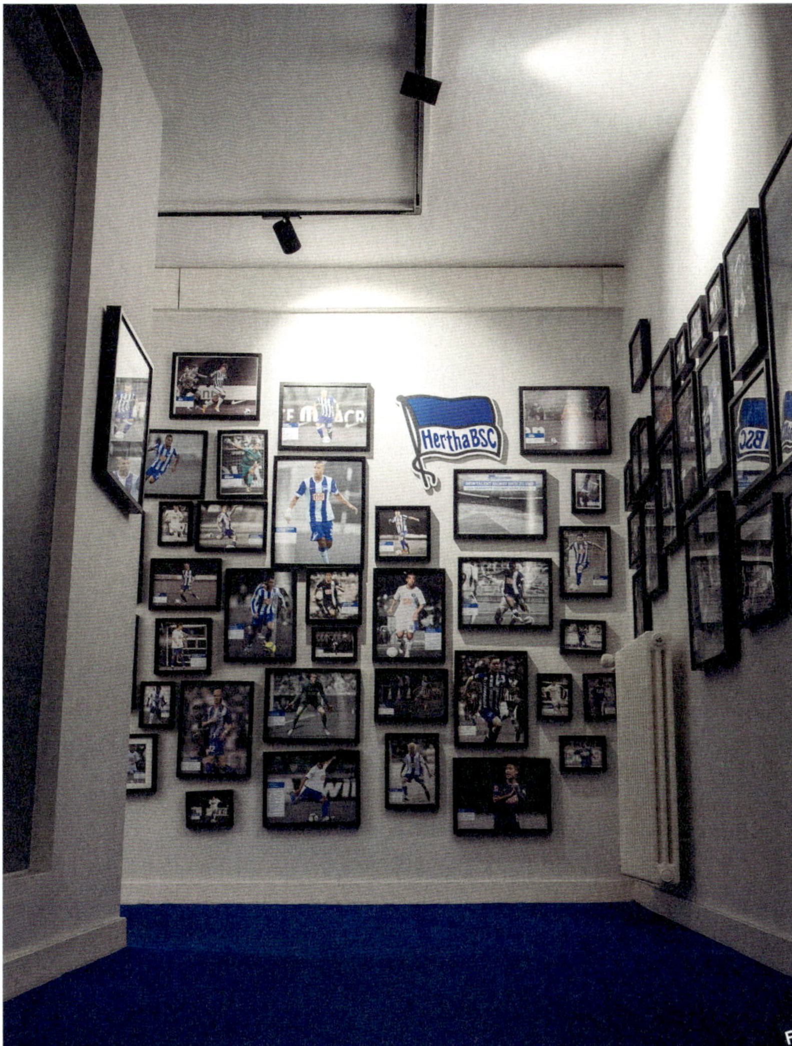

FUSSBALL ROUTE BERLIN

HARTE 4 FAKTEN

Adresse: Hanns-Braun-Straße, Friesenhaus 2, 14053 Berlin

Multi-Kulti: Talente aus 30 Nationen durchliefen bisher die Akademie

Trainer der Akademie: u.a. Pál Dardai, Ante Čović und Malik Fathi.

Schulische Partner: Poelchau-Oberschule und Schul- und Leistungssportzentrum Berlin

(Ehem.) Deutsches Stadion

Für Fußball nur bedingt geeignet

Viel gibt es nicht mehr zu sehen vom früheren „Deutschen Stadion", lediglich ein paar Steinquader vor dem Manfred von Richthofen-Haus, dem Sitz des Landessportbundes Berlin, lassen die einstige Größe und Massivität des Baus erahnen. Dabei war die riesige Arena einst die bedeutendste Spielstätte Berlins und des gesamten Deutschen Reiches. Ursprünglich wurde sie für die Olympischen Spiele 1916 erbaut. Bereits seit 1907 hatten entsprechende Pläne vorgelegen, und nachdem Berlin den Zuschlag als Austragungsort erhalten hatte, wurde 1912 mit dem Bau begonnen. Am 8. Juni 1913 eröffnet, vereinte die monumentale Anlage Rasenplatz, Laufbahn, Radrennstrecke und Schwimmbecken und brachte so die Idee von der Gesamtheit des Sports zum Ausdruck. Der Erste Weltkrieg verhinderte schließlich die Austragung der Olympischen Spiele 1916, obwohl sie offiziell nie abgesagt wurden.

Mit seiner repräsentativen Bauweise galt das Deutsche Stadion als größte und bedeutendste Sportanlage seiner Zeit, aufgrund seiner Weitläufigkeit war es für Fußballspiele allerdings nur bedingt geeignet. Dennoch fanden in den 1930er-Jahren zahlreiche Länderspiele und Meisterschaftsendspiele hier statt. Ein Höhepunkt war zweifellos das Finale um die deutsche Fußballmeisterschaft 1922 zwischen dem 1. FC Nürnberg und dem Hamburger SV, das auch nach 189 Minuten Spielzeit keinen Sieger fand. Der spätere DFB-Präsident Peco Bauwens, der als Schiedsrichter die Begegnung leitete, brach die Partie wegen der einbrechenden Dunkelheit beim Stand von 2:2 ab; auch das Wiederholungsspiel in Leipzig wurde beim Spielstand von 1:1 beendet.

Da die deutschen Sportler infolge des Ersten Weltkriegs von den Olympischen Spielen 1920 und 1924 ausgeschlossen wurden, initiierte der Deutsche Reichsausschuss für Leibesübungen die sog. Deutschen Kampfspiele, die einen Gegenentwurf darstellen sollten und stark politisch eingefärbt waren. Das Deutsche Stadion war also – ähnlich wie sein Nachfolger – Schauplatz zahlreicher gesellschaftlicher und sportlicher Ereignisse, bis es 1934 dem Neubau des Olympiastadions weichen musste.

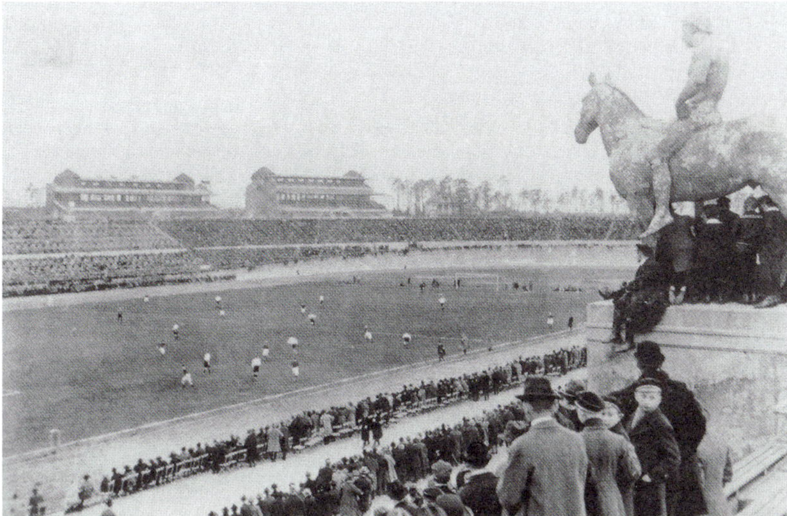

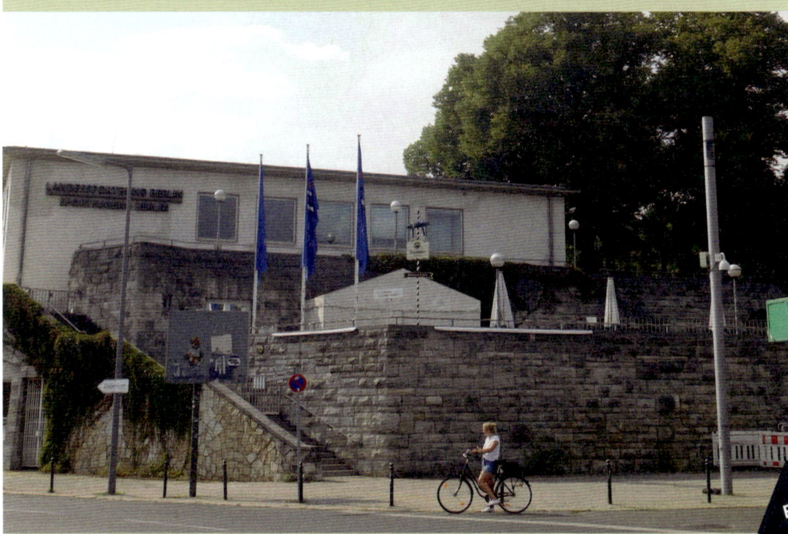

FUSSBALL ROUTE BERLIN

HARTE 4 FAKTEN

Adresse: Coubertinplatz, 14053 Berlin

Fassungsvermögen (offiziell): ca. 33.000 Zuschauer

Zuschauerrekord: 64.000 beim Meisterschaftsendspiel 1923

Architekt: Otto March, Vater von Olympiastadion-Architekt Werner March

Olympiastadion I

Von Protz und Propaganda zu Bundesliga und Rekorden

Die Olympischen Spiele 1936 gingen wie kaum eine zweite Sport-Großveranstaltung als Propaganda-Show in die Geschichte ein. Neben den Akteuren stand in ihrem Zentrum das Berliner Olympiastadion. Erst im Herbst 1933 als Neubau beschlossen – nachdem man sich von der Idee, das „Deutsche Stadion" auszubauen, verabschiedet hatte –, wurde es innerhalb von 28 Monaten baulich realisiert und überfällt seine Besucher seither mit unglaublicher Größe. Das hat sich bis heute nicht geändert. Dieses Stadion ist ein Monument. 100.000 Menschen fasste es einmal und bot damit die Kulisse, die die Nationalsozialisten für ihre Großmacht-Ambitionen brauchten.

Mit dem Olympischen Fußballturnier zogen ab dem Halbfinale auch die Kicker ein. Im ersten Spiel vor 95.000 Zuschauern schoss Alfonso Negro das erste Tor, als Italien mit 2:1 gegen Norwegen siegte. Nach Olympia blieb das Rund ein Pilgerort der Fußballmassen. Beim Finale um die Deutsche Meisterschaft 1937 spielten Schalke 04 und der 1. FC Nürnberg vor sagenhaften 101.000 Zuschauern – bis heute Rekord! Danach zog das Stadion weiterhin die Fußballfans in seinen Bann. Noch während die Stadt Berlin mit Luftangriffen ab 1940 in den Krieg gezogen wurde, strömten bis zu 95.000 Zuschauer zu den Finalspielen um Meisterschaft und Tschammer-Pokal. Auch für die Geschichte der Nationalmannschaft spielt das Stadion eine besondere Rolle, das Kräftemessen 1938 gegen England (3:6) gilt als erstes Länderspiel überhaupt, das mindestens 100.000 Zuschauer verfolgten.

Mit Gründung der Bundesliga begann 1963 die Hertha-Zeit im Olympiastadion, denn die Plumpe am Gesundbrunnen verfügte nicht über die notwendigen Kapazitäten. Ab 1969 setzte Hertha zu seinem Höhenflug in Charlottenburg an, wurde drei Mal Dritter und 1975 sogar Vize-Meister. Besonders historisch aber war das Spiel am 26. September 1969, als der 1. FC Köln zu Gast war und 88.075 Zuschauer den bis heute gültigen Bundesliga-Rekord aufstellten. Es war das 100. Bundesliga-Spiel der Hertha, das die Hausherren auch noch 1:0 gewannen.

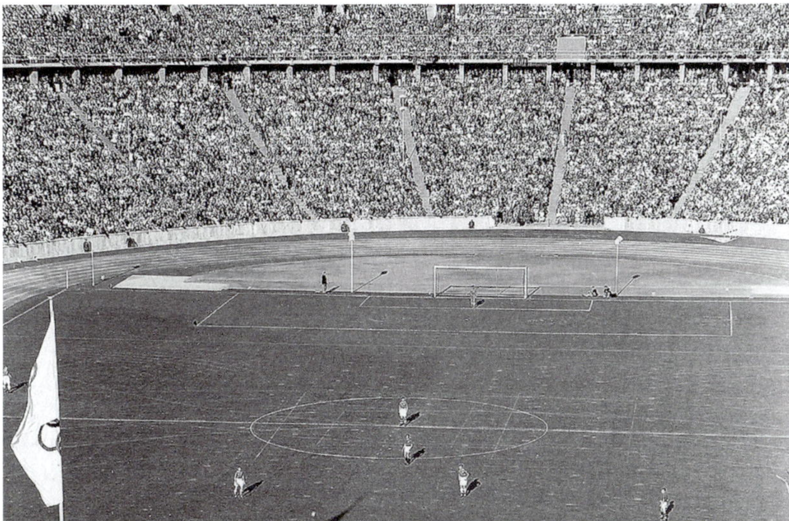

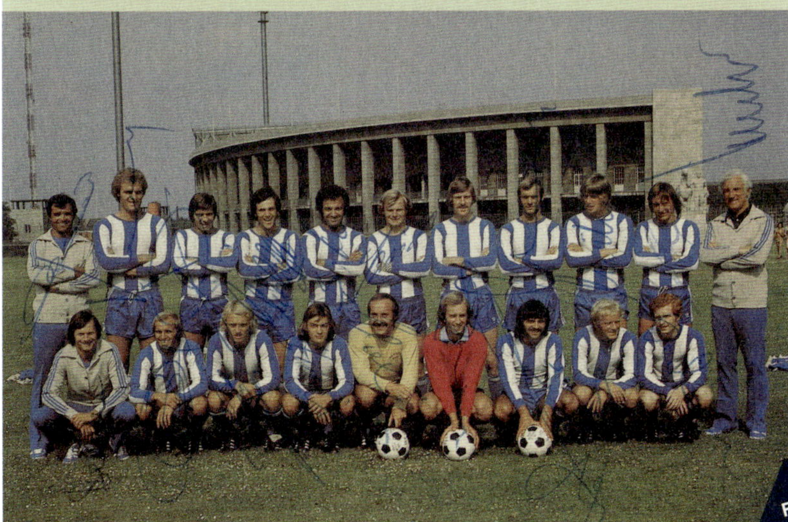

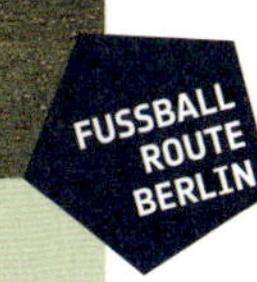

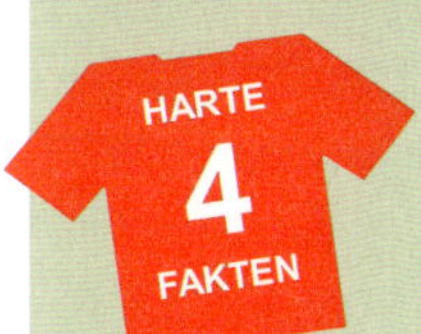

Adresse: Olympischer Platz 3, 14053 Berlin

Neuerungen bei Olympia 1936: TV-Übertragung der Spiele und eigenes Olympisches Dorf

Tasmania-Jubel: 81.000 sahen im ersten Bundesliga-Spiel einen 2:0-Sieg über den Karlsruher SC

Besondere Ehrungen: Gretel-Bergmann-Weg und Jesse-Owens-Allee im Stadionumfeld

Olympiastadion II

Fit für die Zukunft

Der Weg des Olympiastadions zur modernen Multifunktionsarena war steinig und für das Publikum manchmal auch ziemlich einsam. Denn während Hertha hier bis in die 1970er-Jahre Zuschauerrekorde aufstellte, sorgten die 1980er- und 1990er-Jahre für eine Zeit der Tristesse. Mit dem Abstieg der alten Dame in die 2. Liga und später sogar in die West-Berliner Amateur-Oberliga gerieten die Besucherzahlen in den freien Fall, kamen zeitweise nur wenige Tausend zu den Spielen. Wenngleich die dauerhafte Austragung des DFB-Pokalendspiels ab 1985 (man hatte die Idee, eine Art „deutsches Wembley" zu schaffen), gelegentliche Länderspiele und sogar der Champions League-Auftritt von ZSKA Moskau die große Fußballbühne für einige Momente zurückholten, haderte der Berliner Fußball sportlich für viele Jahre mit seinem Prunkstück. Der bauliche Verfall tat sein Übriges. Selten gelang es Hertha, die Massen ins Olympiastadion zu holen.

Erst die dauerhafte Bundesliga-Rückkehr ab 1997 sowie das Engagement vieler Verbandsvertreter und von Herthas Präsidenten Müller ebneten den Weg zum Umbau. Nicht zuletzt die FIFA-Entscheidung, die Weltmeisterschaft 2006 in Deutschland auszutragen, zwang zu handeln und für die Hauptstadt in Größe und Glanz ein adäquates Stadion zu schaffen. Vorher allerdings führte der Heimverein 1999 noch gegen den FC Barcelona vor, welche Tücken die Riesenschüssel mit sich brachte. Wenn es schlecht lief, stand eine weiße Nebelbank der Sicht von Fans und TV im Weg oder wurden tausende Zuschauer klitschnass.

Fünf Jahre später gelangte das als Oly bekannte Rund zur Vollendung. Mehr als eine Viertelmilliarde Euro investierten Bund, Land und Hertha BSC. Entstanden ist eine völlig neue Atmosphäre, geprägt von Vollüberdachung, einem als Feuerkranz inszenierten Flutlicht, blauer Tartanbahn und den erhaltenen Eigenheiten des 1936er-Baus. Seither hielten WM- und Champions League-Finale, Leichtathletik-Events und Großkonzerte Einzug. Und neben Hertha gibt es mit Union inzwischen einen zweiten Hauptstadtklub, der zuletzt sogar zu Champions-League-Spielen nach Charlottenburg einlud.

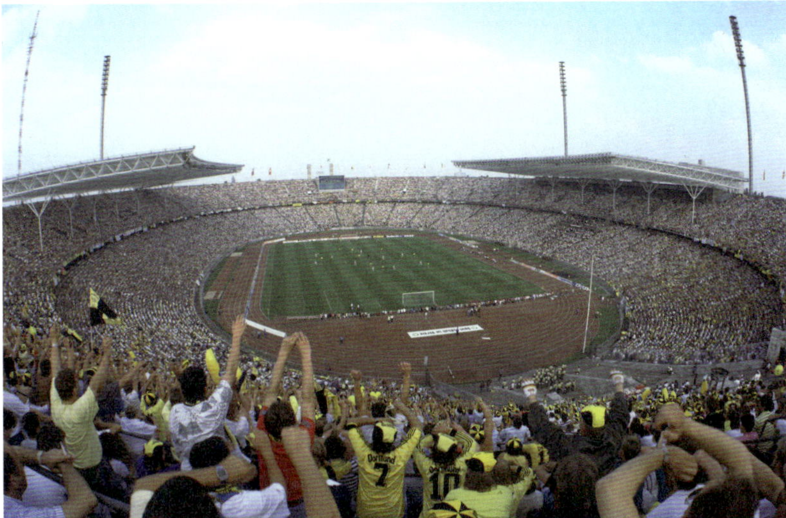

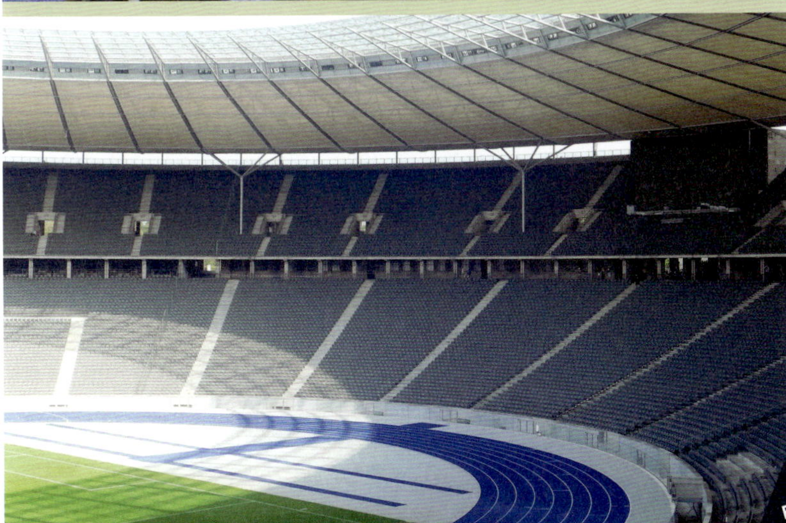

FUSSBALL ROUTE BERLIN

HARTE 4 FAKTEN

Adresse: Olympischer Platz 3, 14053 Berlin

Stehplätze in der Ostkurve: 7.500

Neueröffnung: 31.7.2004 mit einem großen Pop- und Klassikkonzert

Highlights: WM-Finale 2006; Leichtathletik-WM 2009; WM-Eröffnung 2011; Champions League-Finale 2015; Special Olympics World Games 2023

Stadion auf dem Wurfplatz

Stadion für die Hertha-Jugend

Man mag es kaum glauben, aber Hertha war in der neueren Zeit tatsächlich einmal in der Lage, ein neues Stadion zu bauen. Das schmucke Stadion auf dem Wurfplatz, umgangssprachlich Amateurstadion genannt, wurde im Sommer 2004 eingeweiht, ist seither die Heimat der U23-Mannschaft und diente von 2010 bis 2018 dem DFB-Pokalfinale der A-Junioren als Austragungsort – wenige Stunden, bevor hundert Meter entfernt die Großen im Olympiastadion antraten. Bei vier gespielten Finals im Amateurstadion gelang es der U19-Mannschaft von Hertha sogar ein Mal, sich hier zwischen Hanns-Braun-Straße und Friedrich-Friesen-Allee die Pokalkrone aufzusetzen – ein Triumph, auf den die Profis noch immer warten.

Als die zweite Mannschaft von Hertha BSC noch ganz offiziell Amateure hieß, wechselten die „Bubis" genannten Kicker immer wieder ihre Spielstätten und spielten an der Osloer Straße, dem heutigen Hanne-Sobek-Sportplatz, oder auch im Friedrich-Ludwig-Jahn-Stadion. Im Schatten des Olympiastadions nun hat die Jugend von Hertha, die hier vereinzelt auch Ligaspiele austrägt, ein stattliches und modernes Stadion bekommen, empfängt in der Herren-Regionalliga Nordost einstmals große Namen, wie Carl Zeiss Jena, den 1. FC Lok Leipzig oder Energie Cottbus. Von der überdachten Haupttribüne blickt man in Richtung des großen Stadions, das für die jungen Kicker wie ein Versprechen am Horizont erscheint, wenn sie sich nur ordentlich anstrengen. Bis dahin ist der Weg allerdings steinig und schwer, und so platzen für mehr junge Talente die Träume, als sie in Erfüllung gehen.

Auf Karrieren als Bundesliga-Spieler und Champions-League-Teilnehmer im Hertha-Dress können die Kicker der Hertha-Traditionsmannschaft zurückblicken. Im Team um Ehrenspielführer Erich „Ete" Beer spielen Dariusz Wosz, Pàl Dardai, Andreas Thom, Andreas „Zecke" Neuendorf und Axel Kruse für einen guten Zweck. Im Stadion auf dem Wurfplatz traf im Sommer 2014 Sport auf Kultur, als die Hertha-Legenden gegen die Autoren-Nationalmannschaft um den Dramatiker Moritz Rinke antraten. Sportlich war das Spiel überwiegend einseitig, als Begegnung zweier Welten jedoch ein Erfolg.

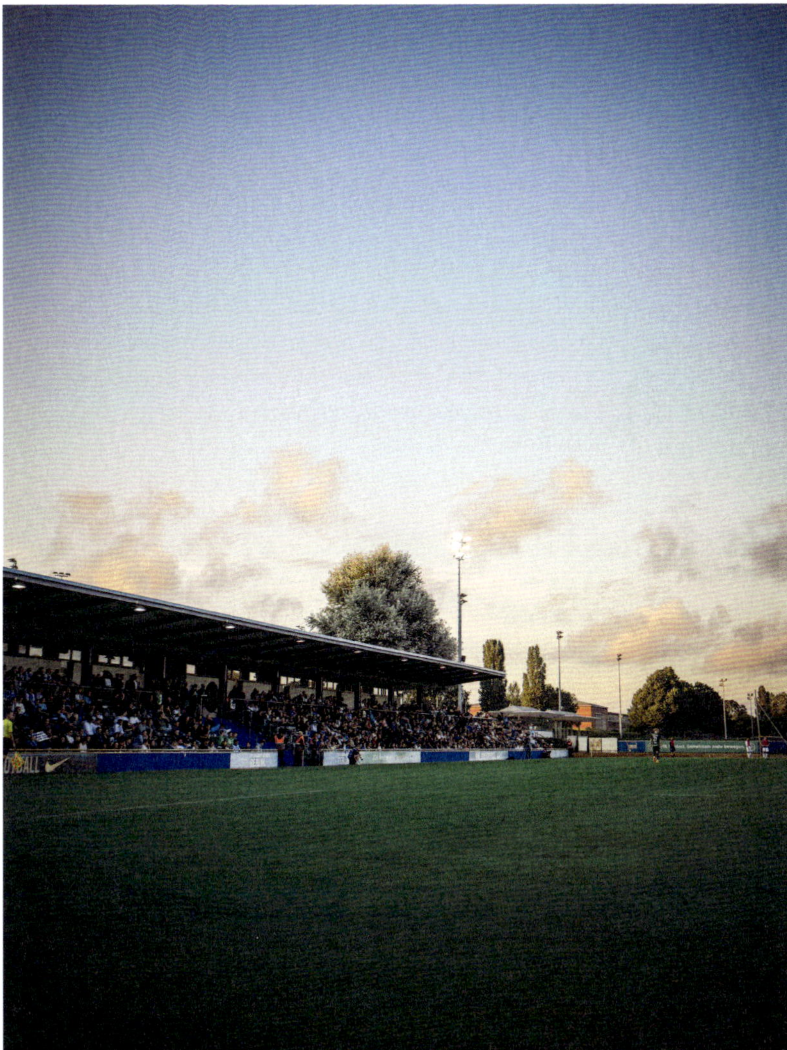

HARTE 4 FAKTEN

Adresse: Hanns-Braun-Straße 2, 14053 Berlin
Rekord-Pokalsieger: SC Freiburg (3x)
Hertha-Pokalsieg: 2015 im Finale gegen Energie Cottbus (1:0)
Zuschauerkapazität: 5.400 Plätze, davon 1.100 Sitzplätze

Mommsenstadion I

Hier blühen die „Veilchen“

Dass ein Stadion nach einem berühmten Historiker benannt ist, dürfte ziemlich einmalig sein. Während die Arenen weltweit Sponsoren bewerben, die viel Geld in den Fußball investieren, erinnert die Sportanlage im Westend an den Altertumswissenschaftler und Nobelpreisträger Theodor Mommsen. Hintergrund ist die Tatsache, dass ab 1934 Schüler des gleichnamigen Gymnasiums im Tribünentrakt Unterricht erhielten. Gebaut wurde das Stadion 1930 vom 1902 gegründeten Sport-Club Charlottenburg (SCC), der vor allem durch seine Leichtathleten hervortrat. Im Mehrspartenverein wird seit 1908 Fußball gespielt, momentan in der sechsklassigen Berlin-Liga. 1936 strömten die Zuschauer zu vier Achtel- und Viertelfinalbegegnungen des Olympischen Fußballturniers in das Stadion und sahen unter anderem einen 8:0-Sieg des späteren Goldmedaillen-Gewinners Italien gegen Japan.

Der 14-fache Berliner Meister und 17-fache Berliner Pokalsieger Tennis Borussia (TeBe), der vor allem in der Zeit der Weimarer Republik durch moderne Methoden die Entwicklung des Fußballs vorantrieb, zog nach dem Zweiten Weltkrieg ins Mommsenstadion. In den 1950er-Jahren war der 1902 gegründete Klub der erfolgreichste Berliner Verein. Bei der Einführung der Bundesliga spielte TeBe jedoch keine Rolle, da der Verein die Spitzenposition in Berlin verloren hatte und darüber hinaus mit finanziellen Schwierigkeiten kämpfte. 1974/75 und 1976/77 schafften es die „Veilchen“, wie die Fußballer wegen der Vereinsfarben Lila und Weiß genannt werden, doch ins Oberhaus des deutschen Fußballs, konnten jedoch die Klasse jeweils nicht halten.

1969 gründete TeBe als einer der ersten deutschen Klubs eine Frauenfußball-Abteilung, die in den Anfangsjahren vom Jack White trainiert wurde. Er war als ehemaliger Fußball-Profi unter seinem bürgerlichen Namen Horst Nußbaum aktiv und später als Musikproduzent erfolgreich. In den Jahren vor dem Mauerfall 1989 sympathisierten zahlreiche Künstler und bekannte Vertreter der Unterhaltungsbranche mit Tennis Borussia. Der bekannteste von ihnen war zweifellos der TV-Showmaster Hans Rosenthal, der mit „Dalli Dalli“ und „Rate mal mit Rosenthal“ ein Millionenpublikum erreichte.

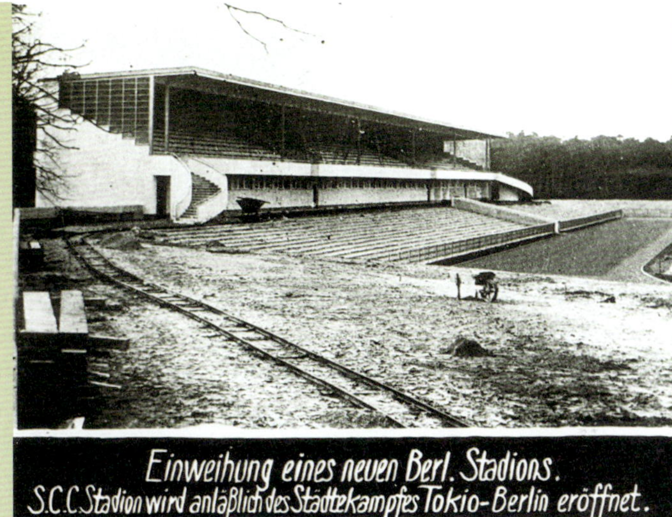

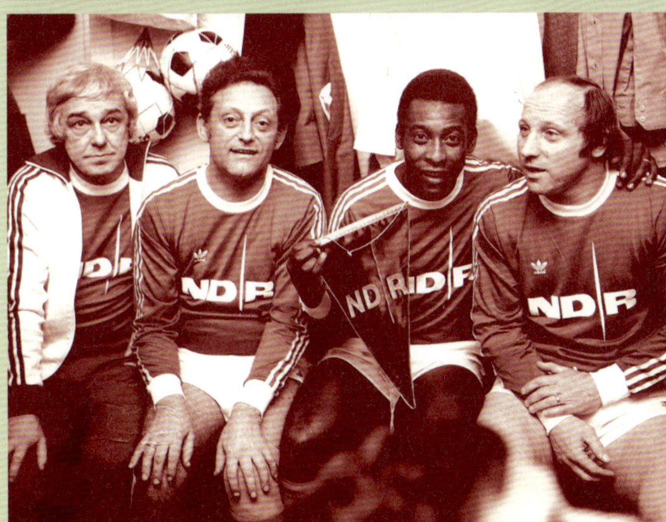

FUSSBALL ROUTE BERLIN

HARTE 4 FAKTEN

Adresse: Waldschulallee 34–42, 14055 Berlin

Architekt: Alfred Forbat (1897–1972), Vertreter des Neuen Bauens

Kapazität: ca. 11.500 Plätze, davon 1.800 überdachte Sitzplätze auf der Tribüne

Heimat: seit 2003 für Leichtathletikwettbewerbe beim Bundesfinale „Jugend trainiert für Olympia“.

Mommsenstadion II

Träume, Tennis, Traditionen

Es mutet heute absurd an, aber noch zur Jahrtausendwende sprach man im Mommsenstadion von einem Fünfjahresplan mit Champions League-Ambitionen und wie man der Hertha das Leben schwer machen wolle. Ein geplatzter Sponsorentraum namens Göttinger Gruppe, und nur elf Jahre später trudelte Tennis Borussia abwärts bis in die sechstklassige Berlin-Liga. Die Geschichte, die die Lila-Weißen nach der Wiedervereinigung schrieben, deckte fast alles ab, was man als Fußballfan so durchmachen kann. Vom DFB-Pokalsieg über Hertha und Erstliga-Träumen bis hin zur wiederholten Insolvenz war allerhand dabei, an dem sich eine Vereinsdokumentation abarbeiten könnte.

Vitalität brachte dem einstigen Prunkstück des Berliner Fußballs – immerhin war man mal Vorreiter in Sachen Profifußball und spielte zeitweise in der Bundesliga – schließlich das Engagement ihrer aktiven Fans, die eingreifen, wenn die Irrwege der Funktionäre mal wieder aus dem Ruder zu laufen drohen. Fast schon zur Legende wurde 2019 das Ringen um den Einfluss der Mitglieder und die Zukunft der Lila-Weißen, als Investor und Präsident Jens Redlich zur One-Man-Show ansetzte und sich der kritischen Fankultur entledigen wollte. Der Höherklassigkeit aber wollte man die Mitbestimmung nicht opfern, prozessierte gegen den finanzstarken Boss, siegte und ging zurück in die Oberliga. Inzwischen funktioniert im Mommsenstadion nicht einmal mehr die Anzeigetafel. Dafür gibt es Veggie-Wurst und Unbekümmertheit, so als versprächen Träumereien heute nur noch Schockmomente.

Hier im Eichkamp ist es zum Highlight geworden, wenn der Berliner Fußball mit dem Landespokalfinale vorbeikommt. Dessen Rekordsieger ist TeBe zwar, reckte den Pokal aber schon seit 15 Jahren nicht mehr selbst in die Höhe. Auch wenn die letzte Finalteilnahme gar nicht so weit zurück liegt, die Triumphe feiern im Mommsenstadion längst andere: Dynamo, Viktoria, TuS Makkabi. Frei nach dem gängigen Schlachtruf: Lila-Weiße West-Berliner Abstellgleise?

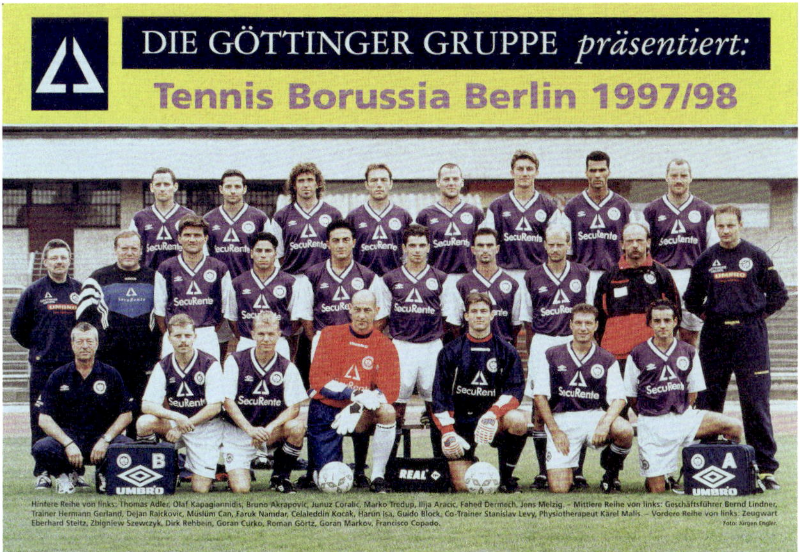

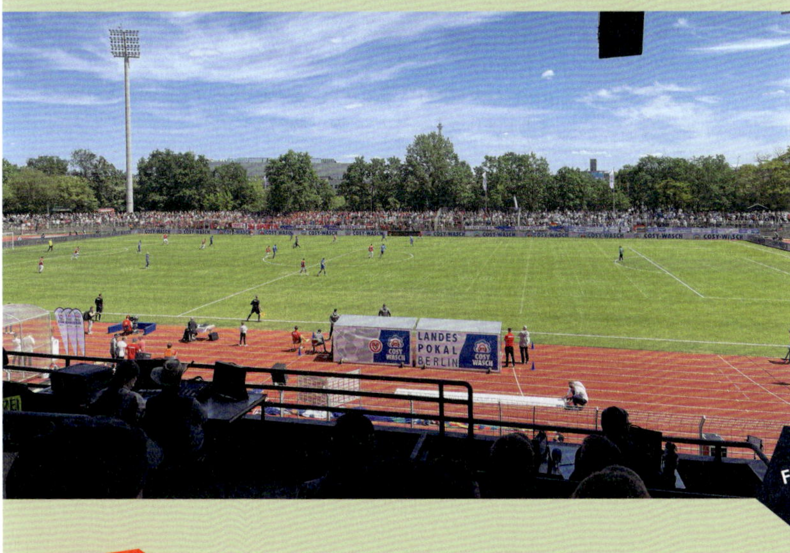

FUSSBALL ROUTE BERLIN

HARTE 4 FAKTEN

Adresse: Waldschulallee 34, 14055 Berlin

Nachkriegsrekord: 28.000 bei TeBe gegen Berliner SV (1951)

Fanzine-Kult: Lila Laune

Fast vergessen: 8 Jahre Bundesliga der TeBe-Frauen

(Ehem.) Deutschlandhalle

Wo früher der Budenzauber stattfand

Die Deutschlandhalle gibt es schon lange nicht mehr – genauer gesagt seit 2011, als sie abgerissen wurde und dem City Cube Platz machte. Dennoch ist sie nicht nur wegen der zahlreichen Rock-Konzerte sowie Show-Veranstaltungen wie „Holiday on Ice“ und „Menschen – Tiere – Sensationen“, sondern auch wegen der beliebten Hallenfußball-Turniere, die hier stattfanden, in Erinnerung geblieben. Errichtet wurde die Deutschlandhalle anlässlich der Olympischen Spiele 1936, die Wettbewerbe der Ringer und Gewichtheber sowie das Boxturnier wurden hier ausgetragen. Auch später bot die Halle einen beliebten Rahmen für Sportveranstaltungen aller Art, beispielsweise zwischen 1961 und 1990 für das Berliner Sechstagerennen.

Der damalige Direktor dieses wichtigen West-Berliner Veranstaltungsortes und spätere Hertha-Präsident Heinz Warneke initiierte hier das erste Profi-Hallenfußball-Turnier auf deutschem Boden, das vom 13. bis 17. Januar 1971 stattfand. In der Folgezeit hatte der „Budenzauber“ stets großen Zulauf, zumal das schnelle Spiel auf engem Raum eine gewisse Ballfertigkeit der Akteure voraussetzte und torreiche Partien mit sich brachte. Eine Besonderheit ergab sich im Januar 1990, also kurz nach dem Mauerfall, als beim Turnier in der Deutschlandhalle mit dem 1. FC Magdeburg erstmals eine Mannschaft aus der DDR vertreten war. Auf der Gegenseite fand vierzehn Tage später in der Ost-Berliner Werner-Seelenbinder-Halle auf Einladung des 1. FC Union ein internationales Hallenfußball-Turnier statt, an dem Blau-Weiß 90 und Hertha BSC teilnahmen.

Eine veränderte Saisonplanung des DFB und das Verletzungsrisiko auf Kunstrasen sorgten im Laufe der Jahre jedoch dafür, dass viele Vereine ohne ihre großen Stars antraten. Auch infolge der starken Zunahme von Fußball-Übertragungen im Fernsehen verloren Hallenfußball-Turniere ab Ende der 1990er-Jahre an Popularität, wohingegen die vom Weltfußballverband FIFA offiziell anerkannte und geregelte Variante „Futsal“ zunehmend Verbreitung findet.

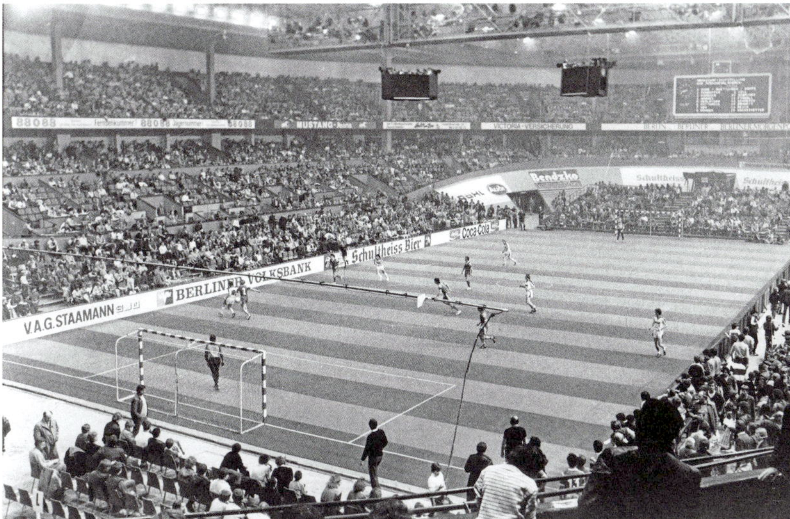

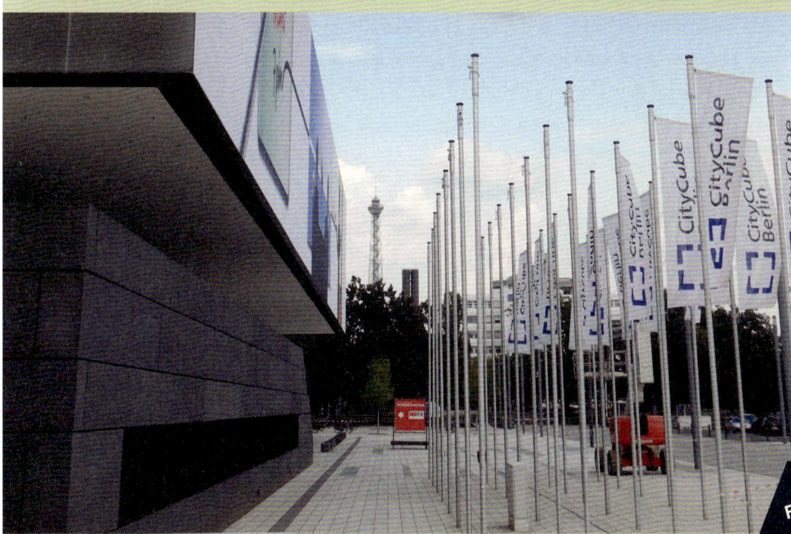

FUSSBALL ROUTE BERLIN

HARTE 4 FAKTEN

Adresse: Messedamm 24, 14055 Berlin

Rekordsieger: Hertha BSC (acht Siege)

Hallenmusik für die Schlussphase: „Wer hat an der Uhr gedreht“ und „Sirtaki“

Nachfolger: „Fußball-Legenden live erleben“ – AOK-Traditionsmasters“ in der Max-Schmeling-Halle (seit 2010)

Julius-Hirsch-Sportplatz

Tradition und Primus jüdischen Fußballs

Kaum eine Berliner Mannschaft aus dem Amateurfußball konnte in den letzten Jahren so auf sich aufmerksam machen wie TuS Makkabi. Grund dafür ist zum einen natürlich der Landespokal-Sieg im Jahr 2023, als die Elf vom Eichkamp die ehemaligen Arbeitersportler von Sparta Lichtenberg schlug und sich so für den DFB-Pokal qualifizierte. Auch der Aufstieg in die Oberliga Nordost, der im Vorjahr perfekt gemacht wurde, rückte den Verein in das Blickfeld der Öffentlichkeit. Mit beiden Triumphen schrieb sich Makkabi nämlich in die deutsche Fußballgeschichte ein. Nie zuvor erreichte ein Klub mit jüdischen Wurzeln die überregionalen Wettbewerbe – und dabei ist Makkabi noch gar nicht so alt. Erst 1970 gegründet und zeitweise ohne eigene Fußballabteilung, weil sich diese 1987 dem FV Wannsee anschloss und erst ab 1996 wieder eigenständig auftrat, berufen sich die Blau-Weißen auf eine viel ältere Tradition. Denn schon 1898 trat mit Bar Kochba ein erster jüdischer Sportverein in Berlin an, der 1914 sogar in Friedrichsfelde, auf der anderen Seite der Stadt, über einen eigenen Sportplatz verfügte, ehe er 1926 nach Mariendorf umzog.

Heute ist Makkabi auf einem der vielen Plätze am Eichkamp zu Hause, der seit 2006 den Namen eines berühmten Fußballers trägt: Julius Hirsch. Dieser gewann 1910 mit dem Karlsruher FV und 1914 mit der SpVgg Fürth die deutsche Meisterschaft. Wenig überraschend wurde er für die Nationalmannschaft nominiert und spielte auch beim olympischen Fußballturnier in Stockholm 1916. Vor dem Ersten Weltkrieg war er ein herausragender Spieler, konnte in Friedenszeiten aber leider nicht mehr daran anknüpfen. Von den Nationalsozialisten in Auschwitz ermordet, erinnert der DFB heute an ihn mit dem Julius-Hirsch-Preis, der Engagement für Toleranz und gegen Menschenfeindlichkeit auszeichnet.

Davon kann leider auch TuS Makkabi ein Lied singen, denn der Verein ist in all den Jahren in so ziemlich jedem Teil der Stadt mit Antisemitismus konfrontiert gewesen. Es nötigt viel Respekt ab, dass die Kicker mit dem Davidstern trotz alledem nicht aufgeben, sondern ihren Widersachern immer wieder die Stirn bieten.

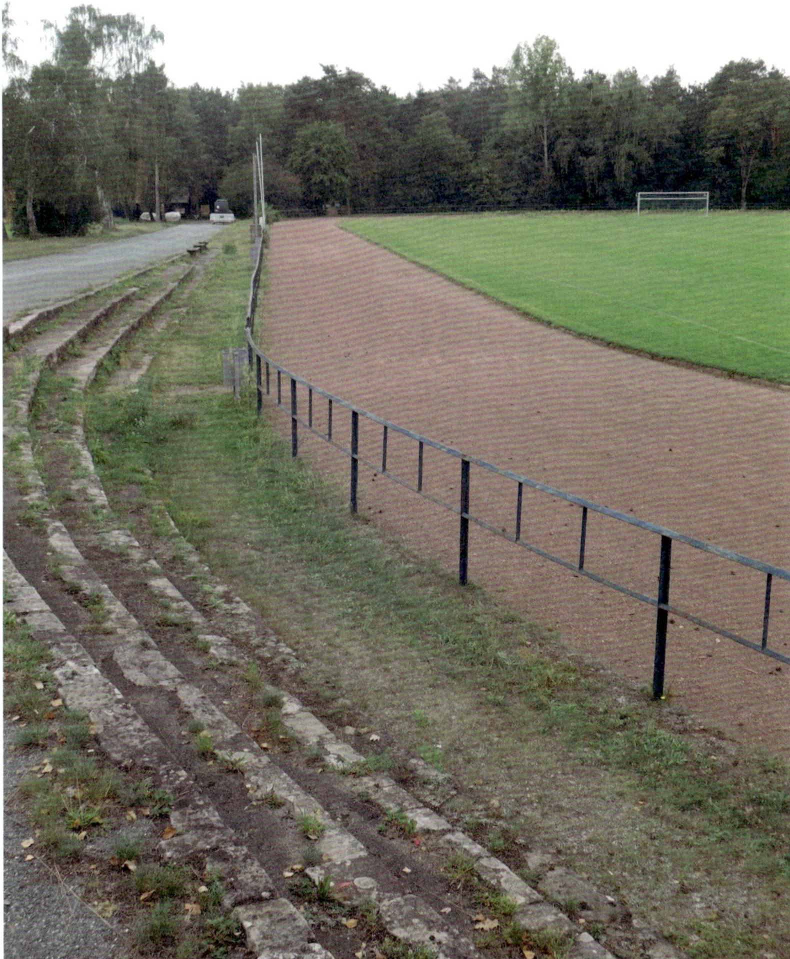

HARTE 4 FAKTEN

Adresse: Harbigstraße 40, 14055 Berlin

Zuschauerplätze: 3.500

Makkabi europäisch: 2006 Ausrichter der Maccabi Football Trophy

Multikulti-Davidstern: Spieler aus 16 Nationen im Verein

Sportplatz am Weiten Blick

Royale Romantik jenseits der Havel

Der Sportplatz am Weiten Blick ist wohl die romantischste Reise des Buches. Denn wer den SC Gatow besucht, muss dorthin, wo Berlin kaum wie eine Großstadt wirkt und wo neben ein paar Bussen die Wannsee-Fähre das Verkehrsmittel der Wahl ist. Während der zwanzigminütigen Überfahrt lässt man sich den Seewind durch die Haare wehen und genießt das Glitzern der Sonne im Wasser.

Angekommen in Kladow, geht es mit einem dicken Gelben der BVG ein Örtchen weiter und da steht man nun am Sportplatz am Weiten Blick. Hier setzt das Kassenhäuschen Moos an. Hier trifft sich die Nachbarschaft und schaut den talentiertesten Fußballern links des Wannsees beim Kicken zu. Hier versprüht das Vereinsheim gutbürgerlichen Charme. Gatow liegt so weit ab vom (Berliner) Schuss, dass einem der Trubel der Hauptstadt wie eine andere, weit entfernte Welt vorkommt.

Der örtliche Sportclub, gegründet 1931, gehört auch längst nicht zu den großen und legendenumwobenen Vereinen Berlins, schaffte es aber in den 1960er-Jahren in die drittklassige Amateurliga und immerhin ein Mal nach oben in die Regionalliga. Noch bis Anfang der 1990er-Jahre hielt sich der Verein in der Oberliga. Seither ging es zwischen Verbands- und Landesliga auf und ab, doch die letzten Jahre endeten nach schleichendem Abstieg gar in der Bezirksliga.

Immerhin, die Gatower dürften sich sogar Royal SC nennen. Dem britischen Königshaus jedenfalls war es bis 1994 wichtig, stets auf ihrem Flugplatz Gatow, der nur vier Jahre jünger als der Sportclub selbst ist, zu landen, wenn die Royals nach Berlin kamen – und so durfte das „Dorf in der Großstadt" ein paar Mal Elizabeth II. begrüßen. Ob sie dabei auch mal schaute, wie das englische Spiel unweit ihres Flugplatzes praktiziert wurde, wissen wir nicht. Mit Sicherheit hätte man jedoch groß aufgetischt und in gebrochenem Englisch verkündet: SC Gatow – save the Queen! Und wer weiß, vielleicht waren es ja doch nicht die „Hammers" aus London, für die das Herz der Regentin schlug, sondern der kleine SC Gatow, der sie königlich jubeln und fluchen ließ.

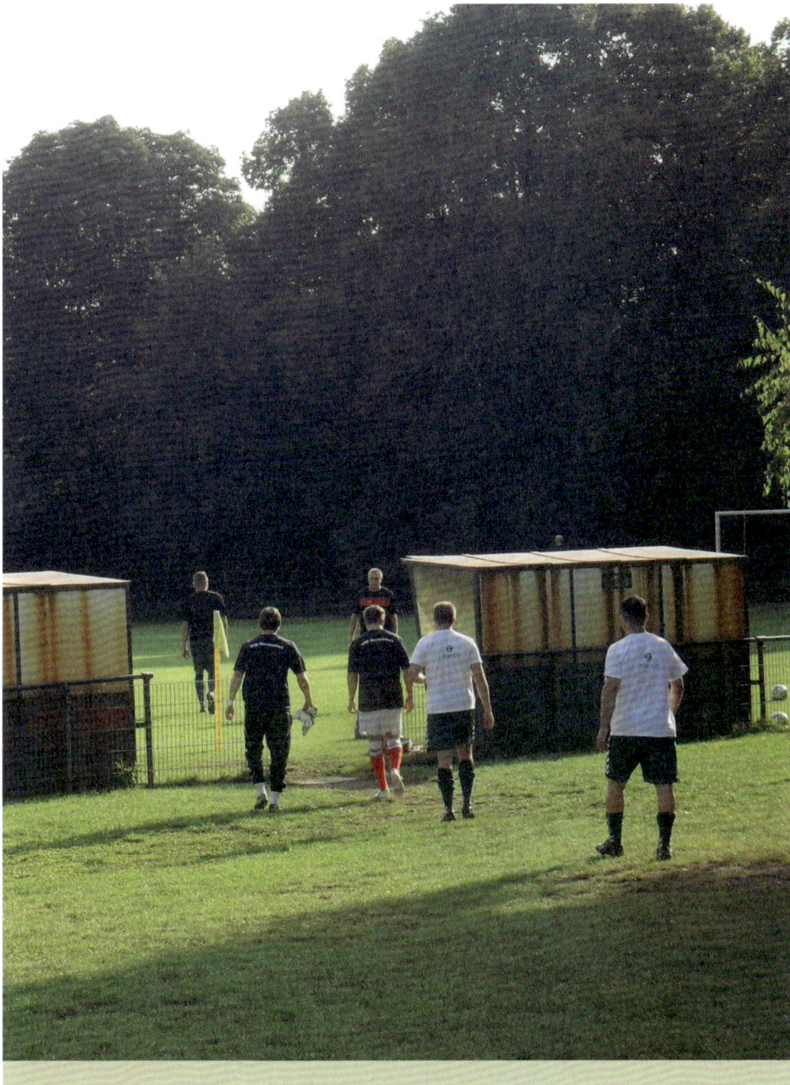

HARTE 4 FAKTEN

Adresse: Weiter Blick 48, 14089 Berlin

Clubhaus mit großer Terrasse: Di.–So. geöffnet

Ausflugstipp: Militärhistorisches Museum der Bundeswehr am Flugplatz Gatow

Fähre: stündlich ab S-Bahnhof Wannsee Richtung Alt-Kladow

Sportschule Wannsee

Talente aus ganz Berlin und Gäste aus aller Welt

Noch vor der amtlichen Wiedergründung des Verbandes im Dezember 1949 begannen die Fußball-Funktionäre des VBB um Richard Genthe und Paul Rusch mit der Suche nach einem geeigneten Gebäude für ein späteres Gästehaus und Sportzentrum. Sie hatten erkannt, dass die Leistungen einer Berliner Auswahl nur durch umfassende Vorbereitung zu sichern und der Verband über Qualifizierung der Übungsleiter zu entwickeln waren. Darüber hinaus beabsichtigten die Funktionäre, die alten Kontakte aus der Vorkriegszeit auf nationaler und internationaler Ebene zu erneuern und auszubauen. In dieser Situation kam ihnen die Tatsache, dass am Kleinen Wannsee amerikanische Generäle der Besatzungsmacht eine repräsentative Villa räumten, sehr entgegen. Das Präsidium des wiedergegründeten VBB beschloss einstimmig den Erwerb von zwei Grundstücken und des Hauses mit Zugang zum See. Nachdem der Kauf – unter dem damaligen Verkehrswert – abgewickelt und die Umbauten abgeschlossen waren, konnte das Objekt an die Sportler übergeben werden. Als erste Gäste begrüßte man im Juli 1951 Bundestrainer Sepp Herberger und die DFB-Auswahl, die sich auf das Heimspiel gegen die Türkei im Olympiastadion vorbereiteten, das mit einer 1:2-Niederlage endete.

Auch zwei Jahrzehnte später vollzog sich Historisches im Gästehaus. Als Teilnehmer der Fußball WM 1974 gastierte die DDR-Auswahl während ihres Aufenthaltes am Spielort West-Berlin am Kleinen Wannsee. In der Regel laufen die Ereignisse im heutigen Landesleistungszentrum „Richard Genthe" mit ihren 26 Schlafzimmern, Seminarräumen und Trainingsstätten weniger spektakulär ab. Hier finden sich Auswahlspieler aller Jahrgänge und Trainer zu Lehrgängen zusammen, ehrt der Verband seine Meister in den verschiedenen Spielklassen und veranstaltet Sommerfeste. Im Leben vieler Aktiver und Funktionäre ist das „Haus am Kleinen Wannsee" der Ort, an dem sie erstmals und mit bleibendem Eindruck den Berliner Fußball-Verband direkt erleben. Auf den Spielfeldern der Stadt erscheint der BFV den Sportlerinnen und Sportlern weit entfernt und anonym. Im Ambiente des Gästehauses sowie in der Begegnung mit Funktionären und Verbandstrainern bekommt er für sie Ort und Gesicht.

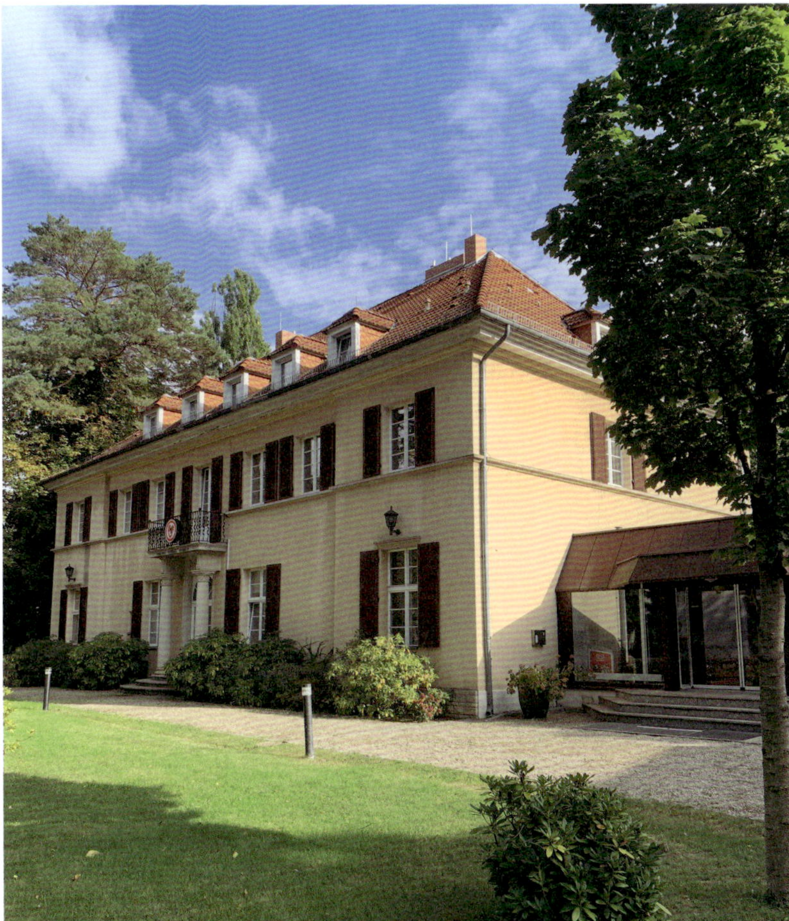

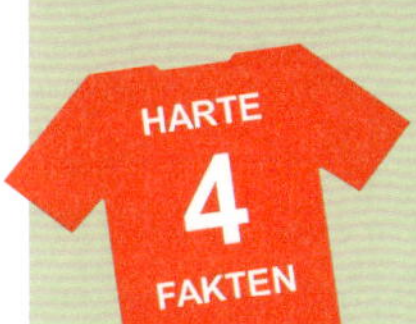

Adresse: Am Kleinen Wannsee 14, 14109 Berlin

Grundstücksgröße: 6.000 Quadratmeter

Richard Genthe: Spieler bei SC Minerva 1893, Berliner Vizemeister 1918, Funktionäre und Ehrenpräsident des BFV

Tipp: die 24 Doppel- und 2 Vierbettzimmer stehen je nach Belegung auch Touristen zur Verfügung

Ernst-Reuter-Sportfeld

Die Heimat der „kleinen Hertha"

Das Ernst-Reuter-Sportfeld, das nach Berlins früherem Regierenden Bürgermeister benannt ist, umfasst nicht weniger als sechs Spielflächen – und das ist nicht übertrieben bei einem Verein, dessen Kinder- und Jugendabteilung ziemlich groß ist, zahlreiche Titel sammeln konnte und weit über Berlin hinaus exzellenten Ruf genießt: Hertha 03 Zehlendorf, die „kleine Hertha". Warum der Klub so heißt, wie er heißt, ist eine lange Geschichte; jedenfalls geht der Stammverein auf das Jahr 1903 zurück und der Verein war tatsächlich mal Teil der „großen Hertha". Die große Zeit des Vereins war Ende der 1960er Jahre, als Hertha 03 zweimal die Berliner Meisterschaft errang und an der Aufstiegsrunde zur Bundesliga teilnahm. 1979 scheiterte der Verein knapp am Aufstieg in die 2. Bundesliga.

Präsident in dieser Zeit war Otto Höhne, der von 1964 bis 1984 amtierte und für die internationalen Testspielreisen des Clubs verantwortlich zeichnete, die Hertha 03 ab 1966 auf alle Kontinente der Welt führten. Das Vereinsheim in der Onkel-Tom-Straße, dessen Bau der ehemalige Schuldirektor anregte, trägt ebenso seinen Namen wie der renommierte Otto-Höhne-Cup. Im März 1990 wurde Otto Höhne zum Präsidenten des Berliner Fußball-Verbandes gewählt und sorgte gemeinsam mit dem Vorsitzenden des Bezirks-Fachausschusses Fußball in Ost-Berlin bzw. des nur kurz existierenden Fußball-Verband Berlin, Uwe Piontek, für die fußballerische Wiedervereinigung der Stadt, die am 17. November 1990, also wenige Tage vor dem DFB, vollzogen wurde. Vierzehn Jahre lang, bis 2004, leitete Otto Höhne den BFV, bis ihm der aktuell amtierende Bernd Schultz nachfolgte. Dem Berliner Fußball ist Otto Höhne trotz seines inzwischen hohen Alters immer noch eng verbunden – wenn auch schon lange nicht mehr in aktiver Funktionärstätigkeit.

2014 konnte Hertha noch einmal die Berliner Meisterschaft gewinnen und spielt seitdem in der Oberliga Nordost. Wiederholt wurde Hertha 03 für die beste Nachwuchsarbeit in der Stadt ausgezeichnet. Die Liste der bekannten Spieler, die einst als junge Talente in Zehlendorf kickten, ist lang und kaum zu überblicken.

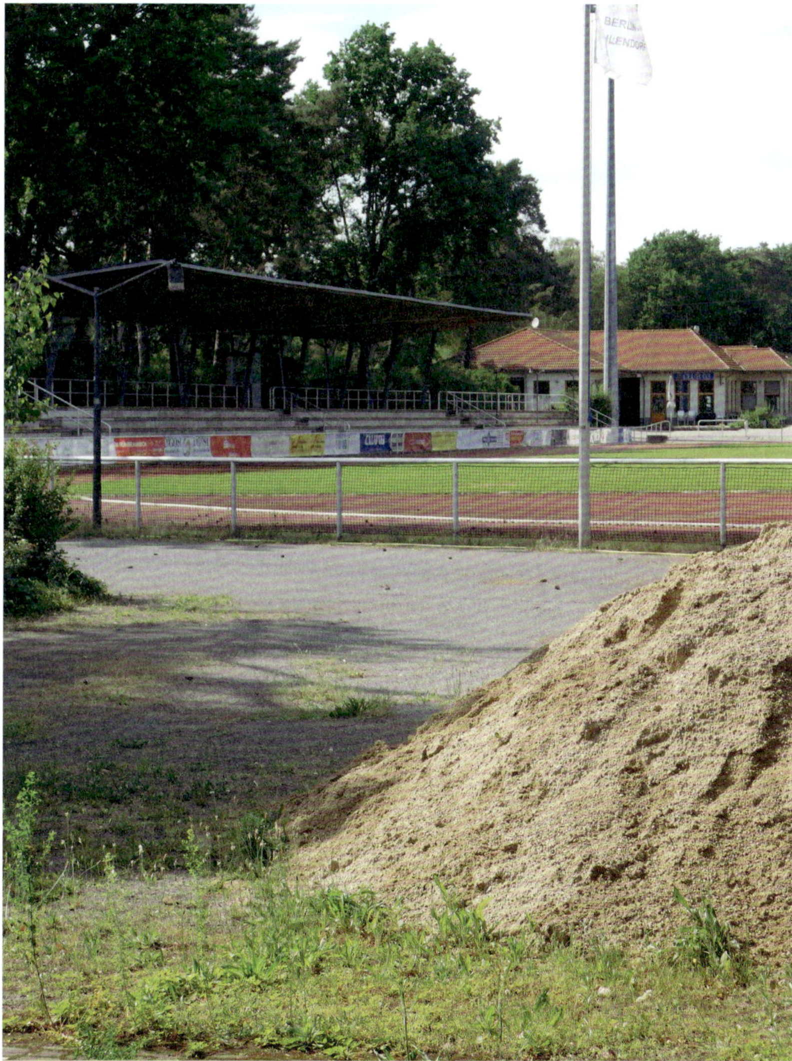

HARTE 4 FAKTEN

Adresse: Onkel-Tom-Straße 40, 14169 Berlin

Eröffnung: 1954

Kapazität: 5.000, davon 1.000 Sitzplätze, früher 8.000 Stehplätze

Zuschauerrekord: 6.000, 14. 10. 1956, Hertha 03 Zehlendorf – Hertha BSC (2:2)

Haus des Fußballs

Sitz des Berliner Fußball-Verbandes

Solange der Fußball organisiert betrieben wird, sind für die Funktionäre neben allen sportlichen Belangen mindestens zwei Fragen bedeutsam: finanzielle Rücklagen oder auch Verbindlichkeiten sowie Ort und Ausstattung der Geschäftsstellen. Funktionäre deutscher Sportverbände legten auf beide Punkte stets größte Aufmerksamkeit. Der Verband Berliner Ballspielvereine (VBB) bezog noch vor seiner Wiedergründung im Dezember 1949 Räume im schwer kriegszerstörten Lichtburg-Kino im Stadtteil Gesundbrunnen. Damit befand sich die Geschäftsstelle in unmittelbarer Nähe zu Hertha BSC, dem erfolgreichsten Club Berlins. Diesen Standort – wenige Minuten Fußweg zum Prenzlauer Berg in Ost-Berlin und direkt an der Ringbahn – gab der Verband jedoch bald auf und zog an den Kurfürstendamm 12.

Da das Zentrum West-Berlins wenige Jahre nach dem Krieg wieder in altem Glanz strahlte, stiegen die Mieten vor Ort. Das Präsidium des VBB sah Ende der 1950er-Jahre dringenden Handlungsbedarf, denn die Verbandskasse sollte nicht unnötig belastet werden – eine eigene Immobilie erschien erstrebenswert. Am 1. August 1960 konnte der VBB ein Grundstück in Grunewald erwerben und einen Neubau beziehen. Den Funktionären war laut Überlieferung wichtig, dass sie das Gebäude aus eigenen Mitteln errichten ließen und der Wertbestand des Verbandes deutlich wuchs. Das „Haus des Fußballs" bot Platz für Präsidium und Angestellte der Geschäftsstelle, Tagungsräume, Unterkünfte und ein Kasino. Vor allem Letzteres hoben die Männer des VBB hervor, denn fortan konnten im eigenen Haus der Skat-Meister ermittelt und die Verbindungen der Mitglieder untereinander noch enger geknüpft werden.

Doch das eigene Gebäude erwies sich schon bald als zu klein, da der Verband größer wurde. Ein sprunghafter Mitgliederzuwachs vollzog sich mit der Wiedervereinigung 1990. Diese Entwicklung des Berliner Fußball-Verbandes – der VBB hatte sich 1985 umbenannt – hält immer noch an. Das „Haus des Fußballs" wurde 2019 erheblich erweitert und modernisiert. Die hauptamtlichen Funktionäre arbeiten in der Gegenwart verstärkt digital, der Betrieb des Kasinos dagegen wurde eingestellt.

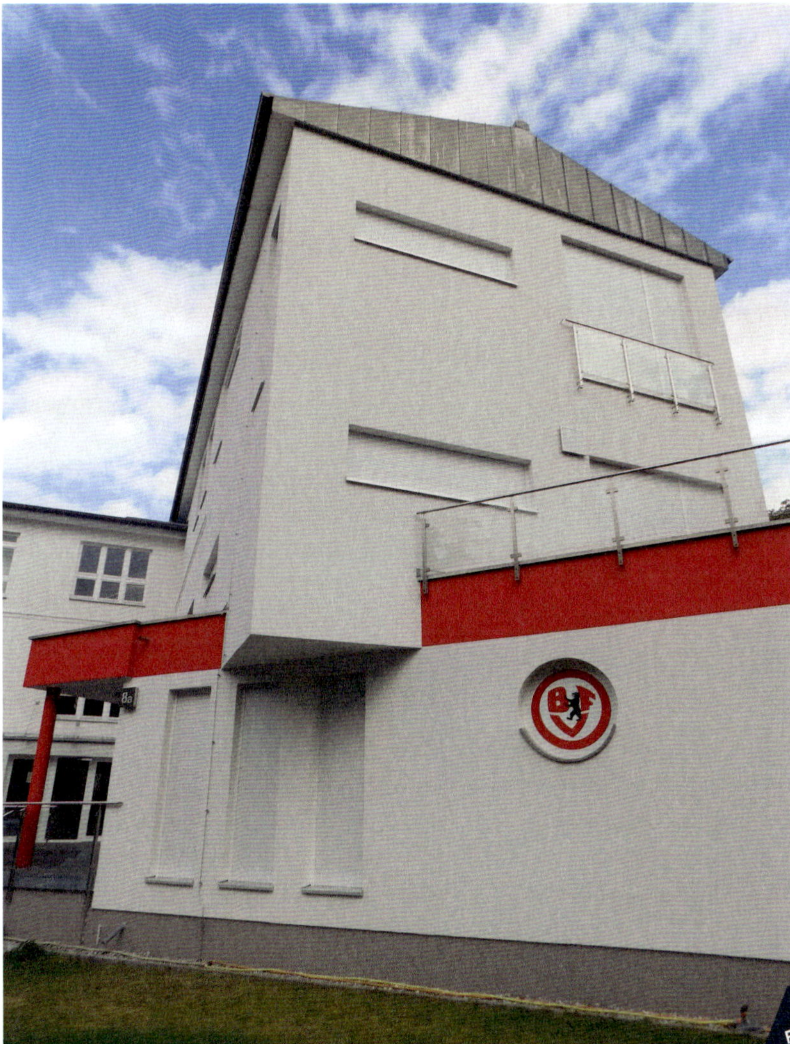

FUSSBALL ROUTE BERLIN

HARTE 4 FAKTEN

Adresse: Humboldtstraße 8a, 14193 Berlin
Stadtteil: Halensee
Hausherr seit 2004: Bernd Schultz
Mitglieder: 348 Vereine mit über 230.000 Mitgliedern

Schlosshotel Grunewald

Der Ort, an dem das „Sommermärchen“ begann

Der Ort hat sich im kollektiven Gedächtnis der Stadt eingeschrieben und ist untrennbar mit dem „Sommermärchen“, der Fußball-Weltmeisterschaft 2006 in Deutschland verbunden. Die Spieler der deutschen Nationalmannschaft und ihre Betreuer logierten während des Turniers im noblen Schlosshotel Grunewald. Bundestrainer Jürgen Klinsmann und sein Assistent Joachim Löw wollten durch die Nähe zur Berliner Bevölkerung die Verbundenheit mit den Fans demonstrieren und erhofften sich für das Team einen zusätzlichen Motivationsschub. Zuvor war anlässlich der WM 2006 im eigenen Land ein ganzes Kunst- und Kulturprogramm ins Leben gerufen worden, das die Vorfreude steigern und einen Eindruck von der kulturellen Vielfalt und der Weltoffenheit des Gastgeberlandes vermitteln sollte. Die mit Mitteln des Bundes ausgestattete Nationale DFB-Kulturstiftung setzte einen beispiellosen Reigen von Veranstaltungen, Ausstellungen und dergleichen mehr in Szene.

Tatsächlich war vom Beginn des Turniers an eine besondere Begeisterung spürbar. Dramatischer Höhepunkt war das Viertelfinale gegen Argentinien im Berliner Olympiastadion, das die deutsche Elf im Elfmeterschießen gewann. Legendär wurde dabei ein zerknüllter Zettel mit dem Hotel-Logo, auf dem DFB-Torwarttrainer Andreas Köpke die Vorlieben der gegnerischen Schützen notiert hatte und den Deutschlands Torhüter Jens Lehmann später für einen guten Zweck versteigerte.

Unvergessen sind die täglichen Medienberichte über die Befindlichkeit des Teams, die vom Mannschaftsquartier in der Brahmsstraße gesendet wurden. Während die zumeist geheimen Trainingseinheiten im nahe gelegenen Mommsenstadion und auf dem Olympiagelände stattfanden, sorgten nicht zuletzt diese Live-Übertragungen im Beisein zahlreicher Besucher vor dem Eingangstor des Hotel-Areals für eine „magische“ Atmosphäre, die die deutsche Auswahl im Turnier bis ins Halbfinale gegen Italien trug. Später offenbarte die Dokumentation „Deutschland. Ein Sommermärchen“ von Sönke Wortmann Team-Details aus dem Innenleben des Hotels, die den Fans zuvor verborgen blieben.

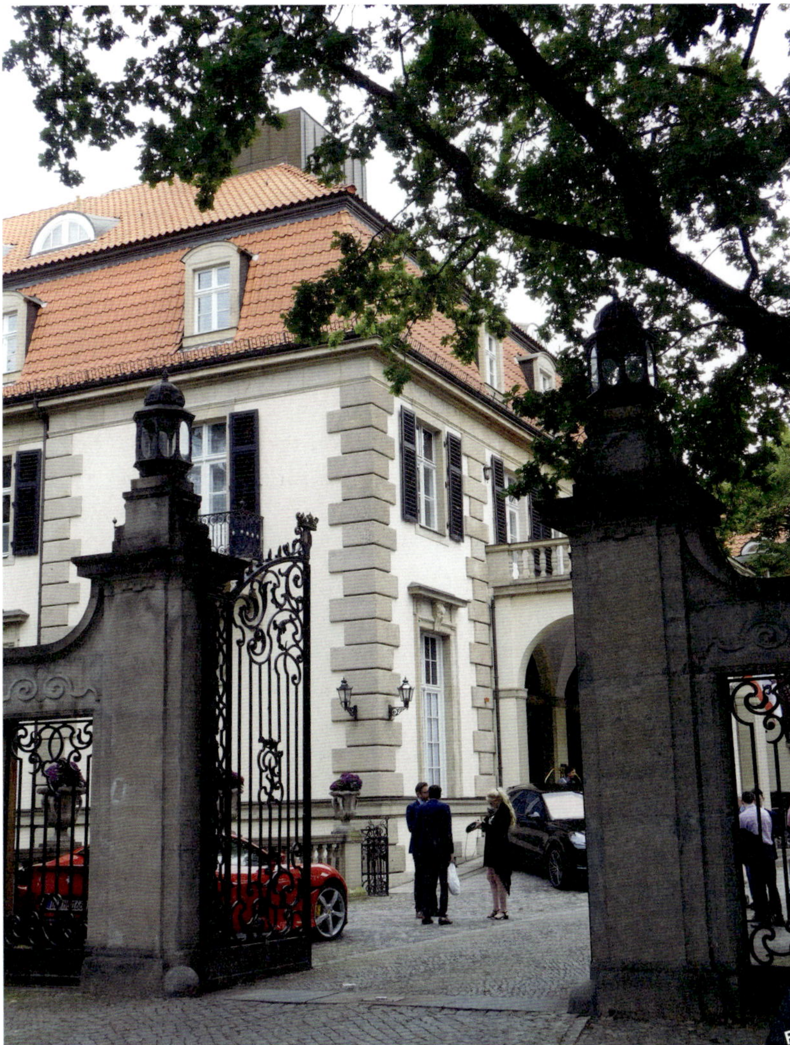

FUSSBALL ROUTE BERLIN

HARTE 4 FAKTEN

Adresse: Brahmsstraße 10, 14193 Berlin

Hotelkategorie: 5 Sterne

Topseller: 1 Mio. EUR für Jens Lehmanns Elfer-Zettel

Blockbuster: „Deutschland. Ein Sommermärchen" mit 4 Mio. Zuschauern

Hubertus-Sportplatz

Der vergessene Deutsche Meister

Auf der 1925 errichteten Sportanlage an der Hubertusallee kann man vergessen, dass man sich in der Großstadt befindet. Es entsteht schnell ein Gefühl von Weite und Freiheit, ähnelt das weitläufige Areal mit einem Rasenplatz mit Laufbahn und mehreren Trainingsplätzen für Fußball, Rugby und Hockey doch mehr einer Parkanlage als den so häufig von Häuserzeilen umfassten Fußballplätzen der Innenstadt. 1952 fand der Berliner Sport-Club 1895 hier seine Heimat. Der sportlich breit aufgestellte Verein mit gegenwärtig 18 Abteilungen kann auf eine lange Tradition im Rasensport zurückblicken. Anfänglich spielten die Fußballer des BSC im Verband Berliner Athletik-Vereine (VBAV), der nur sieben Jahre existierte und dem Verband Berliner Ballspielvereine (VBB) Konkurrenz machte. Nach drei Meisterschaften im VBAV nahmen die Kicker des Berliner SC ab 1911 am Spielbetrieb des VBB teil.

1923 wurde die Fußball-Abteilung des finanzkräftigen Berliner SC mit BFC Hertha 1892 fusioniert, da letzterer schwer angeschlagen war, hatte der Verein doch 1919 wegen illegalen Profitums zeitweilig die Spielberechtigung vom VBB entzogen bekommen. Dieser Zusammenschluss trug den Namen Hertha BSC und entwickelte sich zu einem der besten deutschen Fußball-Vereine in der Zeit der Weimarer Republik. Er errang nach vier gescheiterten Endspielteilnahmen 1926 bis 1929 die Deutsche Meisterschaft von 1930. Nach diesem Triumph trennten sich die Wege der beiden Partner. Der Berliner SC erhielt 73.000 Reichsmark Abfindung und Hertha konnte im Stadion am Gesundbrunnen, der legendären „Plumpe", verbleiben sowie das „BSC" weiter im Namen führen.

Der Berliner SC dagegen erreichte nie wieder das Niveau nationalen Spitzenfußballs und spielte seither unterklassig. Zu den großen Erfolgen der jüngeren Zeit zählen die Aufstiege der Herren 2007 und 2010 in die Verbandsliga. Der Verein erreichte 2017/18 das Finale des Berliner Verbandspokals und wurde 2022/23 Vizemeister der Berlin-Liga. Die Fußball-Abteilung mit ihren 700 Mitgliedern versucht, Breiten- und Leistungssport miteinander zu verbinden und engagiert sich vielfältig in der Zivilgesellschaft.

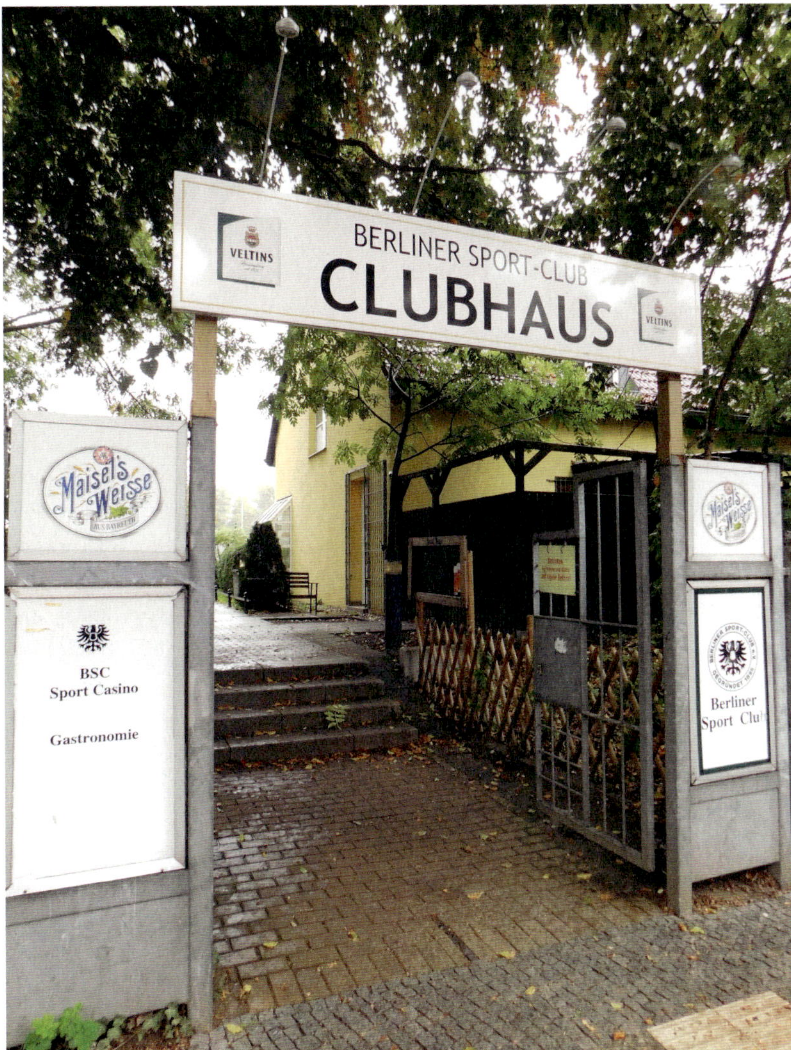

HARTE 4 FAKTEN

Adresse: Hubertusallee 50, 14193 Berlin

Prominentes Gründungsmitglied und Vorsitzender: Carl Diem (1882–1962)

Prominentes Mitglied: Dr. Hermann Horwitz (1885–1943); jüdischer Mediziner, von den Nazis in Auschwitz ermordet

Auszeichnungen: 2002 als frauen- und kinderfreundlichster Verein, 2003 als familienfreundlichster Verein Berlins

Sportplatz Schildhornstraße

Irgendjemand ist immer da

Im bürgerlichen Steglitz, nicht weit vom Breitenbachplatz entfernt, wo der Autobahn-Abzweig Steglitz in die Schildhornstraße mündet, liegt die Spielstätte des SFC Stern 1900. Dieser „Sportplatz Schildhornstraße", wie die Anlage unspektakulär heißt, entpuppt sich beim näheren Hinsehen als kleines Idyll. Die namensgebende Schildhornstraße ist stark vom Autoverkehr bestimmt, der Zugang zum Platz erfolgt sinnvollerweise auf der gegenüberliegenden Seite von der Kreuznacher Straße. Der Verein, der um die vorletzte Jahrhundertwende gegründet wurde und inzwischen auf fast 125 Jahre zurückblicken kann, versteht sich laut eigener Webseite als soziale Gemeinschaft. „Vereins-Fußball beim SFC Stern 1900 bedeutet", heißt es da: „Irgendjemand ist immer da, um etwas für Dich zu tun." „Dabei steht unsere Gemeinschaft im Zeichen von Kameradschaft, Treue und Leidenschaft. Nicht nur auf, sondern auch neben dem Platz!"

Ins Leben gerufen wurde der SFC Stern 1900 am 30. September 1900 in der Steglitzer Schloßstraße im Restaurant „Worreschke", die Vereinsfarben waren von Beginn an gelb und blau. Nach häufigen Sportplatzwechseln erhielten die Sterne den Sportplatz Schildhornstraße zugewiesen, der 1996 einen Kunstrasenbelag erhielt. Die Parkbänke, die hier bis vor kurzem noch auf den Rängen standen und dem Platz einen gewissen rentnerhaften Charme verliehen, sind inzwischen durch gelbe und blaue Schalensitze ersetzt. Das selbst erbaute Vereinsheim „Sternstunde" befindet sich gleich nebenan und bietet den gepflegten Rahmen für kalte Getränke, warme Speisen und entspannte Geselligkeit.

Mit rund 1.000 Mitgliedern, verteilt auf aktuell 26 Jugend- und 13 Erwachsenen-Mannschaften, setzt der Verein auf ein ausgewogenes Angebot aus Breiten- und Leistungssport. Gerade in den letzten Jahren kann der SFC auf eine erfolgreiche Bilanz zurückblicken. 2020 gelang der Aufstieg in die Oberliga Nordost, aus der man 2022 jedoch wieder abstieg. In der ewigen Tabelle der Berlin-Liga belegt der SFC Stern 1900 immerhin den 3. Platz.

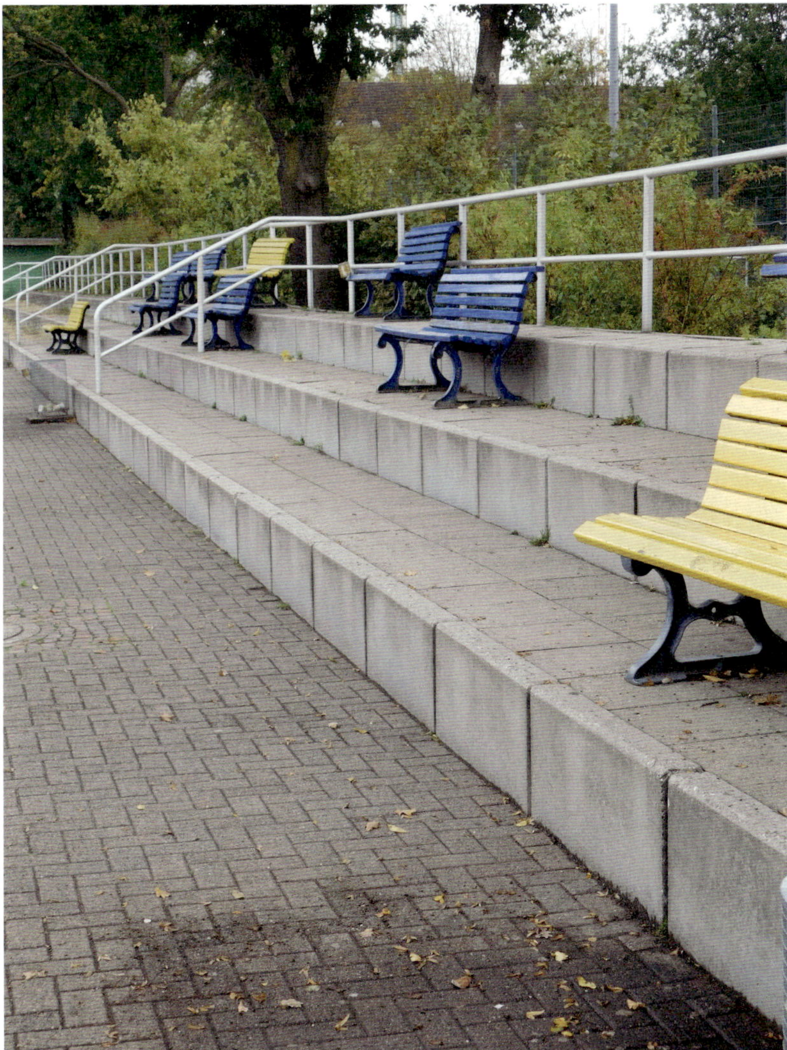

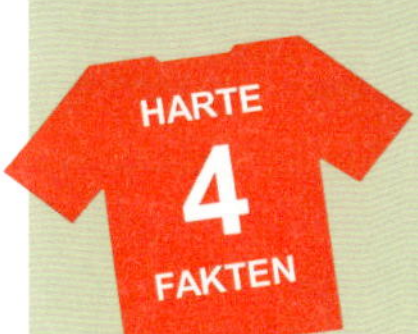

Adresse: Kreuznacher Straße 29, 14197 Berlin

Logo: fünfzackiger Stern als Symbol für sportlichem Erfolg, Einheit und Harmonie

Prominentester Jugendspieler: Andreas „Zecke“ Neuendorf

Beliebtes Jugendturnier: Eberhard-Bernatzki-Gedächtnis-F-Juniorenturnier

Stadion Wilmersdorf

Das Stadion, das niemand brauchte

Es ist vielleicht die größte Kuriosität, die man in den Berliner Fußballstadien finden kann: die „Wilmersdorfer Rheingauperle“, die im 1984 angelegten Weinberg auf den Tribünen der Nordkurve gedeiht. Dass sie überhaupt angebaut wurde, liegt natürlich daran, dass das Stadion Wilmersdorf schon immer überdimensioniert war. Ursprünglich hatte es eine Kapazität von 50.000 Plätzen, die jedoch niemals erreicht wurde; die 19.500 Besucher beim Eröffnungsspiel des Hausherrn Berliner SV 1892 gegen Tennis Borussia am 10. März 1951 markieren den „ewigen“ Zuschauerrekord. Heute bietet das Stadion, nachdem große Teile der Zuschauerränge renaturiert sind und 2005 auf der Gegengerade eine neue Tribüne angelegt wurde, noch ca. 4.000 Zuschauern Platz.

Der hier beheimatete Berliner SV hatte seine große Zeit in drei ganz unterschiedlichen Phasen. Zunächst um die vorletzte Jahrhundertwende, als man 1904 nicht nur Berliner Meister wurde, sondern sogar ins Endspiel um die Deutsche Meisterschaft vordringen konnte – das dann allerdings vom DFB abgesagt wurde, weil das Halbfinale entgegen den eigenen Statuten nicht auf neutralem Platz ausgetragen worden war. Dann in der NS-Zeit, als drei Mal der Titelgewinn gelang. Und schließlich unmittelbar nach dem Zweiten Weltkrieg, als man 1946 – noch als SG Wilmersdorf – sowohl die erste Nachkriegsmeisterschaft als auch das erste Pokalfinale in Berlin für sich entscheiden konnte. 1949 und 1954 gewann man erneut die Berliner Meisterschaft, doch damit war für die BSV-Fußballer die Zeit der überregionalen Erfolge vorbei.

Seitdem ist der Großverein, der über 3.000 Mitglieder hat und Breiten- und Leistungssport in 20 Abteilungen anbietet, eher in anderen Sportarten erfolgreich. Die größten Lorbeeren konnte man im Handball ernten, wo man 1948, 1956 und 1964 sogar Deutscher Meister wurde – aber das liegt bekanntlich auch schon einige Jährchen zurück. So versteht sich der Berliner SV heute eher als geselliger Mehrspartenverein. Passend dazu bietet das weitläufige Areal, das das Stadion Wilmersdorf umgibt, zahlreiche Möglichkeiten, sportlich aktiv zu sein.

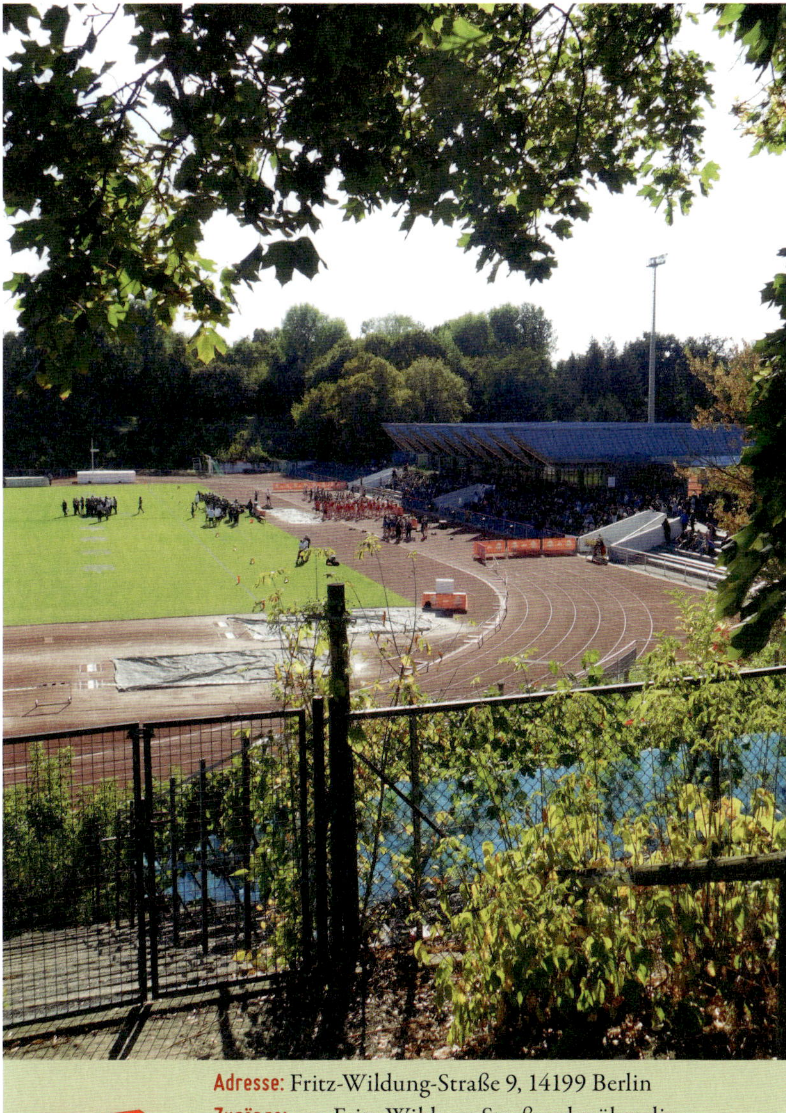

HARTE 4 FAKTEN

Adresse: Fritz-Wildung-Straße 9, 14199 Berlin

Zugänge: von Fritz-Wildung-Straße oder über die Forckenbeckstraße (am Sommerbad Wilmersdorf vorbei)

Ehrung: Casino trägt den Namen von Harri Wuttke für 68 Jahre Vereinstreue und zahlreiche ehrenamtliche Funktionen

Erinnerung: Gedenkstein für Teilnahme an Meisterschaftsendrunde 1903 (noch als „BTuFC Britannia 1892")

101

Fußballkäfig am Luisenbad

Freiheit und Selbstbestimmung im Käfig

Eingezwängt zwischen Häuserblöcken oder am Rande von Parkanlagen, 30 mal 15 Meter Asphalt umgeben von einem Drahtzaun, zwei Tore aus Metall – Fußballkäfige gibt es unzählige in Berlin und das nicht selten in Gegenden, die als sozialer Brennpunkt gelten. Für manche Fußballer bleiben sie der wichtigste Platz, auf dem er oder sie je gespielt haben. Sehr selten schafft es ein Straßenkicker in die großen Stadien der Welt. Für die Brüder Boateng wurde der Käfig an der Panke allerdings zu einem Ausgangspunkt für internationale Karrieren. Jerôme Boateng errang zwei Siege in der UEFA Champions League und wurde 2014 Weltmeister.

Fußballkäfige sind aber anders als übliche Käfige keine Gefängnisse. Die eingezäunten Flächen grenzen die meist jugendlichen Kicker einerseits aus und bieten ihnen andererseits die Möglichkeit sich abzugrenzen. Hier kann man für Momente den Problemen in den Familien, der Schule und auf der Arbeit entkommen oder die gefühlte Nutzlosigkeit vergessen. In Fußballkäfigen können junge Menschen ihre Fähigkeiten entwickeln und Gemeinschaft selbstbestimmt leben. In den Großstädten gab es seit dem Aufschwung des Fußballs zu allen Zeiten Orte, in denen die Kinder und Jugendlichen nach eigenen Regeln kickten. In der Zeit der Mietskasernen wurde in den Höfen, auf der Straße und freien Flächen Ball gespielt, was von den Erwachsenen nicht immer gerne gesehen und oftmals verboten wurde.

Die Kinder praktizierten damals – und sie tun es noch heute – eine archaische Art des Fußballs. Sie bestimmten selbst, was geschah, erkannten Leistung und natürliche Autorität hoch an und lebten Zusammenhalt und Solidarität als Prinzipien. Dieses ursprüngliche und oft spontane Fußball-Spiel rührt häufig ältere Betrachter, weil es an die eigenen Kindertage erinnert, als man beim Kicken weder Durst und Hunger noch Uhrzeit und Heimweg, dafür aber Freunde und Glücksmomente kannte. Diese Art zu kicken, ob mit Ball oder zerquetschter Getränke-Dose, entfaltet wohl ebenso viel Zukunftspotenzial wie das Training in den Leistungszentren der Profiklubs. Zumindest gibt es Impulse für das ganze Leben, egal wie groß das eigene Talent ist.

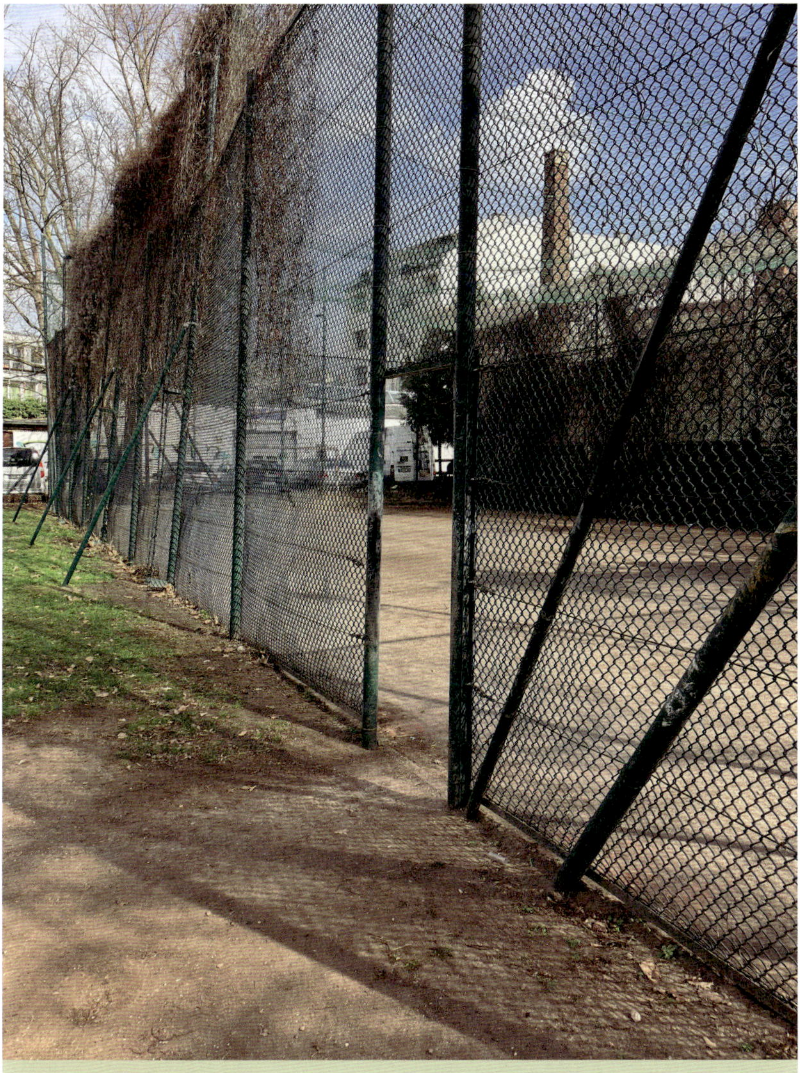

HARTE 4 FAKTEN

Adresse: Travemünder Straße 7, 13357 Berlin

Großes Wandbild: Gebrüder Boateng an Bad-Ecke Pankstraße

Geprägt im Käfig: Stars wie Zinedine Zidane, Wayne Rooney oder Mesut Özil

Revival: DFB ließ 2006 bundesweit 1.019 Minispielfelder mit Kunstrasen errichten.

Literatur (Auswahl)

Baingo, Andreas/Horn, Michael: Die Geschichte der DDR-Oberliga. Göttingen: Verlag Die Werkstatt 2003.

Berliner Tennis-Club Borussia (Hrsg): 100 Jahre Tennis Borussia Berlin. 1902–2002. Berlin: Selbstverlag 2002.

Broschkowski, Michael/Schneider, Thomas: „Fußlümmelei“. Als Fußball noch ein Spiel war. Berlin, Transit Buchverlag 2005.

Czerwinski, Tino/Karpa, Gerald: 1. FC Union Berlin: 40 Jahre 1. FC Union Berlin. Ein Jahrhundert Fußballtradition. Erfurt: Sutton Verlag 2005.

Hartwig, Wolfgang/Weise, Günter: 100 Jahre Fußball in Berlin. Berlin: Sportverlag 1997.

Jahn, Michael: Blau-weiße Wunder: Die Geschichte von Hertha BSC. 3., aktualisierte Auflage. Göttingen: Verlag Die Werkstatt 2011.

Jahn, Michael: Hertha BSC – Die wichtigsten Spiele. Geschichten, Berichte und Statistiken. Hildesheim: Arete Verlag 2022.

Koch, Matthias: „Immer weiter – ganz nach vorn“. Die Geschichte des 1. FC Union Berlin. Göttingen: Verlag Die Werkstatt 2011.

Koerfer, Daniel: Hertha unter dem Hakenkreuz. Ein Berliner Fußballclub im Dritten Reich. Göttingen: Die Werkstatt 2013.

Koppehel, Carl: Geschichte des Berliner Fußballsports. 60 Jahre VBB. Herausgegeben vom Verband Berliner Ballspielvereine. Berlin: Selbstverlag 1957.

Küchenmeister, Daniel/Schneider, Thomas: 125 Jahre Berliner Fußball. Geschichte und Geschichten in Porträts. Hildesheim: Arete Verlag 2022.

Küchenmeister, Daniel/Schneider, Thomas: Fußball-Einheit in Berlin. 1990–2015. Hildesheim: Arete Verlag 2015.

Leske, Hanns: Enzyklopädie des DDR-Fußballs. Göttingen: Verlag Die Werkstatt 2007.

Luther, Jörn/Willmann: Frank: Eisern Union! Berlin: BasisDruck Verlag 2010.

Werner, Henry: Fußball in Berlin. Spieler – Vereine – Emotionen. 1880 bis heute. Berlin: Elsengold 2016.

Wolter, Christian: Arbeiterfußball in Berlin und Brandenburg. 1910–1933. Hildesheim: Arete Verlag 2014.

Wolter, Christian: Rasen der Leidenschaften. Die Fussballplätze von Berlin – Geschichte und Geschichten. Berlin: vierC print+mediafabrik 2011.

Darüber hinaus wurden noch einige Schriften zur bezirklichen Fußball- und Sportgeschichte sowie zahlreiche Vereinschroniken und -festschriften verwendet.

Text- und Bildnachweis

Texte

Peter Czoch: 005, 008, 009, 010, 011, 012, 013, 014, 019, 031, 034, 035, 038, 048, 052, 055, 056, 057, 058, 059, 060, 064, 066, 069, 074, 075, 076, 082, 083, 086, 087, 088, 090, 092, 093

Daniel Küchenmeister: 001, 003, 004, 006, 007, 015, 016, 017, 018, 020, 026, 049, 050, 051, 053, 054, 061, 062, 063, 065, 067, 068, 070, 080, 081, 084, 088, 089, 094, 096, 098, 101

Thomas Schneider: 002, 021, 022, 023, 024, 025, 027, 028, 029, 030, 032, 033, 036, 037, 039, 040, 041, 042, 043, 044, 045, 046, 047, 071, 072, 073, 077, 078, 085, 091, 095, 097, 099, 100

Bilder

Peter Czoch: 008, 009, 010, 012, 013, 020, 021, 035, 037 (o.), 038, 052, 054 (u.), 057, 058, 059 (o.+u.), 064, 069, 075, 093

Daniel Küchenmeister: 016, 051, 062, 101

Thomas Schneider: 000 (Titelbild), 001 (u.), 003 (u.), 005, 011, 014, 018, 019, 023 (u.), 024, 025, 027, 028, 029 (u.), 030, 031, 032 (u.), 033 (u.), 034, 037 (u.), 039 (u.), 040, 041, 042 (u.), 043, 045, 046, 047, 048, 049, 050, 055, 056, 060, 061, 063 (u.), 065, 066, 068 (u.), 070, 071, 072 (u.), 073, 074, 076, 077, 078, 079, 080, 081, 082, 083, 085 (u.), 087 (u.), 090 (u.), 091 (u.), 092, 094, 095, 096, 097, 098, 099, 100

Privatarchiv der Autoren: 002, 017 (o.), 017 (u.), 026, 027, 023 (o.), 039 (o.), 042 (o.), 063 (o.), 067 (o.), 068 (o.), 072 (o.), 087 (o.), 089 (o.)

1. FC Union: 053 (o.), 054 (o.)

Berliner Fußball-Verband: 029 (o.), 085 (o.)

BFC Germania 1888: 033 (o.)

Bundesarchiv: 053 (u.; Bild 183-G0612-0203-003 / Schaar, Helmut / CC-BY-SA 3.0)

Das Rote Berlin: 036

DEFA-Stiftung/Michael Lösche: 015 (o.+u.)

FC Internationale 1980: 044

Hans-Rosenthal-Stiftung: 089 (u.)

Hertha BSC (Archiv): 003 (o.), 067 (o.), 086 (u.)

Hertha BSC: 084

Hertha BSC / City-Press: 088

imago: 004 (Sven Simon), 006 (Seeliger), 022 (o., Friedel), 032 (o., Sebastian Wells)

Jens Wenzel: 022 (u.)

Sascha Minx: 028

Sportmuseum Berlin: 001 (o., Bildarchiv Manfred Malinowski), 091 (o., Bildarchiv Heinrich von der Becke)

Tennis Borussia: 090 (o.)

Wikipedia: 007 (dr. avishai teicher/CC-BY-SA-4.0), 067 (Gesundbrunnen Berlin/CC-BY-SA-4.0), 086 (Landesarchiv Baden-Württemberg, Fotograf: Willy Pragher/Berlin Reichssportfeld; Blick auf Fußballspiel; Norwegen-Italien (vom Turm) – W134Nr.009020 – Willy Pragher.jpg/CC-BY 3.0.de)

Oliver Kellner

„Alles gegen die Berliner – immer!“

Eine Zeitreise in den West-Berliner Fußball der 1970er-Jahre

262 Seiten, kartoniert, 20,00 €
ISBN 978-3-96423-123-9

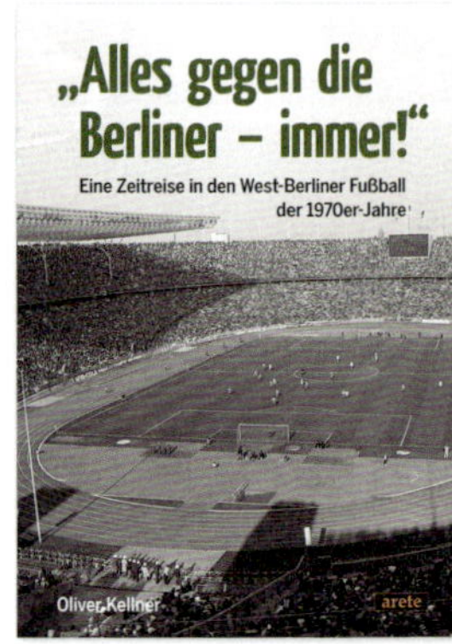

Daniel Küchenmeister & Thomas Schneider

125 Jahre Berliner Fußball

Geschichte und Geschichten in Porträts

240 Seiten, Hardcover, 24,00 €
ISBN 978-3-96423-096-6

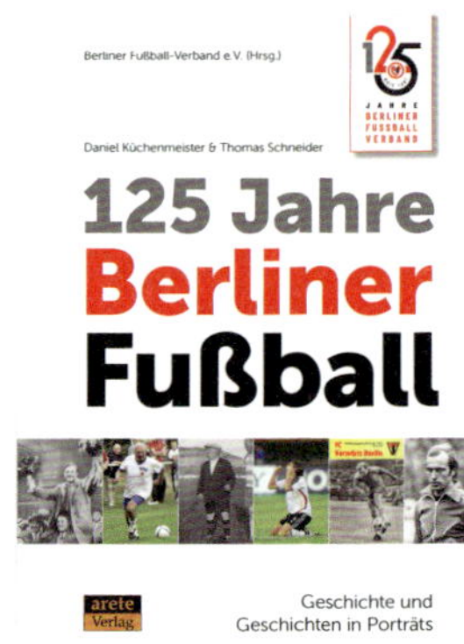

Daniel Küchenmeister & Thomas Schneider

Fußball-Einheit in Berlin

1990–2015

164 Seiten, Hardcover, 19,95 €
ISBN 978-3-942468-65-7

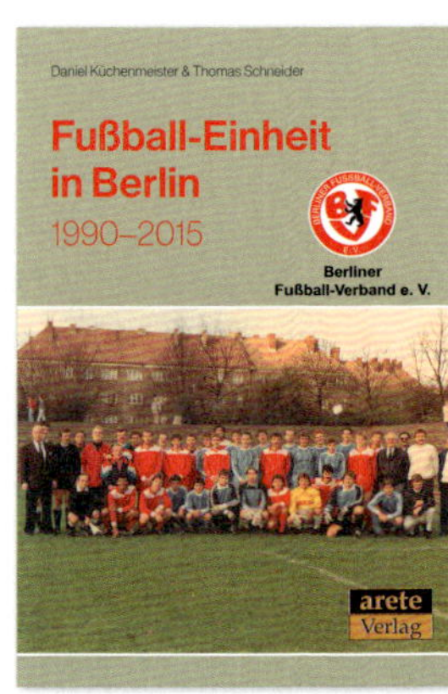

www.arete-verlag.de